中国古代冰雪文化丛书

郭 磊 著
By Guo Lei

清代
冰嬉考

Study on Ice-Sports
in Qing Dynasty

北京出版集团
北京出版社

图书在版编目（CIP）数据

清代冰嬉考 / 郭磊著. —北京：北京出版社，2020.12
（中国古代冰雪文化丛书）
ISBN 978-7-200-15391-0

Ⅰ.①清⋯ Ⅱ.①郭⋯ Ⅲ.①冰上运动—体育运动史—研究—中国—清代 Ⅳ.①G862.092

中国版本图书馆 CIP 数据核字（2020）第 020860 号

中国古代冰雪文化丛书
清代冰嬉考
QINGDAI BINGXI KAO

郭 磊 著

*

北 京 出 版 集 团
北 京 出 版 社 出版
（北京北三环中路 6 号）
邮政编码：100120

网　址：www.bph.com.cn
北 京 出 版 集 团 总 发 行
新 华 书 店 经 销
北京博海升彩色印刷有限公司印刷

*

787 毫米 ×1092 毫米　16 开本　22.75 印张　314 千字
2020 年 12 月第 1 版　2020 年 12 月第 1 次印刷

ISBN 978-7-200-15391-0
定　价：138.00 元
如有印装质量问题，由本社负责调换
质量监督电话：010-58572393
责任编辑电话：010-58572757

前　言

冰嬉亦称为冰戏、冰技，是萌芽于我国古代北方民族的冬季生产生活实践，形成于明末清初的传统冰上运动形式，包含多种冰上运动项目。清乾隆年间，冰嬉被皇帝钦定为"国俗"，形成每年阅视冰嬉的制度，冰嬉一词始被宫廷和民间广泛接受，成为我国北方冰上运动的总称。

根据冰嬉组织者或参与者的不同，冰嬉可分为宫廷冰嬉和民间冰嬉。宫廷冰嬉由宫廷组织或由其成员参与，可分为冰嬉盛典和冰嬉娱乐。冰嬉盛典是指每年冬至以后举办的、皇帝亲自检阅的、八旗及内务府三旗等兵弁参与表演的大型冰上活动，该活动往往需要分次检阅。冰嬉娱乐是指冰嬉盛典以外的小型冰上娱乐活动。民间冰嬉是指民间自发组织和参与的冰上活动。

"冰嬉"一词起源于清朝乾隆十年（1745年），乾隆、嘉庆二朝皇帝每年冬天阅视冰嬉盛典成为制度。道光中后期以后，冰嬉盛典渐渐衰退以至取消。光绪年间曾短暂恢复。清末民初，随着西方现代冰

上运动的传入,"冰嬉"一词渐渐被"溜冰""滑冰""冰上运动""冰雪运动""冬季运动"等词汇取代。

清代的冰嬉盛典绵延百年,场面宏大,内容丰富。以冰嬉为代表的中国传统冰雪运动文化,是中华优秀传统体育文化的重要组成部分。发掘和整理冰嬉的历史和文化,对于提高中国冰雪运动的文化自信有积极的意义,可以为中国冰雪运动的发展提供更基本、更深沉、更持久的力量,可以为冬季奥林匹克运动增添中华文明的独特气质。

本书的研究资料立足于明、清、民国时期的文献档案、图像资料和实物,尽量寻找冰嬉形成发展过程中每个时期的原始记录记载。这些文献资料包括《满文老档》《燕行录》等清军入关前文献;《起居注》《清实录》《清朝文献通考》等清代编年体史书和政书;《石渠宝笈续编》《内务府造办处各作成做活计清档》等清代档案资料;《冰嬉图》《御制冰嬉赋图》《紫光阁赐宴图》《御制雪中坐冰床即景》等有关冰嬉的图画类资料;《酌中志》《日下旧闻考》《养吉斋丛录》等明清史料笔记资料;《御制诗》《清朝诗文集汇编》等清代帝王及文人的诗文集;《中华竹枝词大全》《清代北京竹枝词》等竹枝词集;民国时期有关人士对清朝冰嬉的回忆性文章以及当代学者对于冰嬉的研究资料等。在此基础上,系统性地梳理了冰嬉的起源、形成、发展和消亡历史,解读了与清代冰嬉有关的诗文绘画,分析了其器材及项目特点。通过本书,还可以了解冰嬉中有价值的人文与体育思想,了解其文化内涵。

目　录

前言

上篇　历史沿革篇

第一章　冰嬉的起源 / 003
第二章　冰嬉制度的形成 / 012
第三章　乾隆时期的冰嬉盛典 / 026
第四章　嘉庆道光时期的冰嬉盛典 / 050
　第一节　嘉庆时期的传承 / 050
　第二节　道光时期的延续与终止 / 056
第五章　光绪时期冰嬉盛典的短暂恢复 / 066
第六章　清朝宫廷的冰嬉娱乐 / 073
　第一节　灯节观冰戏 / 073
　第二节　冰床游太液 / 076
　第三节　冰嬉娱亲 / 080
第七章　清代民间的冰嬉 / 084
　第一节　冰床做戏 / 084
　第二节　跑冰鞋 / 092
　第三节　冰上蹴鞠 / 096
　第四节　冰上抢球 / 097
　第五节　西方冰上运动的传入 / 098

中篇　诗文绘画篇

第一章　诗词 / 105

第一节　陈维崧《宣清·玉河冰》笺注 / 105

第二节　张九钺《冰鞋篇》笺注 / 106

第三节　乾隆《御制太液冰嬉十二韵》译注及其和诗解读 / 110

第四节　乾隆等《御制冰嬉联句（有序）》译注 / 113

第五节　乾隆等《御制冰床联句有序》选注 / 134

第六节　王昶《瀛台观冰嬉》二首译注 / 142

第七节　梦麟《冰嬉行》笺注 / 149

第八节　宝廷《冰鞋》笺注 / 155

第九节　乾嘉道御制冰嬉诗通览 / 157

第十节　宫廷冰嬉诗注解 / 193

第十一节　民间冰嬉诗词注解 / 204

第十二节　冰嬉竹枝词注解 / 211

第二章　赋 / 219

第一节　乾隆《御制冰嬉赋有序》译注 / 219

第二节　乾隆十三大臣《瀛台冰嬉恭赋》笺注 / 239

第三章　绘画 / 283

第一节　乾隆时期两幅《冰嬉图》比较研究 / 283

第二节　沈源绘《御制冰嬉赋图》解读 / 291

下篇　器材项目篇

第一章 冰刀发展简史 / 297
第二章 冰嬉盛典总规程 / 306
 第一节　乾隆时期冰嬉盛典总规程 / 309
 第二节　光绪时期冰嬉盛典总规程 / 310
第三章 冰嬉盛典项目介绍 / 312
 第一节　人马齐发项目介绍 / 312
 第二节　冰嬉盛典中的竞速项目：抢等 / 314
 第三节　冰上抢球项目介绍 / 316
 第四节　转龙射球项目介绍 / 323
 第五节　光绪朝冰嬉盛典项目介绍 / 327

杂缀

 第一节　清代冰嬉有关俗称 / 339
 第二节　清代冰嬉名人逸事 / 342

参考文献 / 347

后记 / 354

清代冰嬉考

上篇

历史沿革篇

上篇／历史沿革篇 003

第一章　冰嬉的起源

我国北方的高纬度地区地域辽阔，既有沃野千里，也有林海雪原，这里独特的自然生态环境，产生出了具有鲜明地域特征的生产和生活方式。北方先民在长期与冰雪为伴的实践中，掌握了驾驭冰雪的生存技能：学会了使用爬犁作为交通工具，制作了木制器具作为脚的延伸物在冰雪上疾驰捕获猎物。

考古学家在新疆阿勒泰市汗德尕特蒙古族乡的敦德布拉克1号岩棚内发现了一组滑雪人物画，经专家研究属于旧石器时代晚期的岩棚画，距今至少一万年。《2015年阿勒泰国际古老滑雪文化交流研讨会专家宣言》指出："中国新疆阿勒泰是世界上最重要的古老滑雪地域。"[a]

学术界有一种观点认为，中国古代滑雪最早的文字记载见于《山海经》。理由是《山海经》第十八卷《海内经》中有"有钉灵之国，其民从膝已下有毛，马蹄，善走"的记载。研究者认为这里的"马蹄"是指脚下穿着的马蹄状的雪板。关于这个观点，笔者认为是不能成立的。《山海经》

---

[a] 单兆鉴、阿依肯·加山主编：《中国·阿勒泰国际古老滑雪文化论坛报告》，光明日报出版社，2016年。

虽然被认为是一部很有价值的地理著作，但其首先是一部古代志怪书籍，这里的"马蹄，善走"是指钉灵人长着像马一样的蹄子，善于奔跑。与滑雪并无关系。这里的"钉灵"是高车、回纥的先民，又写作丁灵、丁零、丁令等，即我们比较熟悉的《汉书·苏武传》所载盗取苏武牛羊的丁令。（"其冬，丁令盗武牛羊，武复穷厄。"）

目前所见关于我国古代滑雪比较早的文字记载出现在隋唐时期。此时，滑雪技能几乎遍布北方的北室韦、回鹘（回纥）、流鬼、拔野古、拔悉弥等各个民族，如《隋书》卷八十四《北狄列传·契丹附室韦传》记载："南室韦北行十一日至北室韦，分为九部落，绕吐纥山而居。其部落渠帅号乞引莫贺咄，每部有莫何弗三人以贰之。气候最寒，雪深没马。冬则入山，居土穴中，牛畜多冻死。饶獐鹿，射猎为务，食肉衣皮，凿冰，没水中而网射鱼鳖。地多积雪，惧陷坑阱，骑木而行。俗皆捕貂为业，冠以狐狢，衣以鱼皮。"这里的"骑木而行"就是指脚踏滑雪板行走在雪上。再如《新唐书》卷二百一十七下《回鹘列传下·黠戛斯传》记载："东至木马突厥三部落，曰都播、弥列、哥饿支，其酋长皆为颉斤。桦皮覆室，多善马，俗乘木马驰冰上，以板藉足，屈木支腋，蹴辄百步，势迅激。"这里的"以板藉足，屈木支腋"则是指当地人善于脚踏雪板、手持雪杖飞驰在冰雪之上。隋唐时期，这些北方民族使用工具在冰雪之间穿梭作为一种风俗延续了下来。辽金元时期，生活在白山黑水的女真人登上历史舞台，并将冰雪运动应用于生产生活和军事活动中。这一时期是冰嬉的萌芽时期。

清乾隆年间谢遂绘制的《职贡图》中有《七姓图》一幅，并配文："七姓在三姓之西二百余里之乌扎拉洪科等处，性多淳朴。地产荞麦，虽知耕种，而专以渔猎为生。遇冬月冰坚，则足踏木板溜冰而射。其妇女亦善伏弩捕貂。衣帽多以貂为之，土语谓之乌迪勒话，岁进貂皮。"这里的七姓是指居住在松花江下游的族群，虽然也懂耕种，但以渔猎为主，是现今我国赫哲族人的构成主体之一，约居住在现今佳木斯市桦川县一带。图中的七姓人身穿貂皮衣，头戴貂皮帽，足踏木板在冰雪之上追杀猎物。这张图

谢遂绘《职贡图》中的七姓和赫哲

为后人留下了珍贵的关于滑雪板的图片资料。从图中可以看出，七姓人使用的雪板较短，长1米左右，前尖后宽，前部尖而上翘，便于越过障碍物；后部宽阔，便于增加冰雪之上行动的稳定性。雪板通过皮带绑在鞋上和脚踝处。

《职贡图》另绘制有《赫哲图》一幅，并配文："赫哲所居与七姓地方之乌扎拉洪科相接。性强悍，信鬼怪。男以桦皮为帽，冬则貂帽狐裘。妇女帽如兜鍪，衣服多用鱼皮，而缘以色布，边缀铜铃，亦与铠甲相似。以捕鱼射猎为生。夏航大舟，冬月冰坚则乘冰床，用犬挽之。其土语谓之赫哲话，岁进貂皮。"这里的赫哲是生活在七姓居住地相接的下游地区的族群，与现在的赫哲族不尽相同。赫哲是以捕鱼为生的民族，也是使用狗拉雪橇的民族，被称为"使犬国"，清代曹廷杰在《东北边防辑要》中记载其人"陆行乘舟，或以舟行冰上，驾以犬，所谓使犬国"。这两幅图印证了我国北方先民已经在一定程度上掌握了驾驭冰雪的能力。

关于冰嬉的起源，现在的研究常常会提到努尔哈赤天命末年征讨巴尔虎特部的一场战役。这场战役在史书中未见记载，但在1932年《体育周报》连载刊发的晋卿所著《有清一代的溜冰史和冰鞋》中有这样一段记载：

天命末年冬，太祖师次墨根城（即墨尔根，在黑龙江省，今则称之为抹拉根），征讨巴尔虎特部（打虎力之同种，今尚在深山中）。兵至乞降，太祖乃移师，循脑温江（即嫩泥江，今之嫩江也）岸，经齐齐哈尔，又拟入蒙古。途未半，巴尔虎特部又叛，围攻墨根城甚急。帝得耗，大惊，盖师已行千里矣（《太祖宝录》作六百里）。时有名费古烈者，所部兵皆着乌拉滑子（冰鞋名也），善冰行。以炮驾爬犁，沿脑温冰层驰往救，一日夜行七百里。时城垂陷，满兵至，巴尔虎特尚弗知。及炮发，群疑兵自天降，围始解（见《清语摘钞》"乌拉滑子"注）。自是乌拉滑子之名大震，此为满兵军用溜冰之始。往时清帝校阅溜冰"摆山子"时，其领队者（即排头）官衔以译音，曰"费古烈，乌拉达"，盖即志费古烈名而示不忘也。上所述，尝闻清廷冰鞋处承差之老人言如此。《清史》有费扬古及扬古烈二人传，无费古烈名，其殆相传之有误乎？上述之乌拉滑子，乃清代冰鞋之始。

这里写到的乌拉，又写作靰鞡、兀剌，是"满族男子冬用靴鞋之一种。以牛、猪皮等皮革缝制而成，包括靰鞡脸、靰鞡耳、靰鞡勒、靰鞡绳等部分。穿着时内蓄靰鞡草。此草为东北'三宝'之一，吉林山内所产尤为细软。满族早期所居地区冬季酷寒，冰雪深厚，为御脚下之寒，将此草采集后锤熟，絮入其内，放上靰鞡腰，系紧靰鞡绳，天虽寒而足不冻。其为满族及先世所穿用，亦为汉人所喜爱。近年随着生活水平提高，已绝迹"。[a] 乌拉滑子就是在乌拉鞋的鞋底绑上增加滑行速度的"滑子"而制成的鞋。

---

[a] 孙文良主编：《满族大辞典》，辽宁大学出版社，1990年。

晋卿认为，这场战役中的"乌拉滑子"，是清代冰鞋之始。晋卿的这段描述，经常被现在的冰嬉研究者提及和引用。但这段描述错误和疑点都很多，其作为史料的真实性很值得怀疑。下面简要分析一下其中的疑点：

第一，晋卿指出这段文字记载在《清语摘钞》"乌拉滑子"注之中。《清语摘钞》是光绪年间编纂的一部小丛书，成书于光绪十五年（1889年），内含《衙署名目》《官衔名目》《公文成语》《折奏成语》满汉对照词典4册，没有注解。"乌拉滑子"既非衙署，亦非官衔，更难登"公文""奏折"的台面。事实也确实如此，《清语摘钞》中根本就没有"乌拉滑子"这个词条。那么这部有注解的《清语摘钞》是否真的存在呢？如果存在，又藏于何处呢？这都是研究者们无法回避，又无法破解的谜团。

第二，这段描述中两次提到"满兵"一词。然而天聪九年（1635年）十月，皇太极才改族称，把"女真"改为"满洲"。"天命"是努尔哈赤年号，何来"满兵"之说呢？

第三，文中提到《太祖宝录》，似为《太祖实录》之误。查《大清太祖高皇帝实录》，其中并无这段记载。而且遍查清代人物传记资料，其中也没有"费古烈"这么个人。

第四，晋卿也指出："上所述，尝闻清廷冰鞋处承差之老人言如此。"因此，这仅仅是对一种口耳相传的资料进行的描述。口述者所述的真实性暂且不说，我们不能排除转述者在转述的过程中有杜撰的成分在里面，因为这一切都无从稽考。

后来的冰嬉是清朝军队冬季训练的手段之一，因此从努尔哈赤在冬季用兵探寻冰嬉的起源是顺理成章的事情。晋卿并没有在大量地掌握史料的基础上去探究滑冰的历史，而是在未加甄别的情况下，凭借一些口述资料去自圆其说，这本身就是不科学的，也是不严肃的，是经不起推敲的。事实上，晋卿在《有清一代的溜冰史和冰鞋》中使用了不少口述资料，这些口述资料中有不少明显的错误。

明末，建州女真崛起。努尔哈赤在统一女真各部的战役中，有几次是在天寒地冻的冬季进行的。明万历三十五年（1607年）发生的建州女真大败乌拉女真的乌碣岩大战就发生在正月。这场战役，努尔哈赤的军队以少胜多，削弱了乌拉女真的实力。据《清实录》记载，丁未春正月乙丑朔（即1607年1月28日，农历大年初一），东海女真瓦尔喀部不满乌拉贝勒布占泰，希望"移家来附"，于是努尔哈赤派三千兵马到蜚悠城，护送新归附的部众回建州。前往蜚悠城的途中行军异常艰苦，"时夜阴晦，中大纛之上有光，众以为异，扪视无有。复树之，光如初"。努尔哈赤的弟弟舒尔哈齐认为这不是吉兆，打起了退堂鼓，但努尔哈赤的长子褚英、次子代善坚持前进。"尽收环城屯寨五百户"，布占泰知晓后"发兵万人，邀诸路"，大战爆发。代善于马上斩杀乌拉主将博克多。"时天气晴明，忽阴晦，大雪寒冽，被伤敌兵，弃甲逃者，僵仆甚众。"这场雪上大战显示了努尔哈赤的军队雪上作战的能力。从其以少胜多的结果看，这支军队必然掌握了在雪地机动灵活作战的技能。

另一场战役则显示了其冰上作战的能力。明神宗万历四十四年（1616年），努尔哈赤在他的出生地赫图阿拉（今辽宁省新宾满族自治县）即汗位，建元天命，国号曰"金"，史称"后金"。据《清实录》记载，努尔哈赤天命末年（天命十一年，即1626年）正月，努尔哈赤率领的大军与袁崇焕率领的明朝军队在宁远展开了一场激战。这场激战，明军在红夷大炮的帮助下，击败了清军的数次猛烈进攻。一度攻无不克的努尔哈赤兵败宁远后恼羞成怒，便派兵转攻明军的粮储基地觉华岛。攻打觉华岛的军队由吴讷格率领。到达觉华岛发现，这里由"明防守粮储参将姚抚民、胡一宁、金观，游击季善、吴玉、张国青，统兵四万，营于冰上，凿冰十五里为壕，列阵以车楯卫。我军夺壕口入，击之，遂败其兵，尽斩之。又有二营兵，立岛中山巅，我军冲入，败其兵，亦尽歼之"。这场血腥的杀戮之战，以后金军斩杀了守卫的明军而告终。守卫觉华岛的明军原本是"乘船如马"的水师，没有冰上作战的经验，所以只好日夜沿岛凿开15里的冰壕进行防御。然而此时正值天寒地冻，冰面凿开后，很快又冻合，惯于冬天作战的后金军得以长驱直入。而守卫的明军将士虽力战而不能敌,最终全军覆没。

上述两场战役,均没有提到军队是否使用了滑雪或滑冰器具作为辅助作战工具,但从其战绩来看,努尔哈赤的军队是善于在冰雪中作战的。在努尔哈赤冬季用兵的实践中,逐步确立了善于冬季作战的军队在清军中的地位,也为日后冰嬉盛典"阅武事"的功能奠定了基础。

天命十年乙丑春正月初二日(1625年2月8日),努尔哈赤在辽阳太子河的冰面上举办了一场"运动会"。《满文老档》中有生动的记载,原文如下:

乙丑年正月初二日,汗率众福晋,八旗诸贝勒、福晋,蒙古诸贝勒、福晋,众汉官及官员之妻,至太子河冰上,玩赏踢球之戏。诸贝勒率随侍人等玩球二次之后,汗与众福晋坐于冰之中间,命于二边等距离跑之,先至者赏以金银。头等各二十两,二等各十两。先将银置于十八处,令众汉官之妻跑往取。落后之十八名妇人,未得银,故每人赏银三两。继之,将每份二十两银置于八处,令蒙古众小台吉之妻跑往取之。落后之八名妇人各赏银十两。继之,将每份银二十两、金一两置于十二处,令众女儿、众小台吉之妻、福晋及蒙古之众福晋等跑之,众女儿、众贝勒之妻及福晋等先至而取之,蒙古众福晋落于后,故赏此十二名女儿金各一两,银各五两。跑时摔倒于冰上者,汗观之大笑。遂杀牛羊,置席于冰上,筵宴,戌时回城。[a]

民国时期金梁曾将盛京故宫所藏《满文老档》中的一部分翻译成汉文,关于这段记载,他的译文如下:

---

[a] 中国第一历史档案馆、中国社会科学院历史研究所译注:《满文老档》,第六十四册"天命十年正月至三月",中华书局,1990年。

天命十年正月初二日，上率众福晋、八旗蒙古诸贝勒及其福晋、诸汉官员及其妻等，御太子河冰上踢形头。诸贝勒率随侍人等踢形头二次。上与众福晋御冰之中央，命于两旁约地赛跑。先至者以金银为赏。初一等每分银二十两，二等每分银十两。置银十八分，使汉官员之妻等赛跑往取。落后者十八人，每人亦赏银三两。次每分二十两，置银八分，使蒙古小台吉之妻赛跑往取，落后者八人，每人亦赏银十两。次每分银二十两金一两，置金银十二分，使众人妻子与小台吉之妻等、诸贝勒福晋与蒙古之众福晋等，均同赛跑往取。诸贝勒福晋及众人之妻与小台吉之妻均至。蒙古福晋落后者十二人，每人亦赏金一两，银五两。间有坠于冰者，上览之大笑。遂筵于冰上。戌时还城。[a]

　　从这两段文字可以看出，这场运动会是在冰面上举办的，因此可以称为"冰上的运动会"。由于没有证据表明参加"运动会"的"运动员"是穿冰鞋进行比赛的，因此，这场运动会和现在意义上的"冬季运动会""冰上运动会"是不同的，并不能称为"冰上运动会"，只能称为"冰上的运动会"。这场别开生面的"运动会"，比赛项目一共有两大项：第一，是冰上踢球。这是一项男子运动，"运动员"是满族和蒙古族的贝勒及其侍从，比赛内容是满族传统的"踢行头（踢形头）"，比赛共进行两场。第二，是女子跑冰。抢球之后，努尔哈赤和众福晋在冰场的中央坐定，"运动员"从左右两侧等距离向中央奔跑。清军入关以前，官员的妻子、大汗的女儿等不像后来那样被禁锢起来，参加跑冰比赛的"运动员"就是她们。比赛分三组，分别是汉人组、蒙古组和满蒙组。奖励也不一样，汉人组最低、蒙古组次之、满蒙组最高。对优胜者进行特别奖励，参与者人人有份。比赛结束后宰杀牛羊，在冰上大摆筵席，一直到戌时（晚上7点到9点）才返回城里。其中女子分组抢银比赛时所穿的鞋子很可能是满族传统的"花

---

[a] 金梁辑：《近代中国史料丛刊第十一辑·满文秘档》，文海出版社，1966年。

盆底",在冰上竞速时才会不小心"摔倒于冰上",增加比赛的趣味性和娱乐性,"汗观之大笑"。这两项比赛都是满族传统的体育活动,据《中国少数民族文化大词典》记载:踢行头"盛行于明清两代。类似足球运动。行头用熊皮和猪皮等缝制成球,内装绵软之物,大小似今天的足球。踢球以高远为佳。场地划三道线,有三名裁判立于线上。比赛双方都力争将行头踢入对方区域,得分多者为胜。负的一方将酒肉等食物送给胜方。最后双方以肉下酒,嬉笑歌舞"。跑冰"即冬季在冰面上赛跑。参赛两队在场地两端起点处,终点在距两队距离相等的中间处,终点摆放奖品。比赛发令后,参赛队员尽全力跑向终点,先到者获胜并得到奖品"[a]。

这场冰上的运动会对于后来冰嬉制度的建立影响深远,是冰嬉盛典的雏形。这主要体现在以下几个方面:

第一,最高领导亲自检阅。这场运动会是由努尔哈赤亲自检阅的,后来的清朝冰嬉盛典都是由皇帝亲自检阅的。

第二,表演的项目多样。这场运动会既有球类项目,又有竞速项目。后来冰嬉盛典中的表演项目更加丰富,有球类项目、竞速项目、花样项目等。

第三,参与者奖励制度。这场运动会既对获胜的人给予奖励,也对其他参与人员给予奖励,获胜的人奖励更加丰厚。后来的冰嬉盛典也是如此。

天命十一年(1626年),努尔哈赤病逝,皇太极嗣汗位。天聪十年(1636年),皇太极改元崇德,改女真族名为满洲,在沈阳称帝,建国号大清。据《燕行录》记载,崇德七年(1642年)正月,皇太极在盛京东南方的浑河河畔,也举办过较大规模的冰上蹴鞠活动,并邀请朝鲜世子一同观看。此时,冰上活动除了娱乐功能之外,已经包含了政治和外交功能。

---

a 铁木尔·达瓦买提主编:《中国少数民族文化大词典(东北、内蒙古地区卷)》,民族出版社,1997年。

第二章　冰嬉制度的形成

崇德八年（1643年）皇太极病逝，顺治皇帝福临继位。顺治元年（1644年）清军入关，顺治皇帝成为清军入关后的第一位皇帝。

顺治元年甲申（1644年）冬十月，顺治皇帝设立了清代武举考试制度，考试分为四级：在县府举办的为"童试"，考中者称为"武秀才"；在省城举办的为"乡试"，考中者称为"武举人"；在京城举办的为"会试"，考中者称为"武进士"；武进士通过最高等级的"殿试"考取"三甲"。殿试一般由皇帝亲自主考，"一甲"共三名，头名即为武状元，二名为武榜眼，三名为武探花。武举考试通常每三年举办一次，《清实录》记载："武举会试定于辰、戌、丑、未年"，顺治三年（1646年）九月初九，清代第一场武举会试开始举办，"初九日试骑射，十二日试步射，十五日试策论"。这个制度一直延续到光绪二十四年（1898年）。

清朝历代皇帝都很重视武举考试制度，如康熙不仅亲阅，偶尔还会亲自上阵。据《清实录》记载，康熙三十九年（1700年）冬十月癸亥，"策试天下中式武举于太和殿前。甲子，上御瀛台紫光阁，亲阅中式武举等步射、技勇。试毕，命侍卫等开劲弓，俱满彀。上亲射二次，矢皆中的"。再如，雍正元年癸卯十二月"戊午（1724年1月8日，农历腊月十三日），上御瀛台紫光阁,阅视中式武举骑射;己未(1724年1月9日,农历腊月十四日),上御瀛台紫光阁,阅视中式武举步射;辛酉(1724年1月11日,农历腊月十六日),上御瀛台紫光阁,阅视中式武举技勇;壬戌(1724年1月12日,农历腊月十七日),上御瀛台紫光阁,覆阅选取中式武举50余人射"。也就是说雍正元年腊月,雍正皇帝5天内有4天阅视武举。从史料记载看,皇帝阅视武举大多在太和殿、瀛台,偶尔也会在畅春园。其中,瀛台是紫禁城西华门外中南海上的一个小岛,明时称"南台"。据《清实录》记载,顺治十二年乙未六月丁巳(1655年7月7日),顺治皇帝因"从来帝王所都与夫宫禁近处,未有不因其形势,锡以嘉名者,今名紫禁城后山为景山,西华门外台为瀛台"。

瀛台在清代是帝王听政、避暑、较射、阅视武举和冰嬉的地方之一,因此考察清代帝王冬季"幸瀛台"的情况,可以探究冰嬉制度的形成情况。从《清实录》及清朝帝王起居注可以看出,阅视武举往往是十、冬两个月,偶尔在腊月。冰嬉的集训时间是十、冬、腊、正4个月。皇帝阅视冰嬉是在冬至之后,多在冬月或腊月,偶尔会在正月。在《清实录》及清朝历朝皇帝起居注中,乾隆以前均未见有帝王阅视冰嬉的记载。顺治朝未有腊月"幸瀛台"的记录,康熙朝也未有腊月"幸瀛台"的记录,雍正朝腊月"幸瀛台"是阅武举,可见冰嬉在这三朝并没有形成制度。

康熙近臣、詹事府詹事高士奇于康熙二十三年(1684年)著成《金鳌退食笔记》一书,书中有太液池上进行冰上运动的记载:"寒冬冰冻,以木作平板,用二足裹以铁条,一人在前引绳,可坐三四人,行冰如飞,名曰'拖床'。积雪残云,景更如画。又于冰上作掷球之戏,每队数十人,各有统领。分伍而立,以皮作球,掷于空中,俟其将堕,群起而争之,以得者为胜。或此队之人将得,则彼队之人蹴之令远,喧笑驰逐,以便捷勇敢为能。本朝用以习武所著之履,皆有铁齿,行冰上不滑也。"

康熙时,曹雪芹的祖父曹寅在《楝亭诗别集》卷一载有《冰上打毬诗三首》。

其一：

青靴窄窄虎牙缠，豹脊双分小队圆。整洁一齐偷著眼，彩团飞下白云边。

其二：

万顷龙池一镜平，旗门回出寂无声。争先坐获如风掠，殿后飞迎似燕轻。

其三：

开疆争捷论功多，绿酿葡萄金巨罗。自是勤劳防逸乐，西南兵甲渐消磨。

从《金鳌退食笔记》的记载和《冰上打毬诗三首》，可以得到以下关于康熙朝宫廷冰上活动的信息：

一、中国北方冬天里常用的冰床，在康熙年间已经被引入到太液池上，冰床下端裹以铁条，以提高滑行速度；

二、太液池上已开始举办掷球之戏，又被称为冰上打球，是"习武"的内容，即士兵们的军事训练，并非简单的娱乐活动。

三、掷球之戏穿特制的冰鞋，并且设有球门（旗门）。冰鞋的鞋底有铁齿，形似虎牙，是为了防止冰上滑倒的，这和增加冰上滑动速度的冰刀是不同的。

四、举办掷球之戏是提醒八旗将士不能只沉浸于战功与美酒，否则会出现"兵甲渐消磨"的危险。

所以，可以得出这样的结论：清朝康熙年间，太液池上已有冰嬉活动，但冰嬉并没有制度化。

《清实录》记载，雍正元年（1723年）、二年（1724年）、五年（1727年）的农历十一月、十二月，雍正皇帝曾数次在瀛台紫光阁阅视中式武举骑射、步射，但没有阅视冰嬉的记录。

再来看看乾隆朝，乾隆十年（1745年）以前冬至后"幸瀛台"的情况见下表：

乾隆十年（1745年）以前冬至后"幸瀛台"情况一览表
（据《清实录》整理）

阴历时间	当日阴历及数九	阳历时间	活动内容
乾隆二年丁巳十二月丁酉	腊月十四日（五九第七天）	1738年2月2日	幸瀛台。
乾隆七年壬戌十二月戊子	腊月初三日（一九第八天）	1742年12月29日	幸瀛台。
乾隆七年壬戌十二月庚寅	腊月初五日（二九第一天）	1742年12月31日	幸瀛台，赐准噶尔使臣吹纳木喀筵宴。
乾隆七年壬戌十二月壬辰	腊月初七日（二九第三天）	1743年1月2日	奉皇太后幸瀛台。
乾隆七年壬戌十二月丁未	腊月廿二日（三九第九天）	1743年1月17日	幸瀛台。
乾隆九年甲子春正月壬午	正月初四日（七九第三天）	1744年2月16日	幸瀛台，御大幄次。赐准噶尔使臣图尔都宴。
乾隆九年甲子十一月癸巳	冬月二十日（一九第三天）	1744年12月23日	幸瀛台。
乾隆九年甲子十一月己亥	冬月廿六日（一九第九天）	1744年12月29日	幸瀛台。
乾隆九年甲子十一月壬寅	冬月廿九日（二九第三天）	1745年1月1日	幸瀛台。
乾隆九年甲子十二月戊申	腊月初五日（二九第九天）	1745年1月7日	幸瀛台。
乾隆十年乙丑十二月庚子	腊月初三日（一九第五天）	1745年12月25日	幸瀛台。

简要分析一下表中"幸瀛台"的情况：乾隆二年"幸瀛台"一次，此时是五九第七天，两天后即是立春，所以不太可能举办大型的冰嬉表演。乾隆五年（1740年）十月，乾隆曾传谕对瀛台进行修葺。《清实录》载：丙辰，"内务府前以瀛台建造多年，不无损缺，奏请修葺。朕已允行，可传谕内务府总管等，但取完整，不得过于华饰以蹈前失"。推测这次修葺的目的之一是举办冰嬉盛典的需要。乾隆七年腊月，"幸瀛台"4次，且都在头三九，与后来记录的阅视冰嬉的时间非常接近，很有可能就是乾隆阅视

冰嬉之发轫。乾隆八年（1743年）未有冬至后"幸瀛台"记录。乾隆九年（1744年）正月幸瀛台，赐准噶尔使臣图尔都宴时，"可随意醉饱，以尽尔欢，勿以大礼所在，致生拘束。所演各艺，尔详细观看"。此处"所演各艺"是否包含冰嬉表演，不得而知。乾隆九年冬月和腊月共4次、乾隆十年（1745年）一次，也都在三九之内，推测和乾隆七年"幸瀛台"的目的是一样的，都是进行冰嬉试点，此时还没有正式形成制度。

乾隆七年至九年，张九钺在《紫岘山人诗集》中载有《鞠蹴篇》和《冰鞋篇》两首诗，描绘了冰上蹴鞠和人与马冰上竞速（本书取《冰鞋篇》"鼍鼓轰逢逢，马与人齐发"的诗句，将该项目称为"人马齐发"，后文有该项目的解读）的表演。这两首诗很可能就是作者在观看了乾隆七年或乾隆九年腊月某日的冰上表演后写成的，《冰鞋篇》中"内府掷黄封，跪顶金三锊"的诗句说明这场表演是由乾隆皇帝亲自阅视的，奖赏士兵的金银是由内务府预备的。这说明，此时的冰上检阅已经构建起了冰嬉制度的基本框架。但两首诗的标题和诗句之中均未出现"冰嬉"二字，从一个侧面也可以推测此时并没有"冰嬉"这个词汇。

冰嬉制度正式形成是在乾隆十年（1745年）。这一年，乾隆采取了一系列措施将冰嬉作为制度规定了下来。

第一，亲笔撰写《冰嬉赋》，首次提出"冰嬉"一词。

据《石渠宝笈续编》记载，宁寿宫藏有御笔《冰嬉赋》一卷，并著录"乾隆乙丑季冬长春书屋御制并书"，说明这是乾隆十年腊月在长春书屋写成的。故宫博物院现藏有《御制冰嬉赋》一册，据《清代内府刻书目录解题》介绍，该书为清高宗弘历撰，清乾隆十年（1745年）武英殿刻朱墨套印本。半叶6行，行18字，小字双行字数同。白口，单鱼尾，四周双边。开本22.7厘米×14.4厘米，版框15.9厘米×11.4厘米。乾隆二十九年（1764年）正月，弘历与傅恒、刘统勋、于敏中等人以冰嬉联句，联句最后一句弘历说："芸帷试重披长赋，瞥眼东风十九年。"这也印证了《御制冰嬉赋》是于19年前（即乾隆十年）写成的。以《御制冰嬉赋》为标

志,该项活动因为帝王亲自作赋而上升为国制。

"冰嬉"一词起源于弘历的这篇《冰嬉赋》,嵇璜在其《瀛台冰嬉恭赋》中明确写道:"本水战之余技,赐嘉名以冰嬉。"《中国冬季运动史》《中国滑冰运动史》等引用《宋史·礼志》称:"幸后苑观花,作冰嬉。"因此有一种说法,认为冰嬉起源于宋代,但经过学者们的考证已确定此是讹传,此处的"冰嬉"原文是"水嬉",与冰嬉没有关系。并指出这一讹传很可能来自清代乾隆年间翟灏编著的《通俗篇》卷三十一《俳优·溜冰》的记载:"《宋史·礼志》:故事斋宿,幸后苑作冰戏。按:此即北方溜冰之戏,始自宋时。"ᵃ

第二,将《冰嬉赋》传示内廷大臣,并命各作一篇赋,以统一认识。

《石渠宝笈续编》记载:"乾隆乙丑嘉平月,皇上岁余讲武,集八旗羽林于太液池,修冰嬉之旧典,御制为赋。传示内廷诸臣,并命各赋一篇进呈。复敕画史,绘图成卷。"最终,梁诗正、汪由敦、蒋溥、钱陈群、励宗万、张若霭、嵩寿、介福、嵇璜、裘曰修、董邦达、德保和刘统勋等内廷文武 13 人均作《瀛台冰嬉恭赋》。从这 13 首应制文来看,其主要内容大同小异,全都在弘历所作《冰嬉赋》框架之内,并异口同声地赞颂了冰嬉之制。但其中亦有一些描写,如对冰鞋、项目的描写,对于研究这个时期的冰嬉具有很高的史料价值。

在乾隆御笔《冰嬉赋》之后,又御题"国俗大观"4 字。乾隆十一年(1746 年)四月,画师沈源在乾隆御笔之后白描《瀛台冰嬉图》,各臣工依次亲自将所作之赋书于其后。《石渠宝笈续编》所载宁寿宫藏御笔《冰嬉赋》一卷乃成。

第三,命画师绘制《冰嬉图》长卷。

《内务府造办处各作成做活计清档》记载:"(乾隆十年)十二月初八日,太监胡世杰传旨:'着画《瀛台冰嬉赋图》。'"另有:"乾隆十一

ᵃ 张宝强:《〈辞海〉"冰嬉"词条释义辨误》,《咸阳师范学院学报》2017 年 3 期。

年二月初五日，栢唐阿张文辉持来员外郎金昆、七品官赫达色押帖一件，内开为十年十二月初八日太监胡世杰传旨著画《瀛台冰嬉赋图》，钦此。"ª 由此可见，乾隆十年（1745年）腊月初八日，传旨画院处创作《瀛台冰嬉赋图》。翌年二月初五日，历经近两个月的时间画成。这幅图应为现存于故宫博物院的金昆、程志道、福隆安合绘《冰嬉图》卷。

据《清实录》记载，此后弘历于乾隆十一年（1746年）冬月、腊月"幸瀛台"3次，十二年（1747年）5次，十三年（1748年）1次，十四年（1749年）5次，十五年（1750年）7次，十六年（1751年）4次。虽然其中没有记载弘历腊月"幸瀛台"是否是阅视冰嬉，推测大多是和此事有关。乾隆十一年（1746年），弘历御制《太液冰嬉十二韵》（见《清高宗御制诗初集》卷三十六），诗中有"顺时陈国俗，择地试雄观""妙义韬铃外，凭人著眼看"等诗句。梁诗正和诗中有"习武罗群旅，临冬试大观。制因沿国俗，职不隶虞官"的诗句。汪由敦和诗有"御床临月镜，禁旅骤星滩。鹭振森成队，龙骧迅激湍"的诗句。这说明乾隆十一年君臣同观冰嬉盛典。这也是继《御制冰嬉赋》以后，乾隆首次通过御制诗强调冰嬉的重要价值。

再如乾隆十四年（1749年）弘历所作《腊日奉皇太后游瀛台诸胜》（见《清高宗御制诗二集》卷十三）有"蕉殿香花参梵相，液池罴虎试冰嬉"的诗句。乾隆十五年（1750年）弘历所作《新春悦心殿》诗中有"待引鱼龙辉火树，先招鸾凤试冰嬉"的诗句（见《清高宗御制诗二集》卷十四）。悦心殿位于北海琼岛西侧山坡上，视野开阔。据《国朝宫史》载："临幸常视事于此。天光云影，鱼跃鸢飞，万景毕呈，实据西苑全胜。"悦心殿的后面是庆霄楼，乾隆时期在北海阅冰嬉时常选择在庆霄楼。嘉庆《钦定大清会典事例》卷六百六十二《工部·宫殿·西苑》载：庆霄楼"楼

---

a 中国第一历史档案馆、香港中文大学合编：《清宫内务府造办处档案总汇》，人民出版社，2007年。

上下各七楹,南向,高宗纯皇帝每逢腊日奉皇太后观冰嬉于此"。说明此时阅视冰嬉的地点已不限于瀛台,而扩展到北海。《乾隆帝起居注》记载,乾隆十五年(1750年)正月初九,"幸永安寺、悦心殿",推测此诗应作于该日。

经查《乾隆帝起居注》,自乾隆十七年(1752年)起,起居注中开始明确注明"幸瀛台,阅冰嬉""瀛台遐瞩楼阅冰嬉""幸永安寺,阅冰嬉"等相关文字。

综上所述,清朝冰嬉盛典很可能起源于乾隆七年(1742年),至乾隆十年(1745年)弘历将该项活动命名为"冰嬉",自此,阅视冰嬉成为定制。乾隆十七年(1752年)起,帝王阅视冰嬉开始被记载到起居注之中。从清代历朝起居注关于冰嬉有关的词汇统计中也可以看出,乾隆以前《起居注》中与"冰嬉""冰戏""冰技""冰鞋"有关的词汇是没有出现过的,道光以后也没有出现,这也大致反映出清代阅视冰嬉的定制仅在乾嘉道三朝得以施行。

清代历朝起居注关于冰嬉有关的词汇统计

(据书同文古籍数据库 v3.2)

年号	庙号	冰嬉	冰戏	冰技	冰鞋
顺治	清世祖				
康熙	清圣祖				
雍正	清世宗				
乾隆	清高宗	106	1	119	1
嘉庆	清仁宗	92		9	6
道光	清宣宗	29			13
咸丰	清文宗				
同治	清穆宗				
光绪	清德宗				
宣统					

阅视冰嬉在乾隆时期成为定制不是偶然形成的，而是历史发展的必然。

一、自古以来，满族及其先民就有在冰雪条件下生产生活的实践，在本民族逐步强大并建立清朝的历史中，特别是自努尔哈赤起历代帝王（大汗）的冬季征战中，体现出掌握驾驭冰雪的技能对于军队的重要作用，引起了帝王对军队冰上技能的重视。努尔哈赤、皇太极以及康熙等帝王倡导的冰上活动，为冰嬉盛典的形成做了准备。如前文所述努尔哈赤天命十年（1625年）举办的"冰上的运动会"、皇太极举办的冰上蹴鞠活动、康熙太液池的"掷球之戏"，后来冰嬉盛典习武、行赏、宣示国威的功能和这些活动体现的功能一脉相承。

二、清军入关以后，尊崇"首崇满洲"的原则，重视骑射、摔跤等满洲风俗，建立了较射、武举等例行制度。较射、武举等例行制度的施行，对于促进军队建设、巩固政权有重要作用。在军队中引入冰嬉可以完善军事检阅的覆盖面。较射主要是对上三旗的检阅，武举是对全国军事人才的选拔和检阅，而冰嬉是对八旗和内务府三旗的检阅。冰嬉制度建立以后，在京城内形成了覆盖全国、八旗、内务府三旗的检阅制度，这些检阅制度是对三年一次的大阅兵制度有益的补充。

说到这里，简单地介绍一下清朝八旗制度。八旗制度由努尔哈赤初创，经过演变形成了镶黄旗、正黄旗、正白旗、正蓝旗、镶白旗、正红旗、镶红旗和镶蓝旗共八旗，并以为次序。八旗分左右两翼，左翼镶黄旗、正白旗、正蓝旗、镶白旗；右翼正黄旗、正红旗、镶红旗、镶蓝旗。八旗又分上三旗、下五旗，上三旗由皇帝控制，包括镶黄旗、正黄旗、正白旗；下五旗由诸王、贝勒控制，包括正蓝旗、镶白旗、正红旗、镶红旗、镶蓝旗。另有内务府三旗，由原来上三旗的包衣组成，与上述八旗无隶属关系，主要任务是担任宿卫及扈从。清朝定都北京以后，戍卫京师的八旗按方位驻守，其中镶黄旗居安定门内，正黄旗居德胜门内，并在北方；正白旗居东直门内，镶白旗居朝阳门内，并在东方；正红旗居西直门内，镶红旗居阜成门内，并在西方；正蓝旗居崇文门内，镶蓝旗居宣武门内，并在南方，称驻京八旗。其余部分派驻全国重要城市和军事要地，称驻防八旗。清代军队最初只有满洲八旗，后将统辖的蒙古族和汉族军队，分别编为蒙古军八旗和汉军八旗，共为二十四旗。

三、康熙二十年（1681年），为巩固北方边防，维护满蒙关系，保持军队骁勇善战的本色，防止居功骄奢颓废，时刻保持居安思危的警惕之心，修建了木兰围场，皇帝亲自参加围猎，此项活动被称为"木兰秋狝"。乾隆对康熙这位雄才大略的祖父非常尊崇，深知木兰秋狝的重要意义。乾隆六十年（1795年）御制《洪范九五福之五曰考终命联句有序》诗中有"嬉冰哨鹿庆隆舞，月姊日兄皇地示"的句子，诗中的"哨鹿"原意是"吹桦皮哨子以诱鹿等出来"a，此处是指木兰秋狝。"木兰"一词为满语，翻译过来是"鹿鸣"。该诗注解写道："国朝旧俗有冰嬉之技，每岁冬太液冰坚，八旗分棚掷毬、演射。上亲临校阅，按等行赏。御制《冰嬉赋》，篇中以旌勇均赐而归，本于观德之义。又己巳岁，御制《哨鹿赋》，序中有'皇祖昔喜哨鹿，朕冲龄随侍，习闻其事，年来乃亲试为之，嘉其有合于圣经之语'。至癸酉又御制《后哨鹿赋》，申言后法先垂，诰戒习众，不可忘先代遗规之意。至宴飨大礼，所用庆隆舞，则状列祖开刱武功，声容具备，为大乐最盛之奏，御制《新乐府首咏》。是事三者，皆国家旧俗遗风，可以垂示万世。"从注解看弘历年幼时随侍康熙哨鹿，并于乾隆十四年（1749年）作《哨鹿赋》，乾隆十八年（1753年）又作《后哨鹿赋》，深知其祖父"诰戒习众，不可忘先代遗规之意"。据《啸亭续录》卷一记载："国家肇兴东土，旧俗所沿，有喜起、庆隆二舞。……又于庭外丹陛间，作虎豹异兽状，扮八大人骑禺马作逐射状，颇沿古人傩礼之意，为之庆隆舞。列圣追慕祖德，至今除夕、上元筵宴皆沿用之，以见当时草昧缔构之艰难也。"b诗中将冰嬉和哨鹿、庆隆舞相提并论，是因为三者"皆国家旧俗遗风，可以垂示万

---

a 安双成主编：《汉满大辞典》，辽宁民族出版社，2007年。
b ［清］昭梿撰，何英芳点校：《啸亭杂录》，中华书局，1980年。

世。"乾隆举办冰嬉盛典，完善了冬季的训练体系，其政治意义和木兰秋狝是一致的。

四、日益贫困的八旗兵丁生计问题，以及由此带来的军事能力的下降，使清朝统治者忧心忡忡。举办冰嬉盛典可以在一定程度上起到缓解作用。

自清军入关以后，频繁的战争导致不少旗人无力照顾自己的土地。加上人口的剧增，通过制度特权建立起来的以旗地、俸饷、月米为基础的八旗生计保障体系被打破。"随着八旗生计保障体系的被打破，八旗兵丁日渐贫困化，以及逐渐趋向奢靡后的'贫困下的奢靡'，都直接影响到八旗军事能力。"[a]虽然顺治、康熙、雍正都曾采取了措施来改变这一状况，但仍不能有效解决这一因八旗制度带来的问题。乾隆创办冰嬉盛典的一个重要目的就是"行赏"，并且"勇者特旌，任者均赐"（《御制冰嬉赋》）。当然，靠岁末冰嬉盛典的这点赏赐同样不能根本改善八旗生计问题，但作为改善措施之一，对八旗生计问题还是有一定的缓解作用的。乾隆很重视这个功能。乾隆四十二年（1777年），乾隆帝生母去世，当年冬天，他仍然没有停止阅视冰嬉，只是撤掉彩旗，并写诗道出原委："岁暮家家多窘迫，例因冰技沛恩施。"嘉庆元年（1796年），已是太上皇的弘历在《杂咏》诗中写道："行令嘉平颁赏赉，避寒温室肯安居。"其注解曰："每岁冬至后太液冰坚，八旗分棚掷毬、演射，朕必亲临校阅，按等行赏。每赴西苑，率于卯末辰初之际，虽御暖舆，而晓寒甚冽。然意在惠赐八旗，俾资生计宽裕。如近年于岁底加恩，普赐地租、钱粮等事，有加无已。且此系国朝旧俗，固不肯安居温室，图一己之适也。"可见其对冰嬉缓解八旗生计作用的重视。

五、一些皇帝亲自参加的检阅活动，特别是乾隆四年（1739年）在南苑的大阅兵，为冰嬉盛典提供了形式和内容借鉴。在形式上，参加受阅的

---

[a] 王志强：《清前期八旗生计问题研究》，中国人民大学清史研究所，博士学位论文，2011年。

队伍来自八旗，皇帝亲自阅视。阅视时仪式感很强，阅视结束后进行赏赐，这些都在阅视冰嬉时有体现。在内容上，奏军乐、树大纛、列阵等也都在阅视冰嬉时有体现。

乾隆四年（1739年），弘历在南苑举行大阅兵。据《乾隆帝起居注》记载："巳时，上躬擐甲胄，连发五矢皆中的。乘骑巡视军营，御黄幄，诸王分列。躬坐黄幄中，诸大臣赐坐黄幄之旁。幄前吹海螺三次，官兵皆吹海螺三次。齐放大炮及骑兵鸟铳九次，进步连环齐放，声震山谷，烟飙腾涌。向前趋进时，官兵齐声发喊，军威严整。事毕，收兵复回原伍排列，命赐在事大臣、官员及兵丁等貂皮、银、俸各有差。"

乾隆十年（1745年），钱陈群在其《瀛台冰嬉恭赋》中写道："因地呈能，顺时布泽。巡方而朔漠扬威，练众而巧捷奏力。岁功既成，讫可休息，乃行健之法天。自朝至于日中昃，不遑暇食，恩必遍逮。寓赏于责，斯受之者不诬，而收之者可核。昨者分命诸王，陪以列卿，阅射郊外，以厉府兵。犒以第而施，技以赍而精。镌感激以腾跃，披众志而成城。"

钱陈群认为乾隆阅视冰嬉和"阅射郊外"是一脉相承的，其目的都是厉兵、行赏，只不过地点不同、时间不同而已。

六、稳定的政局使阅视冰嬉形成常例成为可能。

清军入关以后，国内形势依然动荡不安，国内及边境战争不断，政府是无力连年举办阅视冰嬉这样的大型活动的。到康熙朝，经过擒鳌拜、平三藩、收台湾、驱沙俄、征噶尔丹之后，清朝政局日趋稳定。至雍正朝，这位勤政的皇帝大力整饬吏治、清理财政，充盈了国库，为乾隆朝的繁荣夯实了基础，像阅视冰嬉这样需要每年耗费不菲银两的盛典才能得以创办并形成制度。到道光年间，特别是1840年鸦片战争以后，国家内忧外患不断，冰嬉盛典就停止举办了。此是后话。

七、冰鞋的发展，为冰嬉表演提供了装备支持。

专门用于冰上活动的冰鞋大致包括两种：一种是防止滑倒的带铁齿的冰鞋，其功能类似于冬季冰上捕鱼时穿的冰爪；另一种是提高冰上滑行速度的带冰刀的冰鞋。带铁齿的冰鞋适合冰上有身体接触的运动，冰上抢球就是穿这种冰鞋。带冰刀的冰鞋适合冰上竞速和花样表演。从金昆等人绘制的院画《冰嬉图》中，可以看到抢球项目和转龙射球项目士兵们所穿的冰鞋是不同的。

带有冰刀的冰鞋，其早期的发展历史在本书下篇中有专门阐述。到乾隆时期，制作铁制冰刀已经不是什么难事。张九钺《冰鞋篇》中"冰鞋制绝奇，其底界中铁。扶寸磨晶莹，侧势便引揲。阮屐蜡偏新，仙凫形独别。力制重轻闲，熟巧凭劲滑"的诗句盛赞了这个时期的冰鞋。冰刀以铁制成，刀锋很窄，磨得晶莹闪亮，安装在形似木屐的木板底部中央，木板上蜡。乾隆二十九年（1764年）《御制冰嬉联句》中有"横庚绚齿莹精锴，露卯韦条束达楄"的诗句，说明冰刀是用精铁制成，将冰刀钉在像木屐底板的木板上，然后再用皮条将其绑在鞋上和脚踝上。冰嬉盛典的冰鞋都是由内务府预备的，代表了当时的先进水平。

八、太液池得天独厚的地理条件，为冰嬉盛典提供了良好的场地条件。

太液池是北京北海、中海和南海的总称，《金鳌退食笔记》记载："太液池旧名西海子。在西安里门，周凡数里。"《国朝宫史》载："西苑在西华门之西，门三，中榜曰'西苑门'……入苑门，即太液池也。源出玉泉山，从德胜门水关达后湖，流入禁地，汇为巨池。周广数里，夹岸多槐柳，池中蒲藻交纷，禽鱼翔泳，为仙洲胜地。……盛夏芰荷如锦，冬月水泽腹坚，则陈冰嬉于此，循国俗修武事而习劳行赏之意寓焉。"

冬天的太液池为冰嬉盛典提供了良好的场地条件：

第一，这里冰面开阔，适合大型的冰上表演；

第二，这里是禁园，无须额外耗费太多的安保成本；

第三，距离紫禁城很近，便于皇帝及其他皇室成员出行；

第四，这里有紫光阁、遐瞩楼、庆霄楼、五龙亭等阅视冰嬉的理想地点。

九、气候相对温暖，为冰嬉盛典提供了良好的气象条件。

明清时期，中国冬季的气候十分寒冷，有"明清小冰期"之称，欧洲则称其为"小冰河时期"。气象学家竺可桢在1972年指出，方志时期（1400—1900年）五百年中，我国的寒冷年数不是均等分布的，而是分组排列。温暖冬季是在1550—1600年和1720—1830年间。寒冷冬季是在1470—1520年、1620—1720年及1840—1890年间。以世纪来分，则以17世纪最冷，19世纪次之，特别是1650—1700年间。ᵃ 据此，努尔哈赤起兵到清朝入主中原恰好是在最寒冷的时期。有学者认为起兵的原因跟恶劣天气带来的生活困苦有关。举办冰嬉盛典这样的大型活动，天气太暖不行，冰面不能承受如此众多的人，太寒也不行，由于冰嬉盛典往往从天刚亮就开始了，过于寒冷会导致士兵们无法施展手脚，特别是会影响射箭的准确度。乾隆时期（1736—1795年），恰好处于相对温暖期（这个时期冬季的气温也比现在要低），这为冰嬉盛典的举办提供了良好的气象条件。

总之，到乾隆初期，举办冰嬉盛典的功能、思想、形式、内容等方面都已成熟，再加上天时、地利、人和，创建冰嬉盛典自然水到渠成了。

---

a 竺可桢：《中国近五千年来气候变迁的初步研究》，《考古学报》1972年第1期。

第三章　乾隆时期的冰嬉盛典

　　起居注是记录古代帝王每日的言行录，为了更好地分析乾隆时期的冰嬉盛典的情况，首先来解读一下《乾隆帝起居注》中有关冰嬉的记载。自乾隆十七年（1752年）开始，"阅冰嬉"被记载到起居注之中。经查，乾隆十七年以后的起居注，可以得出乾隆时期有关冰嬉活动一览表如下。为了便于理解，本表特别加注了当日对应的阴历及数九情况、阳历时间。

《乾隆帝起居注》有关冰嬉活动一览表

阴历时间	当日阴历及数九	阳历时间	活动内容
乾隆十七年壬申十二月丁亥朔	腊月初一日（二九第六天）	1753年1月4日	上幸瀛台，阅冰嬉。
乾隆十七年壬申十二月己丑	腊月初三日（二九第八天）	1753年1月6日	上诣寿康宫请皇太后安，幸瀛台，阅冰嬉。
乾隆十七年壬申十二月癸巳	腊月初七日（三九第三天）	1753年1月10日	上诣寿康宫请皇太后安，幸瀛台，阅冰嬉。

续表

阴历时间	当日阴历及数九	阳历时间	活动内容
乾隆十七年壬申十二月甲午	腊月初八日（三九第四天）	1753年1月11日	上诣大高殿行礼，奉皇太后幸悦心殿侍早膳，瀛台遐瞩楼阅冰嬉，进茶果，千尺雪侍晚膳。
乾隆十八年癸酉十二月戊子	腊月初八日（二九第二天）	1753年12月31日	上诣大高殿行礼，奉皇太后幸悦心殿侍早膳，幸瀛台遐瞩楼阅冰嬉，进茶果，寿安宫侍晚膳。
乾隆十九年甲戌十一月辛丑	冬月廿六日（二九第九天）	1755年1月8日	上诣寿康宫请皇太后安，驾幸瀛台，阅冰嬉。
乾隆十九年甲戌十一月甲辰	冬月廿九日（三九第三天）	1755年1月11日	上诣寿康宫请皇太后安，驾幸瀛台，阅冰嬉。
乾隆十九年甲戌十二月丙午	腊月初二日（三九第五天）	1755年1月13日	上诣寿康宫请皇太后安，驾幸瀛台，阅冰嬉。
乾隆十九年甲戌十二月辛亥	腊月初七日（四九第一天）	1755年1月18日	上幸瀛台，阅冰嬉。
乾隆十九年甲戌十二月壬子	腊月初八日（四九第二天）	1755年1月19日	上奉皇太后永安寺拈香，皇太后膳毕，幸瀛台，阅冰嬉。
乾隆二十年乙亥十二月癸卯	腊月初四日（二九第六天）	1756年1月5日	上诣寿康宫请皇太后安，幸瀛台，阅冰嬉。
乾隆二十年乙亥十二月甲辰	腊月初五日（二九第七天）	1756年1月6日	上幸永安寺拈香，幸瀛台，阅冰嬉。
乾隆二十年乙亥十二月丙午	腊月初七日（二九第九天）	1756年1月8日	上诣寿康宫请皇太后安，幸瀛台，阅冰嬉。
乾隆二十年乙亥十二月丁未	腊月初八日（三九第一天）	1756年1月9日	上诣大高殿拈香毕，奉皇太后永安寺拈香，悦心殿侍皇太后早膳，幸瀛台遐瞩楼进茶果，阅冰嬉。

续表

阴历时间	当日阴历及数九	阳历时间	活动内容
乾隆二十一年丙子十一月丁酉	冬月初四日（一九第四天）	1756年12月24日	上诣寿康宫请皇太后安，幸瀛台，阅冰嬉。
乾隆二十一年丙子十一月辛丑	冬月初八日（一九第八天）	1756年12月28日	上诣寿康宫请皇太后安，幸瀛台，阅冰嬉。
乾隆二十一年丙子十一月乙巳	冬月十二日（二九第三天）	1757年1月1日	上诣寿康宫请皇太后安，幸瀛台，阅冰嬉。
乾隆二十一年丙子十一月癸丑	冬月二十日（三九第二天）	1757年1月9日	上诣寿康宫请皇太后安，幸瀛台，阅冰嬉。
乾隆二十一年丙子十一月己未	冬月廿六日（三九第八天）	1757年1月15日	上诣寿康宫请皇太后安，幸瀛台，阅冰嬉。
乾隆二十一年丙子十一月癸亥	冬月三十日（四九第三天）	1757年1月19日	上诣寿康宫请皇太后安，幸瀛台，阅冰嬉。
乾隆二十一年丙子十二月辛未	腊月初八日（五九第二天）	1757年1月27日	上奉皇太后悦心殿侍早膳，遐瞩楼进茶果，阅冰嬉。
乾隆二十二年丁丑十一月己酉	冬月廿一日（二九第二天）	1757年12月31日	上诣寿康宫请皇太后安，驾幸瀛台，阅冰嬉。
乾隆二十二年丁丑十一月辛亥	冬月廿三日（二九第四天）	1758年1月2日	上幸瀛台，阅冰嬉。
乾隆二十二年丁丑十一月甲寅	冬月廿六日（二九第七天）	1758年1月5日	上诣寿康宫请皇太后安，幸瀛台，阅冰嬉。
乾隆二十二年丁丑十一月丁巳	冬月廿九日（三九第一天）	1758年1月8日	上诣寿康宫请皇太后安，幸瀛台，阅冰嬉。
乾隆二十二年丁丑十二月庚申	腊月初二日（三九第四天）	1758年1月11日	上诣寿康宫请皇太后安，幸瀛台，阅冰嬉。
乾隆二十二年丁丑十二月丙寅	腊月初八日（四九第一天）	1758年1月17日	上诣大高殿拈香，奉皇太后幸永安寺拈香，悦心殿侍早膳，遐瞩楼进茶果，阅冰嬉。
乾隆二十三年戊寅十一月己酉	冬月廿六日（一九第五天）	1758年12月26日	上诣寿康宫请皇太后安，幸瀛台，阅冰嬉。
乾隆二十三年戊寅十一月壬子	冬月廿九日（一九第八天）	1758年12月29日	上诣寿康宫请皇太后安，幸永安寺，阅冰嬉。

续表

阴历时间	当日阴历及数九	阳历时间	活动内容
乾隆二十三年戊寅十二月甲寅	腊月初二日（二九第一天）	1758年12月31日	上幸阐福寺拈香,阅冰嬉。
乾隆二十三年戊寅十二月丙辰	腊月初四日（二九第三天）	1759年1月2日	上诣寿康宫请皇太后安,幸瀛台,阅冰嬉。
乾隆二十三年戊寅十二月庚申	腊月初八日（二九第七天）	1759年1月6日	上诣大高殿行礼,奉皇太后幸永安寺拈香,悦心殿侍早膳,遐瞩楼进茶果,阅冰嬉。
乾隆二十四年己卯正月丙戌	正月初四日（五九第六天）	1759年2月1日	上幸瀛台,阅冰嬉。淳叙殿赐蒙古王公、台吉并漠咱帕尔等宴。
乾隆二十四年己卯十一月戊午	冬月十二日（一九第九天）	1759年12月30日	上诣寿康宫请皇太后安,幸瀛台,阅冰嬉。
乾隆二十四年己卯十一月庚申	冬月十四日（二九第二天）	1760年1月1日	上奉皇太后幸画舫斋进早膳,镜清斋进茶果,阅冰嬉。
乾隆二十四年己卯十一月癸亥	冬月十七日（二九第五天）	1760年1月4日	上诣寿康宫请皇太后安,幸瀛台,阅冰嬉。
乾隆二十四年己卯十一月戊辰	冬月廿二日（三九第一天）	1760年1月9日	上幸永安寺拈香,阅冰嬉。
乾隆二十四年己卯十一月壬申	冬月廿六日（三九第五天）	1760年1月13日	上诣寿康宫请皇太后安,幸瀛台,阅冰嬉。
乾隆二十四年己卯十一月乙亥	冬月廿九日（三九第八天）	1760年1月16日	上诣寿康宫请皇太后安,幸瀛台,阅冰嬉。
乾隆二十四年己卯十二月丁丑	腊月初一日（四九第一天）	1760年1月18日	上幸阐福寺拈香,阅冰嬉。
乾隆二十四年己卯十二月己卯	腊月初三日（四九第三天）	1760年1月20日	上诣寿康宫请皇太后安,幸瀛台,阅冰嬉。
乾隆二十四年己卯十二月甲申	腊月初八日（四九第八天）	1760年1月25日	上诣大高殿行礼,奉皇太后幸永安寺拈香,悦心殿侍早膳,遐瞩楼进茶果,阅冰嬉。
乾隆二十四年己卯十二月丁酉	腊月廿一日（六九第三天）	1760年2月7日	上诣寿康宫请皇太后安,幸瀛台,阅冰嬉。

续表

阴历时间	当日阴历及数九	阳历时间	活动内容
乾隆二十五年庚辰十一月庚申	冬月二十日（一九第六天）	1760年12月26日	上诣寿康宫请皇太后安，幸大西天拈香，阅冰嬉。
乾隆二十五年庚辰十一月丙寅	冬月廿六日（二九第三天）	1761年1月1日	上诣寿康宫请皇太后安，幸瀛台，阅冰嬉。
乾隆二十五年庚辰十一月己巳	冬月廿九日（二九第六天）	1761年1月4日	上诣寿康宫请皇太后安，诣英华殿拈香，幸镜清斋，阅冰嬉。
乾隆二十五年庚辰十二月辛未	腊月初一日（二九第八天）	1761年1月6日	上幸阐福寺拈香，阅冰嬉。
乾隆二十五年庚辰十二月壬申	腊月初二日（二九第九天）	1761年1月7日	上诣寿康宫请皇太后安，幸瀛台，阅冰嬉。
乾隆二十五年庚辰十二月乙亥	腊月初五日（三九第三天）	1761年1月10日	上诣寿康宫请皇太后安，幸永安寺，阅冰嬉。
乾隆二十五年庚辰十二月戊寅	腊月初八日（三九第六天）	1761年1月13日	上诣大高殿行礼，幸永安寺万善殿拈香，奉皇太后幸永安寺拈香，庆霄楼进早膳，澄怀堂进小食，遐瞩楼阅冰嬉。
乾隆二十六年辛巳十一月癸亥	冬月廿九日（一九第四天）	1761年12月24日	上奉皇太后幸寿安宫侍膳，膳后，上幸大西天拈香，阅冰嬉。
乾隆二十六年辛巳十二月乙丑	腊月初一日（一九第六天）	1761年12月26日	上幸阐福寺拈香，阅冰嬉。
乾隆二十六年辛巳十二月丙寅	腊月初二日（一九第七天）	1761年12月27日	上诣寿康宫请皇太后安，幸瀛台，阅冰嬉。
乾隆二十六年辛巳十二月己巳	腊月初五日（二九第一天）	1761年12月30日	上御太和殿陛座受朝。诣寿康宫请皇太后安，幸瀛台，阅冰嬉。
乾隆二十六年辛巳十二月壬申	腊月初八日（二九第四天）	1762年1月2日	上诣大高殿行礼，幸永安寺万善殿拈香，奉皇太后庆霄楼侍早膳，澄怀堂进茶果，遐瞩楼阅冰嬉。

续表

阴历时间	当日阴历及数九	阳历时间	活动内容
乾隆二十七年壬午十一月丁丑	冬月十九日（二九第三天）	1763年1月2日	上诣寿康宫请皇太后安，幸瀛台，阅冰嬉。
乾隆二十七年壬午十一月庚辰	冬月廿二日（二九第六天）	1763年1月5日	上诣寿康宫请皇太后安，幸瀛台，阅冰嬉。
乾隆二十七年壬午十一月甲申	冬月廿六日（三九第一天）	1763年1月9日	上诣寿康宫请皇太后安，幸瀛台，阅冰嬉。
乾隆二十七年壬午十一月戊子	冬月三十日（三九第五天）	1763年1月13日	上诣寿康宫请皇太后安，幸瀛台，阅冰嬉。
乾隆二十七年壬午十二月己丑	腊月初一日（三九第六天）	1763年1月14日	上幸阐福寺拈香，阅冰嬉。
乾隆二十七年壬午十二月壬辰	腊月初四日（三九第九天）	1763年1月17日	上诣寿康宫请皇太后安，幸瀛台，阅冰嬉。
乾隆二十七年壬午十二月癸巳	腊月初五日（四九第一天）	1763年1月18日	上幸永安寺大西天拈香，阅冰嬉。
乾隆二十七年壬午十二月丙申	腊月初八日（四九第四天）	1763年1月21日	上诣大高殿，永安寺拈香，奉皇太后庆霄楼侍早膳，澄怀堂进茶果，遐瞩楼阅冰嬉。
乾隆二十八年癸未十一月己卯	冬月廿六日（一九第九天）	1763年12月30日	上诣寿康宫请皇太后安，幸瀛台，阅冰嬉。
乾隆二十八年癸未十一月辛巳	冬月廿八日（二九第二天）	1764年1月1日	上幸永安寺拈香，阅冰嬉。
乾隆二十八年癸未十一月壬午	冬月廿九日（二九第三天）	1764年1月2日	上诣寿康宫请皇太后安，幸瀛台，阅冰嬉。
乾隆二十八年癸未十二月癸未	腊月初一日（二九第四天）	1764年1月3日	上幸阐福寺拈香，阅冰嬉。
乾隆二十八年癸未十二月丙戌	腊月初四日（二九第七天）	1764年1月6日	上诣寿康宫请皇太后安，幸瀛台，阅冰嬉。
乾隆二十八年癸未十二月庚寅	腊月初八日（三九第二天）	1764年1月10日	上诣大高殿，永安寺拈香，奉皇太后庆霄楼侍早膳，澄怀堂进茶果，遐瞩楼阅冰嬉。
乾隆二十八年癸未十二月辛卯	腊月初九日（三九第三天）	1764年1月11日	上诣寿康宫请皇太后安，幸瀛台，阅冰嬉。

续表

阴历时间	当日阴历及数九	阳历时间	活动内容
乾隆二十八年癸未十二月癸卯	腊月廿一日（四九第六天）	1764年1月23日	上诣寿康宫请皇太后安。是日回部和阗三品阿奇木伯克、公品级阿施默特等人觐于西苑门跪迎圣驾，上温语垂问，随赐观冰嬉。
乾隆二十九年甲申正月甲寅	正月初二日（五九第八天）	1764年2月3日	上御紫光阁。赐蒙古王公、贝勒、额驸、台吉及回部郡王霍集斯等年班，回部和阗三品阿奇木伯克、阿克伯克、公品级阿施默特等十七人，博洛尔沙胡沙默特来使呼达达特等宴，与观冰嬉。
乾隆二十九年甲申十二月戊寅	腊月初一日（一九第三天）	1764年12月23日	上幸阐福寺拈香，阅冰嬉。
乾隆二十九年甲申十二月辛巳	腊月初四日（一九第六天）	1764年12月26日	上诣寿康宫请皇太后安。幸瀛台，阅冰嬉。
乾隆二十九年甲申十二月壬午	腊月初五日（一九第七天）	1764年12月27日	上诣寿康宫请皇太后安。幸永安寺拈香，阅冰嬉。
乾隆二十九年甲申十二月乙酉	腊月初八日（二九第一天）	1764年12月30日	上诣大高元殿，永安寺拈香，奉皇太后悦心殿侍早膳，澄怀堂进茶果，遐瞩楼阅冰嬉。
乾隆二十九年甲申十二月丙戌	腊月初九日（二九第二天）	1764年12月31日	上诣寿康宫请皇太后安。幸瀛台，阅冰嬉。
乾隆二十九年甲申十二月戊戌	腊月廿一日（三九第五天）	1765年1月12日	上诣寿康宫请皇太后安。是日年班回部阿克素、三品阿奇木、公品级色提巴尔第等二十一人入觐于西苑门跪迎圣驾，上温语慰问，随赐观冰嬉。
乾隆三十年乙酉十一月癸未	冬月十二日（一九第三天）	1765年12月23日	上诣寿康宫请皇太后安，幸瀛台，阅冰嬉。

续表

阴历时间	当日阴历及数九	阳历时间	活动内容
乾隆三十年乙酉十一月丁亥	冬月十六日（一九第七天）	1765年12月27日	上诣寿康宫请皇太后安，幸瀛台，阅冰嬉。
乾隆三十年乙酉十一月辛卯	冬月二十日（二九第二天）	1765年12月31日	上诣寿康宫请皇太后安，幸瀛台，阅冰嬉。
乾隆三十年乙酉十一月丁酉	冬月廿六日（二九第八天）	1766年1月6日	上诣寿康宫请皇太后安，幸瀛台，阅冰嬉。
乾隆三十年乙酉十一月己亥	冬月廿八日（三九第一天）	1766年1月8日	上幸永安寺拈香，阅冰嬉。
乾隆三十年乙酉十一月庚子	冬月廿九日（三九第二天）	1766年1月9日	上诣寿康宫请皇太后安，幸瀛台，阅冰嬉。
乾隆三十年乙酉十二月壬寅	腊月初一日（三九第四天）	1766年1月11日	上幸阐福寺拈香，阅冰嬉。
乾隆三十年乙酉十二月癸卯	腊月初二日（三九第五天）	1766年1月12日	上诣寿康宫请皇太后安，幸瀛台，阅冰嬉。
乾隆三十年乙酉十二月己酉	腊月初八日（四九第二天）	1766年1月18日	上诣大高元殿，永安寺拈香，奉皇太后悦心殿侍早膳，澄怀堂进茶果，遐瞩楼阅冰嬉。
乾隆三十年乙酉十二月壬戌	腊月廿一日（五九第六天）	1766年1月31日	上诣寿康宫请皇太后安。是日年班回部叶尔羌、四品商伯克托克托和卓等十八人入觐于西苑门跪迎圣驾，上温语慰问，随赐观冰嬉。
乾隆三十一年丙戌十一月乙未	冬月廿九日（一九第九天）	1766年12月30日	上诣寿康宫请皇太后安，幸瀛台，阅冰嬉。
乾隆三十一年丙戌十二月丁酉	腊月初一日（二九第二天）	1767年1月1日	上幸阐福寺永安寺拈香，阅冰嬉。
乾隆三十一年丙戌十二月戊戌	腊月初二日（二九第三天）	1767年1月2日	上诣寿康宫请皇太后安，幸瀛台，阅冰嬉。
乾隆三十一年丙戌十二月庚子	腊月初四日（二九第五天）	1767年1月4日	上幸永安寺拈香，阅冰嬉。
乾隆三十一年丙戌十二月辛丑	腊月初五日（二九第六天）	1767年1月5日	上诣寿康宫请皇太后安，幸瀛台，阅冰嬉。

续表

阴历时间	当日阴历及数九	阳历时间	活动内容
乾隆三十一年丙戌十二月甲辰	腊月初八日（二九第九天）	1767年1月8日	上诣大高玄殿，永安寺万善殿拈香，奉皇太后悦心殿侍早膳，澄怀堂进茶果，遐瞩楼阅冰嬉。
乾隆三十一年丙戌十二月丁巳	腊月廿一日（四九第四天）	1767年1月21日	上诣寿康宫请皇太后安。是日年班回部叶尔羌、阿奇木伯克、贝勒品级鄂对等十三人入觐于西苑门跪迎圣驾，上温语慰问，随赐观冰嬉。
乾隆三十二年丁亥十一月丙午	冬月十六日（二九第六天）	1768年1月5日	上幸瀛台，阅冰嬉。
乾隆三十二年丁亥十一月庚戌	冬月二十日（三九第一天）	1768年1月9日	上诣寿康宫请皇太后安，幸瀛台，阅冰嬉。
乾隆三十二年丁亥十一月丙辰	冬月廿六日（三九第七天）	1768年1月15日	上诣寿康宫请皇太后安，幸瀛台，阅冰嬉。
乾隆三十二年丁亥十一月己未	冬月廿九日（四九第一天）	1768年1月18日	上诣寿康宫请皇太后安，幸瀛台，阅冰嬉。
乾隆三十二年丁亥十二月辛酉	腊月初一日（四九第三天）	1768年1月20日	上幸阐福寺拈香，阅冰嬉。
乾隆三十二年丁亥十二月戊辰	腊月初八日（五九第一天）	1768年1月27日	上诣大高玄殿，永安寺万善殿拈香，奉皇太后悦心殿侍早膳，澄怀堂进茶果，遐瞩楼阅冰嬉。
乾隆三十二年丁亥十二月辛巳	腊月廿一日（六九第五天）	1768年2月9日	上诣寿康宫请皇太后安。是日年班来京之回部喀什噶尔、阿奇木伯克、公品级噶岱默特等十三人及霍罕额尔德尼来使和卓尼咱尔等二人入觐于西苑门跪迎圣驾，上温语慰问，随赐观冰嬉。
乾隆三十三年戊子十一月癸卯	冬月十九日（一九第七天）	1768年12月27日	上幸瀛台，阅冰嬉。

上篇／历史沿革篇

续表

阴历时间	当日阴历及数九	阳历时间	活动内容
乾隆三十三年戊子十一月乙巳	冬月廿一日（一九第九天）	1768年12月29日	上诣寿康宫请皇太后安，幸瀛台，阅冰嬉。
乾隆三十三年戊子十一月庚戌	冬月廿六日（二九第五天）	1769年1月3日	上诣寿康宫请皇太后安，幸瀛台，阅冰嬉。
乾隆三十三年戊子十一月壬子	冬月廿八日（二九第七天）	1769年1月5日	上幸永安寺，阅冰嬉。
乾隆三十三年戊子十一月癸丑	冬月廿九日（二九第八天）	1769年1月6日	上诣寿康宫请皇太后安，幸瀛台，阅冰嬉。
乾隆三十三年戊子十二月乙卯	腊月初一日（三九第一天）	1769年1月8日	上诣阐福寺拈香，阅冰嬉。
乾隆三十三年戊子十二月丁巳	腊月初三日（三九第三天）	1769年1月10日	上诣寿康宫请皇太后安，幸瀛台，阅冰嬉。
乾隆三十三年戊子十二月壬戌	腊月初八日（三九第八天）	1769年1月15日	上诣大高玄殿，永安寺万善殿拈香，奉皇太后悦心殿侍早膳，澄怀堂进茶果，遐瞩楼阅冰嬉。
乾隆三十三年戊子十二月乙亥	腊月廿一日（五九第三天）	1769年1月28日	上诣寿康宫请皇太后安。是日年班回部和阗三品阿奇木伯克、阿括斯伯克等十四人入觐于西苑门跪迎圣驾，上温语慰问，随赐观冰嬉。
乾隆三十四年仅到六月			散佚
乾隆三十五至四十三年			散佚（《清实录》均有幸瀛台等地的记载）
乾隆四十四年己亥十一月辛丑	冬月廿一日（一九第七天）	1779年12月28日	上幸瀛台，阅冰技。
乾隆四十四年己亥十一月甲辰	冬月廿四日（二九第一天）	1779年12月31日	上幸瀛台，阅冰技。
乾隆四十四年己亥十一月丁未	冬月廿七日（二九第四天）	1780年1月3日	上幸瀛台，阅冰技。
乾隆四十四年己亥十一月庚戌	冬月三十日（二九第七天）	1780年1月6日	上诣永安寺拈香，阅冰技。

续表

阴历时间	当日阴历及数九	阳历时间	活动内容
乾隆四十四年己亥十二月辛亥	腊月初一日（二九第八天）	1780年1月7日	上诣阐福寺拈香，阅冰技。
乾隆四十四年己亥十二月甲寅	腊月初四日（三九第二天）	1780年1月10日	上幸瀛台，阅冰技。
乾隆四十四年己亥十二月戊午	腊月初八日（三九第六天）	1780年1月14日	上幸瀛台，阅冰技。
乾隆四十四年己亥十二月辛未	腊月廿一日（五九第一天）	1780年1月27日	班库车阿奇木伯克二等台吉等（略）同时入觐，于西苑门跪迎圣驾，上温语慰问，随赐观冰技。
乾隆五十四年、五十五年			散佚
乾隆五十七年壬子十一月辛亥	冬月十六日（一九第九天）	1792年12月29日	上幸瀛台，阅冰技。
乾隆五十七年壬子十一月甲寅	冬月十九日（二九第三天）	1793年1月1日	上幸瀛台，阅冰技。
乾隆五十七年壬子十一月丁巳	冬月廿二日（二九第六天）	1793年1月4日	上幸瀛台，阅冰技。
乾隆五十七年壬子十一月己未	冬月廿四日（二九第八天）	1793年1月6日	上幸瀛台，阅冰技。
乾隆五十七年壬子十一月壬戌	冬月廿七日（三九第二天）	1793年1月9日	上幸瀛台，阅冰技。
乾隆五十七年壬子十二月乙丑	腊月初一日（三九第五天）	1793年1月12日	上诣大高玄殿，阐福寺拈香，阅冰技。
乾隆五十七年壬子十二月丁卯	腊月初三日（三九第七天）	1793年1月14日	上诣永安寺拈香，北海阅冰技。
乾隆五十七年壬子十二月辛未	腊月初七日（四九第二天）	1793年1月18日	上幸瀛台，阅冰技。
乾隆五十七年壬子十二月壬申	腊月初八日（四九第四天）	1793年1月19日	上诣万善殿拈香，瀛台阅冰技。

续表

阴历时间	当日阴历及数九	阳历时间	活动内容
乾隆五十七年壬子十二月乙酉	腊月廿一日（五九第七天）	1793年2月1日	上御前王贝勒公额驸大臣及蒙古王贝勒公额驸等饭并赏赉缎匹有差。（未记载阅冰嬉）
乾隆五十七年壬子十二月戊子	腊月廿四日（六九第一天）	1793年2月4日	朝鲜国正使朴宗岳、副使徐龙辅等六人，安南国陪臣武永成、陈玉视等四人，暹罗国正使怕史滑里逊通亚排那赤突、副使朗喝汶悉呢霞喔抚突等四人并廓尔喀贡使噶箕第乌达特塔巴等四人入觐，于西苑门外跪迎圣驾。上温语慰问，命随至瀛台，阅冰技。
乾隆五十八年癸丑十一月己未	冬月三十日（二九第三天）	1794年1月1日	上幸瀛台，阅冰技。
乾隆五十八年癸丑十二月庚申	腊月初一日（二九第四天）	1794年1月2日	上诣大高玄殿，阐福寺拈香，瀛台阅冰技。
乾隆五十八年癸丑十二月壬戌	腊月初三日（二九第六天）	1794年1月4日	上幸瀛台，阅冰技。
乾隆五十八年癸丑十二月乙丑	腊月初六日（二九第九天）	1794年1月7日	上幸瀛台，阅冰技。
乾隆五十八年癸丑十二月丙寅	腊月初七日（三九第一天）	1794年1月8日	上幸瀛台，阅冰技。
乾隆五十八年癸丑十二月丁卯	腊月初八日（三九第二天）	1794年1月9日	琉球国正使毛国栋、副使毛廷柱入觐，在西苑门跪迎圣驾，上温语慰问。上诣万善殿拈香，瀛台阅冰技。

续表

阴历时间	当日阴历及数九	阳历时间	活动内容
乾隆五十八年癸丑十二月庚辰	腊月廿一日（四九第六天）	1794年1月22日	土尔扈特扎萨克多罗郡王策伯克扎布等、杜尔伯特扎萨克头等台吉普尔普达尔扎等、叶尔羌二品伯克阿克伯克等、金川明正宣慰司甲木参诺尔布等入觐于西苑门外跪迎圣驾。上温语慰问，命随至瀛台，赐食，阅冰技。
乾隆五十九年甲寅十二月甲寅	腊月初一日（一九第二天）	1794年12月22日	上诣大高元殿拈香，瀛台阅冰技。
乾隆五十九年甲寅十二月丙辰	腊月初三日（一九第四天）	1794年12月24日	上幸瀛台，阅冰技。
乾隆五十九年甲寅十二月戊午	腊月初五日（一九第六天）	1794年12月26日	上幸瀛台，阅冰技。
乾隆五十九年甲寅十二月庚申	腊月初七日（一九第八天）	1794年12月28日	上幸瀛台，阅冰技。
乾隆五十九年甲寅十二月辛酉	腊月初八日（一九第九天）	1794年12月29日	上幸瀛台，阅冰技。
乾隆五十九年甲寅十二月乙亥	腊月廿二日（三九第五天）	1795年1月12日	回部吐鲁番郡王伊斯堪达尔等十三人、土尔扈特郡王巴特玛乌巴什沙拉扣肯、和硕特贝勒特恩特克、杜尔伯特来使根敦扎布等，又朝鲜国正使行判中枢府事朴宗岳、副使礼曹判书郑大容，荷兰国正使德胜、副使范罢览入觐，于西苑门外跪迎圣驾。上温语慰问，命随至瀛台，赐食，阅冰技。
乾隆六十年乙卯十一月乙卯	冬月初八日（未数九）	1795年12月18日	上幸瀛台，阅冰技。
乾隆六十年乙卯十一月辛酉	冬月十四日（一九第三天）	1795年12月24日	上幸瀛台，阅冰技。

续表

阴历时间	当日阴历及数九	阳历时间	活动内容
乾隆六十年乙卯十一月甲子	冬月十七日（一九第六天）	1795 年 12 月 27 日	上幸瀛台，阅冰技。
乾隆六十年乙卯十一月丁卯	冬月二十日（一九第九天）	1795 年 12 月 30 日	上幸瀛台，阅冰技。
乾隆六十年乙卯十一月庚午	冬月廿三日（二九第三天）	1796 年 1 月 2 日	上幸瀛台，阅冰技。
乾隆六十年乙卯十一月癸酉	冬月廿六日（二九第六天）	1796 年 1 月 5 日	上幸瀛台，阅冰技。
乾隆六十年乙卯十二月戊寅	腊月初一日（三九第二天）	1796 年 1 月 10 日	上诣大高元殿行礼毕，幸瀛台，阅冰技。
乾隆六十年乙卯十二月甲申	腊月初七日（三九第八天）	1796 年 1 月 16 日	朝鲜国正使判中枢府事闵钟显、副使礼曹判书李亨元等入觐，于西苑门外跪迎圣驾。上温语慰问，命随至瀛台，阅冰技。
乾隆六十年乙卯十二月乙酉	腊月初八日（三九第九天）	1796 年 1 月 17 日	上幸瀛台，阅冰技。
乾隆六十年乙卯十二月戊戌	腊月廿一日（五九第四天）	1796 年 1 月 30 日	是日，土尔扈特来使博多克等二人，杜尔伯特来使察罕垺克等十六人，回部哈密郡王额尔德什尔等二十二人，廓尔喀正使噶箕乃尔兴等十五人，琉球国正使向文凤、副使郑作霖等十七人，安南国正使阮光裕、副使杜文功与阮偲等十七人，暹罗国正使呸雅梭挖粒巡叚拨喇昭突、副使廓窝们荪霞屋拨突等入觐，于西苑门外跪迎圣驾。上温语慰问，命随至瀛台，阅冰技并赐食。
乾隆六十一年丙辰十一月乙丑	冬月廿四日（一九第二天）	1796 年 12 月 22 日	太上皇帝幸瀛台，阅冰技。

续表

阴历时间	当日阴历及数九	阳历时间	活动内容
乾隆六十一年丙辰十一月戊辰	冬月廿七日（一九第五天）	1796年12月25日	太上皇帝幸瀛台，阅冰技。
乾隆六十一年丙辰十一月己巳	冬月廿八日（一九第六天）	1796年12月26日	太上皇帝幸永安寺悦心殿，阅冰技。
乾隆六十一年丙辰十二月壬申	腊月初一日（一九第九天）	1796年12月29日	太上皇帝诣大高元殿，阐福寺拈香，阅冰技。
乾隆六十一年丙辰十二月甲戌	腊月初三日（二九第二天）	1796年12月31日	太上皇帝幸瀛台，阅冰技。
乾隆六十一年丙辰十二月丙子	腊月初五日（二九第四天）	1797年1月2日	太上皇帝幸瀛台，阅冰技。
乾隆六十一年丙辰十二月戊寅	腊月初七日（二九第六天）	1797年1月4日	太上皇帝幸瀛台，阅冰技。
乾隆六十一年丙辰十二月己卯	腊月初八日（二九第七天）	1797年1月5日	太上皇帝诣万善殿拈香毕，同皇帝幸瀛台，阅冰技。
乾隆六十一年丙辰十二月壬辰	腊月廿一日（四九第二天）	1797年1月18日	回部哈密郡王阿奇木伯克伊斯堪达尔等十六人，霍罕伯克那尔巴图来使博巴占锡哩布等二人，暹罗国正使呸雅梭挖粒巡突握派唠喇突、副使廓窝们苏泥霞握巴突等入觐，于西华门外跪迎圣驾。温语慰问，命随至瀛台，赐食，阅冰技。
乾隆六十二年丁巳十一月壬申	冬月初七日（一九第四天）	1797年12月24日	太上皇帝幸瀛台，阅冰技。
乾隆六十二年丁巳十一月乙亥	冬月初十日（一九第七天）	1797年12月27日	太上皇帝幸瀛台，阅冰技。
乾隆六十二年丁巳十一月辛巳	冬月十六日（二九第四天）	1798年1月2日	太上皇帝幸瀛台，阅冰技。
乾隆六十二年丁巳十一月甲申	冬月十九日（二九第七天）	1798年1月5日	太上皇帝幸瀛台，阅冰技。

续表

阴历时间	当日阴历及数九	阳历时间	活动内容
乾隆六十二年丁巳十一月丁亥	冬月廿二日（三九第一天）	1798年1月8日	太上皇帝幸瀛台，阅冰技。
乾隆六十二年丁巳十一月庚寅	冬月廿五日（三九第四天）	1798年1月11日	太上皇帝诣寿康宫行礼，幸瀛台，阅冰技。
乾隆六十二年丁巳十一月甲午	冬月廿九日（三九第八天）	1798年1月15日	太上皇帝幸悦心殿，阅冰技。
乾隆六十二年丁巳十二月丙申	腊月初一日（四九第一天）	1798年1月17日	太上皇帝诣大高元殿，阐福寺拈香，阅冰技。
乾隆六十二年丁巳十二月癸卯	腊月初八日（四九第八天）	1798年1月24日	太上皇帝诣万善殿拈香毕，同皇帝幸瀛台，阅冰技。
乾隆六十二年丁巳十二月丙辰	腊月廿一日（六九第三天）	1798年2月6日	回部四品伯克玛穆特等二人、五品伯克谟门聂咱尔阿布都里体布等四人，朝鲜国正使判中枢府事金文淳、副使礼曹判书申耆等三人，琉球国正使王舅束邦鼎、副使正议大夫毛廷桂等二人入觐，于西华门外跪迎圣驾。温语慰问，命随至瀛台，赐食，阅冰技。（据《清实录》记载，本日与嘉庆皇帝一同阅冰技）
乾隆六十三年戊午十二月己酉	腊月二十日（四九第九天）	1799年1月25日	敕旨：今岁天气较寒，朕亲理庶务，无暇行幸，所有冰鞋、行头虽未阅看，伊等究系预备，著加恩仍照向年赏赉，交该管大臣等均匀分给，以示朕轸念穷苦兵丁之至意。

为便于理解，特附《清乾隆北京城图》[a]中太液池及紫禁城地图，并将上表中涉及的宫殿、楼阁等简介如下：

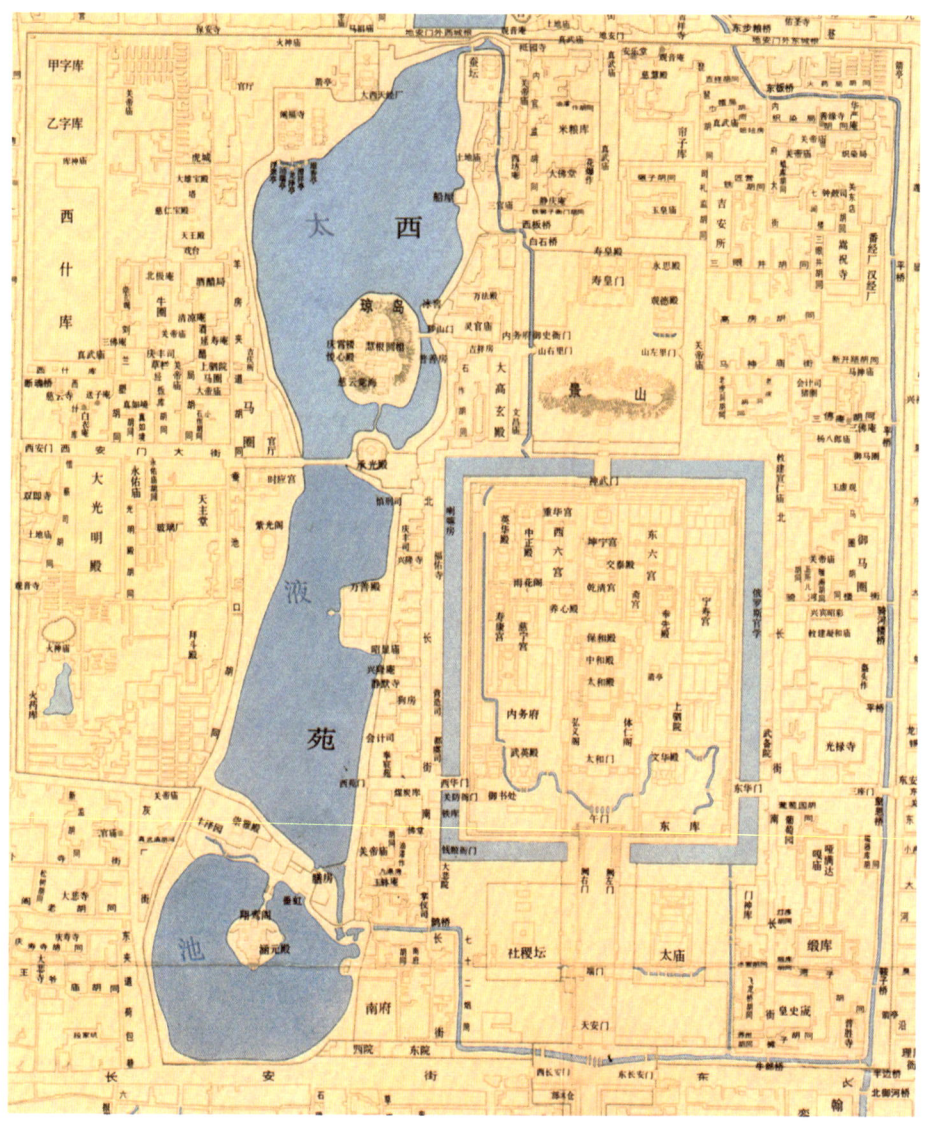

清乾隆北京城图（局部）

---

a 徐苹芳编：《明清北京城图》，上海古籍出版社，2012年。

大高殿：即大高玄殿，位于现北海公园之东，景山之西。明清两代的皇家道观，清代避康熙皇帝玄烨之讳，改叫大高元殿，又简称为大高殿。

寿康宫：位于现故宫博物院西部，乾隆时为其生母孝圣宪皇后居所。

英华殿：位于现故宫博物院西北部，乾隆时为其生母孝圣宪皇后礼佛之地。

寿安宫：位于现故宫博物院西北部，乾隆时为其生母孝圣宪皇后居所。

瀛台：是西华门外中南海上的一个小岛，明时称南台，又名趯台坡。主体建筑为涵元殿。

丰泽园：位于瀛台之北，主体建筑为惇叙殿，民国时期改称颐年堂。颐年堂之后为澄怀堂，澄怀堂之后为遐瞩楼。

澄怀堂：位于瀛台颐年堂之后。

遐瞩楼：瀛台澄怀堂后一座上下各七楹的建筑。

千尺雪：位于瀛台淑清院（今已不存）。

紫光阁：清朝皇帝殿试武进士和检阅侍卫大臣较射之所。每年新正皇帝例行赐外藩和蒙古王公宴。过去多在丰泽园，从乾隆二十六年（1761年）以后移往紫光阁。

万善殿：位于中海东岸，原名崇智殿，顺治改名万善殿，是供奉诸神之所。

永安寺：位于北海琼岛南侧，过堆云积翠桥即到。

悦心殿：位于北海西麓半山腰处。

庆霄楼：位于北海西麓半山腰处。

画舫斋：位于北海东岸，建筑仿船身样式。

镜清斋：位于北海北岸，后更名为静心斋。

大西天：北海公园北岸，东临静心斋，又名西天梵境。

阐福寺：位于北海北岸，五龙亭之北。

从上表可以看出：

一、乾隆年间冰嬉盛典已成定制。冰嬉盛典于每年冬至后举行。每年举办次数不等，多于冬月、腊月的二九、三九期间，八旗轮番阅视，一般到腊八日结束，迟则腊月二十一日，这和气候有关。腊八日乾隆例行到大高玄殿、永安寺等地拈香祈福，然后陪皇太后用早膳，到瀛台遐瞩楼阅看冰嬉。乾隆二十四年（1759年）以后，例行腊月初一到阐福寺拈香，阅冰嬉。

嘉庆二年（1797年），乾隆在《腊八日纪事》（见《清高宗御制诗余集》卷十六）一诗中写道："冰床南渡阅冰嬉，行赏多因惠八旗。"这句诗有一注解："向年于冬至后阅视冰嬉，按照八旗及内府三旗，以次轮阅，率至腊八而遍。因以校艺颁赏，用示颁赏旗兵至意。"由此也可看出，八旗及内府三旗是轮番检阅的，到腊八检阅完成。

极少情况会在冬至前举办，表中只有乾隆六十年冬月初八日（1795年12月18日）的冰嬉盛典是在本年冬至（12月22日）前举办的。

二、例于腊月二十一日命藩部年班等人西苑门入觐，于正月赐宴、赐茶果、行赏赉等。自乾隆二十八年（1763年）后，往往把腊月二十一日定为冰嬉举行的最后一天。这一天入京朝觐的藩部年班会被赐随皇帝一起观看冰嬉。乾隆二十八年，乾隆所作《紫光阁赐宴联句》（见《清高宗御制诗三集》卷二十七）有"午夜且迟陈火戏，液池犹可试冰嬉"的诗句，这是赐宴时赐看冰嬉第一次出现在御制诗之中。阴历十二月（腊月）也被雅称为"嘉平"，乾隆五十三年（1788年）腊月二十一日，乾隆曾写有《嘉平廿一日于西苑觐年班各部并台湾生番示以冰嬉即事得句》（见《清高宗御制诗五集》卷四十二）一诗，诗中体现了冰嬉在恩威并用治理藩部中的作用，其诗写道："贺正近远毕来同，抚谕凭舆言语通。西北新藩称旧仆，东南捕鹿学宾鸿。冰嬉仍寓诘戎训，苑觐都怀奉朔衷。众喜康强颂四得，独深虔巩昊恩蒙。"大意是说藩部年班及台湾生番前来觐见，皇上"温语慰问"，而蒙古、回部的语言皇上自通，不必翻译。西北新藩和台湾生番均表示臣服。赐看的冰嬉显示了天朝军威，他们都怀有归顺的衷心。纷纷为皇帝身体强健感到欣喜，称颂四德齐备，而皇上自己虔诚地感谢上天的恩赐。正所谓"巍巍昊天，无不克巩"，字里行间透露着乾隆的得意之情。

三、偶尔也会在正月举行冰嬉盛典,朝正的藩王也会被赐观看冰嬉。乾隆二十四年(1759年)正月初四日,赐朝正藩部年班随阅冰嬉第一次出现在起居注之中。这一天的起居注记载:"上幸瀛台,阅冰嬉。淳叙殿赐蒙古王公、台吉并漠咱帊尔等宴。"乾隆对这次恩赐很重视,御制《新正瀛台小宴御前藩王大臣及漠咱帊尔》(见《清高宗御制诗二集》卷八十三)诗:"运斗屠维单阏回,顺时行庆合瀛台。千群尚可冰嬉试,三接都教春宴陪。屏翰何妨厕葱岭,欢娱齐说到云来。鹄场晴霭因观射,示远宁徒好乐哉。"诗中的"屠维"是天干中"己"的别称,用以纪年,"单阏"是卯年的别称,乾隆二十四年为农历己卯年,故称。

赐蒙古王公、台吉及在统一新疆过程中有功的漠咱帊尔等人宴,并一起观看冰嬉表演,显示了清政府对其恩宠。

正月和腊月二十一日让觐见的藩使等人一起观看冰嬉盛典具有典型的政治和外交功能。此时的冰嬉盛典由八旗合演,场面更加壮观。乾隆六十年腊月廿一日(1796年1月30日)乾隆《嘉平廿一日幸西苑觐外国诸使之作》(见《清高宗御制诗五集》卷一百)有"初见均赐赉,冰嬉匪爱游"的诗句,并有注解:"于藩使瞻觐之日,又令八旗合演,使远人见之,知予不自图逸。于绳武惠下之忱,常如一日也。"

西藏行政事务总办噶布伦丹津班珠尔于乾隆五十七年(1792年)来京。他在藏文作品《多仁班智达传》[a]记载了他和扎什敦珠布(玉陀)随金川张芝元观看冰嬉表演的场景:

奉天承运大皇帝坐在一辆轿子外形的黄色辇舆里,下面有轮子,不是马骡拉,而是用人拖。我和玉陀俩各被两位钦差拉着左右手带到附近。皇上前后左右大小官员随从都徒步跟到冰湖中央。这时,四面八方像惊雷一般响起八声鞭炮。接着,头戴漂亮顶子和花翎的一百来人的队伍滑到皇帝跟

---

a 丹津班珠尔著,汤池安译:《多仁班智达传》,中国藏学出版社,1995年。

前叩头，排好队伍。在前面看得到的地方摆着一座花绫缠绕的桥形大架，犹似门楼，中央悬着一串人头大小的彩绫花朵。队伍的人都穿着鞋底像安上火镰铁齿耙一样的靴子，腰佩刀矛箭和箭囊等。他们时而似天空闪电，时而如水中游鱼，在冰面上疾驰，同时张弓拉弦，依次向那串悬着的彩绫花朵射去。除两三人外，其他人都射中花靶。箭中花靶时花靶就自行发出种种鞭炮响声。如此等等，真是不可思议，犹如魔术师变戏法一般。

在看这场变化无穷的表演时，大皇帝通过金川张芝元大人传旨问我二人："游艺很稀奇吗？"回禀道："稀奇得不可思议，大饱了眼福。"

四、起初阅视冰嬉多在瀛台，起居注记载乾隆二十三年（1758年）第一次到北海阅视冰嬉。此后，瀛台和北海诸地均成为阅视冰嬉之所。其中北海多在庆霄楼，嘉庆《钦定大清会典事例》卷六百六十二《工部、宫殿、西苑》载：庆霄楼"楼上下各七楹，南向，高宗纯皇帝每逢腊日奉皇太后观冰嬉于此"。这里需要说明的是起居注关于冰嬉的记载是从乾隆十七年（1752年）开始的，因此不是乾隆时期阅视冰嬉的全部记载，如前文所述，乾隆十五年（1750年）乾隆曾和皇太后在北海悦心殿观看冰嬉。

五、乾隆生母孝圣宪皇后卒于乾隆四十二年正月二十三日（1777年3月2日）。乾隆是有名的孝子，据《清实录》记载："今皇帝秉性仁孝，承欢养志，克敬克诚，视膳问安，晨夕靡间。每当巡幸所至，必披辇同行。亲见亿兆呼嵩，尊亲并笃，合万国欢，以天下养，信可谓之兼备矣。且木兰秋狝前期，必奉予幸避暑山庄，以协夏清之理；新正御园庆节，必奉予驻长春仙馆，以惬宴赏之情；至凡遇万寿大庆，必躬自起舞，以申爱敬；每当宫廷侍宴，必亲制诗画，以博欣愉。"

皇太后去世后，乾隆悲痛万分，但并没有停止阅视冰嬉。只不过改变了一下形式，改"冰嬉"为"冰技"。乾隆四十二年（1777年）[a]，乾隆作《观护军冰技行赏诗》（见《清高宗御制诗四集》卷四十三），诗中有"彩彻旌旗遵国制，技仍弓矢耀军仪。习劳布惠非无事，要即其中酌用之"的句子。并有注解："常年走队时，按八旗颜色各负小旗，与小弓矢相间。今岁因在二十七月之内，尽彻旌旗，唯令持弓矢习射云。"由此可以看出，鉴于冰嬉是"国制"所重，不能随便裁撤，但因在皇太后丧期，只撤掉旌旗。清朝守孝制度要求父母亡故，子为父母守孝3年（实际为27个月），称斩衰。由于这段时期的起居注散佚，经查《清实录》，其中均有乾隆在四十二年和四十三年"幸瀛台"的记载。

六、乾隆当上太上皇帝以后，仍然亲自阅视冰嬉。起居注中记载了乾隆六十一年（嘉庆元年，1796年）、六十二年（嘉庆二年，1797年）"阅冰技"的情况，其中腊月初八日，还和嘉庆皇帝一起阅视。起居注记载的乾隆最后一次阅视冰嬉是在乾隆六十二年腊月二十一日（1798年2月6日）。据起居注记载，乾隆六十三年（1799年1月25日）未阅冰嬉的原因是"敕旨：今岁天气较寒，朕亲理庶务，无暇行幸，所有冰鞋、行头虽未阅看，伊等究系预备，著加恩仍照向年赏赉，交该管大臣等均匀分给，以示朕轸念穷苦兵丁之至意。"这里"天气较寒，朕亲理庶务，无暇行幸"的理由只是一个借口，真实情况应是乾隆年迈，病体欠安。据起居注记载，乾隆六十四年正月初三日（1799年2月7日）辰刻，"太上皇帝宾天遗诰曰……朕体气素强，从无疾病。上年冬腊偶感风寒，调理就愈，精力稍不如前。新岁正旦，犹御乾清宫受贺，日来饮食渐减，视听不能如常，老态顿增"。

除了起居注外，冰嬉盛典也被记录到《清朝通典》《清朝通志》《清

---

[a] 乾隆四十二年是阳历的1777年，因阴历和阳历之间的差异，阴历年末大多是阳历第二年年初，此诗很可能作于1778年1月。类似的情况在后文中亦有可能出现，提请读者注意。

朝文献通考》三大典籍之中。乾隆时期，在唐代杜佑《通典》、宋代郑樵《通志》和元代马端临《文献通考》（史称"三通"）的基础上，命嵇璜、刘墉、张廷玉等大学士组织官修了《续通典》《续通志》《续文献通考》以及《清朝通典》《清朝通志》《清朝文献通考》六部典志，合称"九通"，民国时期刘锦藻修《清朝续文献通考》，这样就形成了包括"三通典""三通志""四通考"在内的"十通"，比较系统地记录了中国历代典章制度。

《清朝通典》卷五十八《礼十八·军一·大阅》载：

> 国朝定例，每岁冬令太液冰坚，令八旗与内府三旗简习冰嬉之技。分棚掷彩毬，互程矫捷，并设旌门悬的演射，校阅行赏。御制《冰嬉赋》以示旌勇，均赐而归，本于观德之义。今恭载于《大阅》篇后以昭典制。

《清朝通典》卷六十四《乐二》载：

> 每岁十月，咨取八旗及前锋统领、护军统领等处，照定数挑选善走冰者二百名。内务府预备冰鞋、行头、弓箭、球架等项，冬至后驾幸瀛台等处，陈设冰嬉及较射天球等技。分兵丁为二翼，每翼头目十二名，射球兵丁一百六十名，幼童四十名，以次走冰较射陈技。

《清朝通志》卷一百一十六《内府》载：

> 《赵北口行宫冰嬉联句》，乾隆二十九年自傅恒以下凡二十人扈从联句，七言排律，于敏中奉敕正书。

《清朝通志》的这段记载有误，应为《冰嬉联句》，非《赵北口行宫冰嬉联句》，赵北口行宫冰嬉联句以《上元于赵北口行宫同扈跸儒臣咏冰嬉联句》

为题收录在《清高宗御制诗三集》卷十八,作于乾隆二十七年(1762年)。

《清朝文献通考》卷一百七十五《乐考二十一》载:

> 每岁十月,咨取八旗及前锋统领、护军统领等处,每旗照定数各挑选善走冰者二百名。内务府预备冰鞋、行头、弓箭、球架等项,至冬至后驾幸瀛台等处,陈设冰嬉及较射天球等技。分兵丁为二翼,每翼头目十二名,服红黄马褂,余俱服红黄齐肩褂。射球兵丁一百六十名,幼童四十名,俱服马褂,背小旗,按八旗各色以次走冰较射。陈技毕,恩赏银两。头等三名各赏银十两,二等三名各赏银八两,三等三名各赏银六两,其余兵丁各赏银四两,俱由内务府广储司支给。

综上所述,乾隆时期开创了冰嬉盛典,并将其形成制度,且从未间断。每年农历十月,各旗挑选善于滑冰的兵弁组成冰嬉表演队伍进行演练。冰嬉盛典在冬至后举行,八旗及内务府三旗轮番检阅,一般到腊月初八日检阅完毕。腊月二十一日及翌年正月藩使瞻觐之日也会举办冰嬉盛典,此时的盛典由八旗合演。举办冰嬉盛典具有"阅武事""修国俗""行赏赉""宣国威"的功能。冰嬉盛典作为一项由皇家主导的冰上活动,达到了前所未有的高度。

第四章　嘉庆道光时期的冰嬉盛典

第一节　嘉庆时期的传承

乾隆六十年（1795 年）九月，乾隆的第十五子爱新觉罗·颙琰被正式立为皇太子。第二年（1796 年）正月初一日，颙琰受乾隆帝禅位即帝位，乾隆为太上皇帝，是为嘉庆元年。嘉庆虽为皇帝，但朝政仍被乾隆控制。乾隆在世时的每年冬天，都会亲自阅视冰嬉。逢腊月初八等特殊的日子，嘉庆会陪着乾隆一起阅视冰嬉盛典，并仍沿袭乾隆朝的做法将"冰嬉"称为"冰技"。

据《清实录》记载，嘉庆元年己卯日（1797 年 1 月 5 日，腊月初八日）、二年十二月癸卯日（1798 年 1 月 24 日，腊月初八日）、二年十二月丙辰日（1798 年 2 月 6 日，腊月廿一日）嘉庆皇帝均"侍太上皇帝幸瀛台，阅冰技"。嘉庆三年（1799 年）后，停阅冰技，但仍然按照往年额度发放了赏银。由于没有名次，赏银采取了均分的办法。据嘉庆三年戊午十二月己酉（1799 年 1 月 25 日）《清实录》记载："今岁天气较寒，朕亲理庶务，无暇行幸，所有冰鞋、行头虽未阅看，伊等究系预备，著加恩仍照向年赏赉，交该管大臣等均匀分给，以示朕轸念穷苦兵丁之至意。"

究其原因应是乾隆年迈,龙体欠安,已无法亲临检阅了(见上一章)。嘉庆四年正月初三日,乾隆去世,嘉庆亲政,当年冬天十月十一日(1799年11月8日),命27个月内停止阅看冰技。

根据《清实录》的记载,可得出《嘉庆朝阅视冰嬉情况一览表》如下:

嘉庆朝阅视冰嬉情况一览表

(据《清实录》整理)

阴历时间	当日阴历及数九	阳历时间	活动内容
嘉庆元年丙辰十二月己卯	腊月初八日（二九第七天）	1797年1月5日	侍太上皇帝幸瀛台,阅冰技。
嘉庆二年丁巳十二月癸卯	腊月初八日（四九第八天）	1798年1月24日	侍太上皇帝幸瀛台,阅冰技。
嘉庆二年丁巳十二月丙辰	腊月廿一日（六九第三天）	1798年2月6日	侍太上皇帝幸瀛台,阅冰技。外藩、贡使等人（略）于西苑门外瞻觐。
嘉庆三年戊午十二月己酉	腊月二十日（四九第九天）	1799年1月25日	敕谕:今岁天气较寒,朕亲理庶务,无暇行幸,所有冰鞋、行头虽未阅看,伊等究系预备,著加恩仍照向年赏赉,交该管大臣等均匀分给,以示朕轸念穷苦兵丁之至意。
嘉庆四年己未冬十月丙申	十月十一日（未数九）	1799年11月8日	命二十七月内停止阅看冰技。
嘉庆六年辛酉十二月己酉	腊月初七日（三九第二天）	1802年1月10日	上幸瀛台,阅冰技。
嘉庆六年辛酉十二月庚戌	腊月初八日（三九第三天）	1802年1月11日	上诣大高殿行礼,幸瀛台,阅冰技。
嘉庆六年辛酉十二月壬子	腊月初十日（三九第五天）	1802年1月13日	上幸北海,阅冰技。
嘉庆六年辛酉十二月癸亥	腊月廿一日（四九第七天）	1802年1月24日	上幸瀛台,阅冰技。外藩、贡使等人（略）于西苑门外瞻觐。

续表

阴历时间	当日阴历及数九	阳历时间	活动内容
嘉庆六年辛酉十二月丙寅	腊月廿四日（五九第一天）	1802年1月27日	上幸北海,阅冰技。
嘉庆七年壬戌十二月甲辰	腊月初七日（二九第一天）	1802年12月31日	上幸瀛台,阅冰技。
嘉庆七年壬戌十二月丁未	腊月初十日（二九第四天）	1803年1月3日	上幸北海,阅冰技。
嘉庆七年壬戌十二月辛酉	腊月廿四日（三九第九天）	1803年1月17日	上幸瀛台,阅冰技。
嘉庆八年癸亥十二月壬午	腊月廿一日（五九第六天）	1804年2月2日	上幸瀛台,阅冰技。外藩、贡使等人（略）于西苑门外瞻觐。
嘉庆八年癸亥十二月乙酉	腊月廿四日（五九第九天）	1804年2月5日	上幸瀛台,阅冰技。是日,甲子年立春,顺天府进土牛春山宝座。
嘉庆九年甲子十二月丙子	腊月廿一日（四九第四天）	1805年1月21日	上幸瀛台,外藩、贡使等人（略）于西苑门外瞻觐。以天暖冰薄,停止冰技,仍给半赏。
嘉庆十年乙丑十一月戊寅	冬月廿九日（四九第一天）	1806年1月18日	上幸瀛台,阅冰技。
嘉庆十年乙丑十二月庚辰朔	腊月初一日（四九第三天）	1806年1月20日	上幸北海,阅冰技。
嘉庆十年乙丑十二月癸未	腊月初四日（四九第六天）	1806年1月23日	上幸瀛台,阅冰技。本日朕诣瀛台阅看冰技,各衙门奏事,只有吏部及正黄旗满洲呈递述旨,并内务府奏事一件。绵恩、奕绍奏事各一件。此外如内廷行走之王公大臣、侍卫官员等,皆系本应入直者,其余各衙门并不奏事。
嘉庆十年乙丑十二月丙戌	腊月初七日（四九第九天）	1806年1月26日	上幸北海,阅冰技。

续表

阴历时间	当日阴历及数九	阳历时间	活动内容
嘉庆十年乙丑十二月丁亥	腊月初八日（五九第一天）	1806年1月27日	上幸瀛台，阅冰技。
嘉庆十年乙丑十二月庚子	腊月廿一日（六九第五天）	1806年2月9日	上幸瀛台，阅冰技。外藩、贡使等人（略）于西苑门外瞻觐。
嘉庆十一年丙寅十二月甲戌朔	腊月初一日（三九第一天）	1807年1月9日	上幸北海，阅冰技。
嘉庆十一年丙寅十二月丙子	腊月初三日（三九第三天）	1807年1月11日	上幸瀛台，阅冰技。
嘉庆十一年丙寅十二月庚辰	腊月初七日（三九第七天）	1807年1月15日	上幸北海，阅冰技。
嘉庆十一年丙寅十二月辛巳	腊月初八日（三九第八天）	1807年1月16日	上诣大高殿行礼，幸瀛台，阅冰技。
嘉庆十一年丙寅十二月癸未	腊月初十日（四九第一天）	1807年1月18日	上幸瀛台，阅冰技。
嘉庆十一年丙寅十二月丙戌	腊月十三日（四九第四天）	1807年1月21日	上幸北海，阅冰技。
嘉庆十一年丙寅十二月甲午	腊月廿一日（五九第三天）	1807年1月29日	上幸北海，阅冰技。外藩、贡使等人（略）于神武门外瞻觐。
嘉庆十一年丙寅十二月乙未	腊月廿二日（五九第四天）	1807年1月30日	上幸北海，阅冰技。
嘉庆十一年丙寅十二月丁酉	腊月廿四日（五九第六天）	1807年2月1日	上幸北海，阅冰技。
嘉庆十二年丁卯十一月乙丑	冬月廿八日（一九第四天）	1807年12月26日	上幸瀛台，阅冰技。
嘉庆十二年丁卯十二月戊辰朔	腊月初一日（一九第七天）	1807年12月29日	上幸北海，阅冰技。
嘉庆十二年丁卯十二月庚午	腊月初三日（一九第九天）	1807年12月31日	上幸瀛台，阅冰技。
嘉庆十二年丁卯十二月壬申	腊月初五日（二九第二天）	1808年1月2日	上诣大高殿行礼，幸北海，阅冰技。
嘉庆十二年丁卯十二月甲戌	腊月初七日（二九第四天）	1808年1月4日	上幸北海，阅冰技。

续表

阴历时间	当日阴历及数九	阳历时间	活动内容
嘉庆十二年丁卯十二月乙亥	腊月初八日（二九第五天）	1808年1月5日	上幸瀛台，阅冰技。
嘉庆十二年丁卯十二月丁丑	腊月初十日（二九第七天）	1808年1月7日	上幸瀛台，阅冰技。
嘉庆十二年丁卯十二月戊子	腊月廿一日（三九第九天）	1808年1月18日	上幸北海，阅冰技。外藩、贡使等人（略）于神武门外瞻觐。
嘉庆十二年丁卯十二月辛卯日	腊月廿四日（四九第三天）	1808年1月21日	上幸北海，阅冰技。
嘉庆十三年		约1809年初	瀛台、北海阅冰技9次。
嘉庆十四年		约1810年初	瀛台、北海阅冰技8次。
嘉庆十五年		约1811年初	瀛台、北海阅冰技7次。
嘉庆十六年		约1812年初	瀛台、北海阅冰技9次。
嘉庆十七年		约1813年初	瀛台、北海阅冰技8次。
嘉庆十八年		约1814年初	瀛台阅冰技1次。
嘉庆十九年		约1815年初	瀛台、北海阅冰技5次。
嘉庆二十年		约1816年初	瀛台、北海阅冰技5次。
嘉庆二十一年		约1817年初	瀛台、北海阅冰技6次。
嘉庆二十二年		约1818年初	瀛台、北海阅冰技6次。
嘉庆二十三年		约1819年初	北海阅冰技1次。
嘉庆二十四年己卯十一月丙子	冬月十八日（二九第四天）	1820年1月3日	上幸瀛台，阅冰技。
嘉庆二十四年己卯十一月庚辰	冬月廿二日（二九第八天）	1820年1月7日	上幸瀛台，阅冰技。
嘉庆二十四年己卯十二月己丑朔	腊月初一日（三九第八天）	1820年1月16日	上幸北海，阅冰技。
嘉庆二十四年己卯十二月丙申	腊月初八日（四九第六天）	1820年1月23日	上幸瀛台，阅冰技。
嘉庆二十四年己卯十二月辛丑	腊月十三日（五九第二天）	1820年1月28日	上诣大高殿行礼，幸北海，阅冰技。

续表

阴历时间	当日阴历及数九	阳历时间	活动内容
嘉庆二十四年己卯十二月庚戌（嘉庆最后一次）	腊月廿二日（六九第二天）	1820年2月6日	上诣大高殿行礼，幸瀛台，阅冰技。外藩、贡使等人（略）于神武门外瞻觐。
嘉庆二十五年庚辰七月己卯	七月廿五日	1820年9月2日	注：是日嘉庆帝崩于承德避暑山庄，终年61岁。当年冬天，道光帝未阅冰技。

（注：表中外藩、贡使等人的名单略）

从表中可以看出：

一、嘉庆朝很好地继承了乾隆时期开创的冰嬉制度，并沿用乾隆朝后期的做法，冰嬉仍然称为"冰技"。

二、嘉庆三年腊月二十日（1799年1月25日）敕谕："今岁天气较寒，朕亲理庶务，无暇行幸，所有冰鞋、行头虽未阅看，伊等究系预备，著加恩仍照向年赏赉，交该管大臣等均匀分给，以示朕轸念穷苦兵丁之至意。"此时正值乾隆病重，无力阅视冰嬉，因此按往年标准照常行赏，均匀分配。嘉庆四年正月初三（1799年2月7日），乾隆崩逝。十月"命二十七月内停止阅看冰技"，故嘉庆四年、五年（1800年）均未阅视冰嬉，至嘉庆六年（1801年）恢复。

三、嘉庆突破了乾隆朝至腊月初八日阅视完八旗冰嬉的传统，经常会在腊月初八日后阅视冰嬉。

四、嘉庆九年（1804年），因天暖冰薄，令停止阅看冰嬉，赏赐减半给八旗兵士。

嘉庆御制诗中也有一些描写冰嬉盛典的诗句，但数量要比乾隆时期少得多。登基后的第一首冰嬉诗作于嘉庆元年（1796年），题为《观冰嬉》（见《清仁宗御制诗初集》卷八）："万顷液池玉鉴凭，八旗劲旅竞超腾。雷轰三叠齐呈技，电掣千夫各奏能。飞矢射时全命中，彩毬抛处又分朋。

嘉平行赏羽林遍，习武昆明例事仍。"从诗中看，嘉庆很好地理解了乾隆举办冰嬉盛典的意义。嘉庆二年（1797年），嘉庆作《冰嬉》（见《清仁宗御制诗初集》卷十六）诗描绘了冰嬉盛况，诗中注解写道："冰嬉之制，藉习武以行赏，示嘉惠兵丁之至意。每岁冬月，简八旗子弟角艺液池，皇父亲御冰床，第其高下，以次颁赏。勇者特旌，余皆均赐，所以鼓励而激劝之者，即一较技间仰见仁至而义尽焉。"由此也可看出嘉庆很好地理解了举办冰嬉的意义。另外也可看出，乾隆在世时，嘉庆朝冰嬉盛典的颁奖是由乾隆亲自实施的。嘉庆二十三年（1818年），嘉庆作《腊日未观冰嬉仍命颁赏诗以即事》（见《清仁宗御制诗三集》卷五十六），全诗写道："年前例行赏，普及八旗兵。候暖冰难结，池宽冻未平。习劳练勇力，较射振威声。罢阅仍颁赐，宏敷教养诚。"并注解："每岁仲冬、季冬于西苑太液池分日观八旗冰嬉，约至腊日而毕。其制护膝以苎，牢鞋以韦，或底含双齿，或荐铁如刀。于冰上疾趋竞进，夺毬较射，盖国俗相沿。所以习劳肄武，不可阙也。今岁气候较迟，冰未坚固，未能临阅，仍命颁赏，先养后教，敬承考泽于奕禩，永志弗忘旧典云尔。"此时嘉庆已独立执政近20年，仍坚持世代不忘旧典，即使是因为天气原因，不能检阅，同样照旧颁赏。

综上所述，嘉庆朝很好地继承了乾隆时期开创的冰嬉制度，除乾隆病重及其去世当年这两年之外，每年均能举办冰嬉盛典。即使偶遇天气较暖，冰面不够坚固的原因不能亲临阅视的情况，也照旧颁发赏赉。

第二节　道光时期的延续与终止

嘉庆二十五年（1820年）七月二十五日，嘉庆帝驾崩于承德避暑山庄，终年61岁。其子爱新觉罗·旻宁继位，改年号道光。嘉庆帝驾崩后，两年冬天未阅冰嬉，道光二年（1822年）冬天恢复。道光时期，清朝国势日益衰退，和西方的差距不断拉大。道光初期，冰嬉盛典还能如期举办，道光十一年（1831年）以后，已经很难如期举行，时断时续。道光十一年至十三年（1833年），曾连续停阅冰嬉。道光十四年（1834年）、十五年（1835年）恢复，但每年仅阅一天，此时的冰嬉盛典更像是象征性作秀了。自道光十六年（1836年）至十九年（1839年），"命内务府三旗冰技照例预备，停阅八旗冰技，仍给半赏"，说明冰嬉的规模已经缩减多半。道光二十年（1840年）至二十二年（1842年），"停阅八旗、内务府三旗冰技，仍给半赏"，冰嬉盛典实质上已告终止。

根据《清实录》的记载，可得出《道光朝阅视冰嬉情况一览表》如下：

道光朝阅视冰嬉情况一览表

（据《清实录》整理）

阴历时间	当日阴历及数九	阳历时间	活动内容
道光二年壬午十一月庚寅	冬月二十日（二九第二天）	1823年1月1日	上奉皇太后幸瀛台，阅冰技。
道光二年壬午十一月癸巳	冬月廿三日（二九第五天）	1823年1月4日	上幸北海，阅冰技。
道光二年壬午十二月辛丑朔	腊月初一日（三九第四天）	1823年1月12日	上诣大高殿行礼，幸北海，阅冰技。
道光二年壬午十二月戊申	腊月初八日（四九第二天）	1823年1月19日	上幸瀛台，阅冰技。
道光二年壬午十二月壬戌	腊月廿二日（五九第七天）	1823年2月2日	上诣大高殿行礼，奉皇太后幸北海，阅冰技。
道光三年癸未十二月乙未朔	腊月初一日（二九第二天）	1824年1月1日	上诣大高殿行礼，幸瀛台，阅冰技。
道光三年癸未十二月戊戌	腊月初四日（二九第五天）	1824年1月4日	上幸瀛台，阅冰技。
道光三年癸未十二月壬寅	腊月初八日（二九第九天）	1824年1月8日	上幸瀛台，阅冰技。

续表

阴历时间	当日阴历及数九	阳历时间	活动内容
道光三年癸未十二月丙午	腊月十二日（三九第四天）	1824年1月12日	上幸瀛北海，阅冰技。
道光三年癸未十二月丙辰	腊月廿二日（四九第五天）	1824年1月22日	上诣大高殿行礼，幸瀛台，阅冰技。
道光四年甲申十一月乙未	冬月初七日（一九第五天）	1824年12月26日	命停阅本年冰技，仍给半赏。
道光五年乙酉十一月辛亥	冬月廿八日（二九第七天）	1826年1月6日	上幸瀛台，阅冰技。
道光五年乙酉十二月乙卯日	腊月初三日（三九第二天）	1826年1月10日	上诣时应宫拈香，幸北海，阅冰技。
道光五年乙酉十二月庚申	腊月初八日（三九第七天）	1826年1月15日	上幸瀛台，阅冰技。
道光五年乙酉十二月甲子	腊月十二日（四九第二天）	1826年1月19日	上诣皇太后宫问安，幸瀛台，阅冰技。
道光五年乙酉十二月甲戌	腊月廿二日（五九第三天）	1826年1月29日	上诣大高殿行礼，幸北海，阅冰技。赏科尔沁扎萨克土谢图亲王诺尔布林沁、车臣汗阿尔塔什达黄缰等人于神武门外瞻觐。命随至北海阅冰技。
道光六年丙戌十一月乙巳	冬月廿八日（一九第五天）	1826年12月26日	上幸瀛台，阅冰技。
道光六年丙戌十二月辛亥	腊月初四日（二九第二天）	1827年1月1日	上诣时应宫拈香，幸北海，阅冰技。
道光六年丙戌十二月乙卯	腊月初八日（二九第六天）	1827年1月5日	上幸瀛台，阅冰技。
道光六年丙戌十二月戊午	腊月十一日（二九第九天）	1827年1月8日	上诣大高殿行礼，时应宫拈香。幸瀛台，阅冰技。
道光六年丙戌十二月己巳	腊月廿二日（四九第二天）	1827年1月19日	上诣大高殿行礼，幸北海，阅冰技。
道光七年丁亥十一月癸亥	冬月廿二日（二九第九天）	1828年1月8日	上幸瀛台，阅冰技。

续表

阴历时间	当日阴历及数九	阳历时间	活动内容
道光七年丁亥十一月己巳	冬月廿八日（三九第六天）	1828年1月14日	上诣大高殿行礼，时应宫拈香。幸北海，阅冰技。
道光七年丁亥十二月乙亥	腊月初四日（四九第三天）	1828年1月20日	上幸瀛台，阅冰技。
道光七年丁亥十二月己卯	腊月初八日（四九第七天）	1828年1月24日	上幸瀛台，阅冰技。
道光七年丁亥十二月己丑	腊月十八日（五九第八天）	1828年2月3日	上幸瀛台，阅冰技。
道光七年丁亥十二月甲午	腊月廿三日（六九第四天）	1828年2月8日	上御瀛台勤政殿，赐蒙古王贝勒、贝子公、额驸、台吉及外藩使臣呼图克图喇嘛等宴，并赏赉有差。阅冰技。
道光八年戊子十二月戊子	腊月廿三日（五九第一天）	1829年1月27日	上御瀛台勤政殿，赐蒙古王贝勒、贝子公、额驸、台吉及章嘉呼图克图等宴，并赏赉有差。阅冰技。
道光九年己丑十二月丙子	腊月十六日（三九第二天）	1830年1月10日	以天暖冰薄，停止冰技，仍给半赏。
道光十年庚寅十一月甲戌	冬月二十日（二九第四天）	1831年1月3日	上幸瀛台，阅冰技。
道光十年庚寅十一月癸未	冬月廿九日（三九第四天）	1831年1月12日	上幸北海，阅冰技。
道光十年庚寅十二月壬辰	腊月初八日（四九第四天）	1831年1月21日	上诣大高殿行礼，幸瀛台，阅冰技。
道光十年庚寅十二月癸卯	腊月十九日（五九第六天）	1831年2月1日	上诣大高殿谢雪，诣皇太后宫问安。幸北海，阅冰技。
道光十年庚寅十二月丁未	腊月廿三日（六九第一天）	1831年2月5日	上御瀛台勤政殿，赐蒙古王贝勒、贝子公、额驸、台吉及外藩使臣呼图克图等宴，并赏赉有差。阅冰技。

续表

阴历时间	当日阴历及数九	阳历时间	活动内容
道光十一年辛卯十一月甲戌	冬月廿六日（一九第八天）	1831年12月29日	停阅本年八旗、内务府三旗冰技，仍给半赏。
道光十二年壬辰十二月甲辰	腊月初二日（四九第五天）	1833年1月22日	停阅本年八旗、内务府三旗冰技，仍给半赏。
道光十三年癸巳十二月戊戌	腊月初二日（三九第三天）	1834年1月11日	停阅本年八旗、内务府三旗冰技，仍给半赏。
道光十四年甲午十二月癸丑	腊月廿三日（四九第四天）	1835年1月21日	大高殿设坛祈雪，上亲诣行礼，御瀛台勤政殿，赐蒙古王贝勒、贝子公、额驸、台吉及外藩使臣等宴，并赏赉有差。阅冰技。
道光十五年乙未十二月丁丑	腊月廿三日（六九第五天）	1836年2月9日	上幸瀛台，御勤政殿，赐蒙古王贝勒、贝子公、额驸、台吉及朝鲜国使臣呼图克图等宴，并赏赉有差。阅冰技。
道光十六年丙申十一月丁未	冬月廿八日（二九第五天）	1837年1月4日	命内务府三旗冰技，照例预备。停阅八旗冰技，仍给半赏。
道光十六年丙申十二月壬申	腊月廿三日（五九第三天）	1837年1月29日	上幸瀛台，阅冰技。
道光十七年丁酉十二月戊申	腊月初五日（二九第一天）	1837年12月31日	停阅八旗冰技，仍给半赏，命内务府三旗照例预备。
道光十七年丁酉十二月丙寅	腊月廿三日（四九第一天）	1838年1月18日	上幸瀛台，阅冰技。
道光十八年戊戌十一月乙丑	冬月廿七日（三九第四天）	1839年1月12日	停阅八旗冰技，仍给半赏，命内务府三旗照例预备。
道光十八年戊戌十二月庚寅	腊月廿三日（六九第二天）	1839年2月6日	上幸瀛台，阅冰技。御勤政殿，赐贡使等宴，并赏赉有差。

续表

阴历时间	当日阴历及数九	阳历时间	活动内容
道光十九年己亥十一月辛酉	冬月廿九日（二九第四天）	1840年1月3日	停阅八旗冰技，仍给半赏，命内务府三旗照例预备。
道光十九年己亥十二月乙酉	腊月廿三日（五九第一天）	1840年1月27日	上幸瀛台，阅冰技。御勤政殿，赐贡使等宴，并赏赉有差。
道光二十年庚子十一月丙辰	冬月三十日（一九第二天）	1840年12月23日	停阅八旗、内务府三旗冰技，仍给半赏。
道光二十一年辛丑十二月庚辰朔	腊月初一日（三九第三天）	1842年1月11日	停阅本年八旗及内务府三旗冰技，仍给半赏。
道光二十二年壬寅十二月乙亥朔	腊月初一日（二九第二天）	1843年1月1日	停阅八旗及内务府三旗冰技，仍给半赏。
以下无记载			

从本表可以看出道光年间阅视冰嬉的基本情况：

一、自道光二年（1822年）至道光七年（1827年），能够较好地传承阅视冰嬉（此时仍称冰嬉为冰技）的制度。除道光四年（1824年）停阅外，每年均阅视5次，且腊月初八日必阅。

二、自道光七年（1827年）开始，最后一天阅视冰嬉由腊月二十二日改为腊月二十三日（小年）。

三、自道光八年（1828年）开始，时断时停，道光八年阅视1次，九年（1829年）停阅，十年（1830年）阅视5次，十一年（1931年）至十三年（1833年）停阅，道光十四年（1834年）至十九年（1939年）仅在小年阅视内务府三旗冰嬉，道光十九年十二月乙酉（1840年1月27日）最后一次阅视冰嬉。

四、道光十六年（1836年）停止阅视八旗冰嬉，仅阅内务府三旗，道光二十年（1840年）至二十二年（1842年）停阅冰嬉还记载在《清实录》之中，道光二十三年（1843年）以后，冰嬉制度消亡。

五、道光二十二年（1842年）及以前停止阅视冰嬉的年份，减半颁赏给八旗兵士。

道光帝在藩邸时期曾应嘉庆的要求作《观冰嬉》诗两首（两首诗均见《养正书屋全集定本》卷二），其中一首有诗句写道："瞥睹奔腾亟，欣看组练成。彩毬连命中，羽筶叠相鸣。临阅因时举，趋随沐泽荣。帝诚通帝谓，瑞雪即飞琼。"另一首写道："冰坚太液镜中边，翠辇行时爆竹喧。距跃翩然齐贾勇，超腾倏尔竞争先。鸟翔旗色初分队，鱼贯髇声每应弦。训饬貔貅兼沛泽，丕承家法亿龄延。"从两首诗看，道光在未继位之前即随嘉庆观看冰嬉，耳濡目染之下，能够准确把握乾隆、嘉庆二朝举办冰嬉盛典的意义。道光继位后，御制诗中仅见两首描写冰嬉盛典的诗。一首是《冬日侍皇太后游瀛台观冰嬉喜成二律》（《清宣宗御制诗初集》卷六），作于道光元年（1821年），本诗有注解指出："冰嬉之举，原以角技行赏寓教士施惠之意焉。本日天气融和，恭奉皇太后登楼阅视，问安之下，慈颜有喜。爰颁赉有差，亦循成例云尔。"可见此时的道光还能像他的爷爷乾隆那样在腊月里陪皇太后一起观看冰嬉。另一首是《雪中观冰嬉作（十二月十八日）》（见《清宣宗御制诗初集》卷二十一），作于道光七年（1827年），全诗写道："迎春快睹雪霏霏，健步驰冰迅若飞。要识承平不忘武，习劳兼以惠京旗。今冬雪泽庆同霑，太液琼瑶眼底添。凛畏皇清声教远，梯航按部禁门瞻。"诗尾注解道："是日廓尔喀及内外扎萨克等并暹罗国贡使俱迎觐于西华门外。"由此可见，道光同样看重冰嬉"宣国威"的政治功能。

然而，道光这位清朝唯一以嫡长子身份继承皇位的皇帝，却很难说有治国才华，在他的统治下，清王朝一步步衰落，到道光后期，和西方的差距也越来越大。这项和国运相连的冰上盛典也衰落下来，并最终走向消亡。导致道光年间冰嬉盛典消亡的主要原因有：

一、西方国家套购白银、大量输入鸦片等经济入侵，导致国家财政和货币流通受到严重伤害，朝廷经费拮据，无力负担阅视冰嬉的财政支出。

《清实录》记载，道光九年己丑十二月丙子（1830年1月10日）"以天暖冰薄，停止冰技，仍给半赏"。在同一天，实录中还有这样一些记载：

谕军机大臣等：朕闻外洋夷钱，有大髻、小髻、蓬头、蝙蝠、双柱、马剑诸名，在内地行使，不以买货，专以买银，暗中消耗，每一文抵换内地纹银，计折耗二三分。自闽、广、江西、浙江、江苏渐至黄河以南各省，洋钱盛行，凡完纳钱粮及商贾交易，无一不用洋钱……又鸦片流行内地，吸者日众，鬻者愈多，几与火烟相等，耗财伤人，日甚一日。皆由番舶装载鸦片，驶至澳门、厦门等处附近关津停泊。……前因内地间有夷钱掺杂行使，曾经降旨饬禁，然尚不似洋钱行使之多，折耗之甚。至鸦片烟泥，则又以外夷之腐秽，潜耗内地银两。昨据李鸿宾等密陈英吉利请改贸易章程折内，亦经筹议及此。该督等通达治体，深悉积弊，必须将如何截其来路，如何禁其分销，外夷之诡谲不行，内地之销耗胥免，期于言出法随，不致徒为文告故事，有名无实，方为妥善。

上谕中提到的"大髻""小髻"等都是西方国家的银圆。当时中国人根据图案以俗名称呼这些银圆，其中"大髻""小髻""双柱"是西班牙银圆，"蓬头"为美国银圆，"蝙蝠"是指墨西哥鹰洋，"马剑"是英国银圆。道光皇帝在上谕中也如此称呼，可见当时清政府的主权货币观念是十分淡薄的。西方国家用银圆套购白银，导致国内发生银荒，出现通货膨胀，令清廷财政遭到破坏。鸦片的危害更甚，不仅危害国人身体健康，使军队失去战斗力，也导致了更加严重的财政问题。虽然英国与中国之间的贸易受到了以小农经济和家庭手工业为核心的中国经济制度的抵制，但鸦片的输入却严重破坏了中国的财政状况，马克思《英中条约》中写道："一般来说，人民过高估计了天朝老百姓的需求和购买力，在以小农经济和家庭手工业为核心的当前中国社会经济制度下，谈不上什么大宗进口外国货。尽管如此，只要取消鸦片贸易，中国可以在它对英美贸易大致出超800万英镑这个数字的范围内逐渐地吸收更多的英美商品。这是从分析下面这个简单事实而自然得出的结论：尽管存在贸易顺差，中国的财政和货币流通却因为鸦片输入总额约达 700 万英镑而陷于严重的破坏状态。"a

因此，导致道光九年（1829 年）停阅冰嬉的原因是朝廷自身出了问题，"天暖冰薄"只是停阅冰嬉的借口而已。到道光二十年（1840 年），贸易危机逐步上升为战争，乾隆开创的冰嬉制度也在炮火中瓦解。

二、第一次鸦片战争导致了道光停止阅视冰嬉，并最终导致冰嬉制度瓦解。

起初，道光在汹涌而至的鸦片面前"截其来路""禁其分销"，坚持禁止政策。1838 年，道光更是派湖广总督林则徐为钦差大臣，赴广东查禁鸦片，1839 年 6 月 3 日，林则徐开始了为期 23 天的虎门销烟，打击了鸦片贩子的嚣张气焰，维护了民族的尊严和利益。此时的道光还能每年阅视内务府三旗的冰嬉，最后一次阅视的时间定格在道光十九年腊月二十三日小年（1840 年 1 月 27 日）。

为了强行打开中国市场大门，1840 年 6 月，英军舰队开到广东海面，第一次鸦片战争开始。由于林则徐戒备严密，英国舰队沿海北上，攻陷浙江定海，再北上直逼天津，利用机动快速的海军优势把清廷打得焦头烂额。道光的态度也从主战转变为主抚，最终妥协。《清实录》记载：癸亥（1842 年 8 月 22 日）"谕军机大臣等：耆英等奏连日与英夷会议，粗定条约一折。览奏忿恨之至，朕因亿万生灵所系，实关天下大局，故虽愤闷莫释，不得不勉允所请，藉作一劳永逸之计，非仅为保全江浙两省而然也。"道光二十二年七月二十四日（1842 年 8 月 29 日），英国强迫清政府签订了中国历史上第一个不平等条约——《南京条约》，中国从此沦为半殖民地半封建社会。

第一次鸦片战争是中国历史的转折点，中国进入近代史。道光幻想的"一劳永逸"根本满足不了西方列强的胃口，西方列强向中国大量输出商

---

a 摘自马克思《中英条约》。

品和资本，中国自然经济解体。暂时取得"太平"的道光没有痛定思痛，没有进行大刀阔斧的改革，反而更加落后于世界。不足20年后的1860年，到他的儿子咸丰皇帝那里，第二次鸦片战争的战火烧到了北京城，英法联军洗劫并焚毁了圆明园。

乾隆朝至咸丰朝，《清实录》修纂凡例中均有"紫禁直宿兵丁、侍卫皮衣银两、巡幸、行围、冰嬉、扫雪、善扑、旗租等赏赉。皆书"字样，可见，到咸丰朝，实录中仍将冰嬉列为赏赉制度，但实录和起居注中均没有阅视冰嬉的记载，冰嬉只是有名无实。同治、光绪的实录中，凡例均改为"巡幸、行围、善扑、旗租等赏赉。皆书"，删除了"冰嬉""扫雪"，冰嬉盛典在制度上已终结。

第二次鸦片战争以后，西方列强在天津沿海河开设租界，在北京开设使馆，居住在这里的士兵、外侨、传教士等，将西方的滑冰、冰球等冰上运动传入中国，开启了中国近代冰上运动的历史。从乾隆十年（1745年）正式确立冰嬉制度到道光十九年（1839年）最后一次阅视冰嬉，这项中国历史上由皇帝亲自倡导的盛大的冰上盛典绵延了94年。如果以乾隆七年（1742年）开始进行冰嬉试点至道光二十二年（1842年）冰嬉盛典在《清实录》中终结来算，恰好100年。

第五章　光绪时期冰嬉盛典的短暂恢复

咸丰十一年（1861年），因第二次鸦片战争中英法联军攻占北京被迫逃往热河的咸丰皇帝病死，慈禧太后联合恭亲王奕䜣发动了"祺祥政变"，打垮了咸丰"顾命八大臣"势力，拥皇太子载淳为帝，改咸丰拟定的年号"祺祥"为"同治"，与慈安太后共同"垂帘听政"，慈禧从此走向中国权力的中心。

在镇压太平天国运动后，清朝暂时度过危机，慈禧、奕䜣支持李鸿章、张之洞等人开展洋务运动进行自救，迎来了所谓"同治中兴"。到光绪朝，国力得到一定程度的恢复和提升，光绪二十年（1894年）是慈禧六十寿辰，前一年即光绪十九年（1893年）冬天，一场较大规模的冰嬉盛典在太液池举办。光绪十九年阴历十二月，《申报》分4次记载了本次冰嬉盛典的筹备情况，分别是：

其一，光绪十九年十二月初四日（1894年1月10日）第7445期《申报》所刊《阅看冰鞋》记载：

各旗营官兵向有溜冰鞋之戏，凡充此役者例得停止别项差使，专备年终御览，谓之溜冰鞋，官话谓之踏脚齿，盖于脚下制木托，中安铁条一根，由前达后在冰上行走如飞,献出各种玩意,以备皇上于三海等处阅看。自道光咸丰以来,久未举行。近经御前大臣奉谕旨欲览此项技艺,传谕侍卫处行文八旗满蒙汉各固山亲军前锋、护军内外、火器、健锐等营、圆明园各将娴熟脚齿技艺之官员弁兵,以及养育兵闲散人等果能习演纯熟,即日保送造具清册,咨送本处以凭挑选,各该旗营不准以无人保送塞责咨报。

其二,光绪十九年十二月初八日(1894年1月14日)第7449期《申报》所刊《挑选冰鞋》记载:

侍卫处咨取八旗内外各营娴熟冰鞋技艺之官兵,择尤挑充留备御览已缀前报,兹悉官兵承充此技者于十、冬、腊、正四个月停止本旗营一切差使外,每人月给津贴银四两,又可博官衔银物等奖,是以京内八旗各营及三山各营官兵愿挑此差者,计有一千数百人。经三旗续办事侍卫以各旗营册送人数过多,应即先看择尤挑选,当即分传各旗营转令所送冰鞋技艺官兵于十一月十八日(笔者注:1893年12月25日)辰刻在地安门外十岔海(笔者注:什刹海)河内试验,是日验看后择冰上行走娴熟之官兵三百五十名留备御前大臣订期挑选。

其三,光绪十九年十二月十四日(1894年1月20日)第7455期《申报》所刊《挑充冰鞋续述》载:

各旗营册送娴熟冰鞋官兵经三旗续办事侍卫先行考验,择尤备挑,前已录报。兹悉御前大臣庆邸总管、内务府福箴庭相国议定于十一月二十八日(笔者注:1894年1月4日)辰刻在地安门外什刹海河间捡充,已分咨各旗营传知前经留名备挑之官兵等,于是日前往该处听后挑充。自此次挑充后,即可循照旧式各技艺不时演习,以备嘉平望前皇太后、皇上在中海水亭内赏玩。

其四，光绪十九年十二月廿五日（1894年1月31日）第7466期《申报》所刊《练习冰鞋》载：

各旗营保送冰鞋技艺官兵于上月廿八日（笔者注：1894年1月4日）经庆邸等挑选三百余人仍循旧章分镶黄、正黄、正白三旗练习。大龙、小龙、抢旗、抓行头、射天球、射地球、二龙戏珠等技艺已设立总办，三旗冰鞋处所有应办事件以及领放薪水、制备衣彩等事悉由该处经理。已于西四牌楼南口袋胡同路北租赁房屋为办公之所。

从上述记载看，这些报道和事件之间有较大的时间差，如1月20日报道了1月4日前的消息。但是，从这些连续的报道中可以推断出这次冰嬉盛典的筹备情况如下：

由于冰嬉大典"自道光咸丰以来，久未举行"（这也印证了自道光后期以来并未举行冰嬉盛典），为了恢复这项典制，因此需要从各处招募滑冰水平高的人组建冰嬉表演队，御前大臣便"传谕侍卫处行文八旗满蒙汉各固山亲军前锋、护军内外、火器、健锐等营、圆明园各将娴熟脚齿技艺之官员弁兵以及养育兵闲散人等果能习演纯熟，即日保送造具清册，咨送本处以凭挑选，各该旗营不准以无人保送塞责咨报"。这些临时抽调的官兵将在"十、冬、腊、正四个月停止本旗营一切差使"，专心进行训练和表演，"每人月给津贴银四两，又可博官衔银物等奖"，可谓待遇优厚，因此招募令一下，"京内八旗各营及三山各营官兵愿挑此差者，计有一千数百人"。

由于报名人数众多，因此需要进行选拔以成立正式的冰嬉表演队。选拔分为两次，第一次"分传各旗营转令所送冰鞋技艺官兵于十一月十八日（即1893年12月25日）辰刻在地安门外什岔海（即什刹海）河内试验，是日验看后择冰上行走娴熟之官兵三百五十名留备御前大臣订期挑选"。此次挑选是由三旗续办事侍卫执行的，这种挑选制度是旧制，清代奕赓（历经嘉庆、道光、咸丰三朝）在《侍卫琐言》中提到："三旗冰鞋每年挑选时，例以三旗续办事章京兼班领充当翼长，操去取之权，颇得肥口，数年来冰鞋已撤，不知仍作此肥梦否？"从这段记载可以看出选拔冰鞋是一项肥差。之所以说这是一项肥差，是因为被选中的人才会有机会在御前表演，从而获得奖赏甚至升迁的机会。经过这次选拔，生成了一个 350 人的大名单，这些人进行短暂的集中训练后，将面临第二次选拔。第二次选拔是在 10 日之后，此次选拔由"御前大臣庆邸总管、内务府福箴庭相国议定于十一月二十八日（即 1894 年 1 月 4 日）辰刻在地安门外什刹海河间捡充，已分咨各旗营传知前经留名备挑之官兵等，于是日前往该处听后挑充"。这次选拔类似于正式表演前的彩排，也称为"验排"，一般是在正式表演前几日进行，验排会筛选掉极少量技术差的官兵，最终仍留下 300 余人组建最终参演的冰嬉队。

最终参演的冰嬉队，由"御前头等侍卫讷钦、正白旗侍卫办事章京锡钧任督练官，选派正白旗蒙古印务参领图敏（字问樵）任冰鞋处总办，二等侍卫连泰为帮办，并向内务府查取乾隆时滑冰成案及图册……又指定地安门外什刹海作滑冰校场……又命内务府造办处制冰鞋"[a]，新式图册绘制完成后，呈进御览批准后，冰嬉队即按图册进行排练，训练时"仍循旧章分镶黄、正黄、正白三旗练习。大龙、小龙、抢旗、抓行头、射天球、射地球、二龙戏珠等技艺已设立总办，三旗冰鞋处所有应办事件以及领放薪水、制备衣彩等事悉由该处经理。已于西四牌楼南口袋胡同路北租赁房屋为办公之所"。这里所说的镶黄、正黄、正白三旗是指镶黄旗、正黄旗和正白旗内务府三旗，大龙、小龙、抢旗、抓行头、射天球、射地球、二龙戏珠等技艺是冰嬉表演的内容，清代乾隆、嘉庆年间和道光初年就有类似的内容，但名称不尽相同，比如冰嬉盛典的"转龙射球"，就包含"大龙"和

---

[a] 文实权：《滑冰为我国固有，昔慈禧太后曾命办大规模冰嬉》，《新民报半月刊》1942 年第 4 卷第 7 期，第 24—25 页。

"射天球"两个项目,"抢旗"就是竞速项目"抢等","抓行头"就是"冰上抢球"。也有新设的项目,比如"二龙戏珠"就是一种两队对称滑行的项目。除了集体项目,还有单人项目,单人项目表演者一般是精选出来的滑冰高手。

等训练娴熟之后,奏请表演日期,表演之前"由图敏领率执事人员,在太液池布置,于冰上支搭天球架子,按所演阵式栽设各旗帜"。据"自幼便习滑冰,十二岁时曾在慈禧皇太后、光绪皇帝驾前,恭备冰嬉之差"的文实权回忆:"是日辰刻,光绪恭奉慈禧太后率领皇后及各宫嫔妃、宫女、太监等升漪澜堂之翠照楼(笔者注:应为碧照楼),王大臣传旨开始按图演练。滑冰人员服用的顶翎衣装俱极鲜明,人人抖擞精神,施展技术。当时有汉军旗张氏弟兄,二人合演单独花样,可称艺出群伦,滑走有如生龙活虎。左右翼两条大龙,异常整齐,合散阵式演来备极巧妙,演员虽多,步伐一丝不乱。射天球地球者,亦能人人射中,两宫天颜大悦。滑冰大典自辰初开始至午初方毕。当时太后降旨,所有应差人员,每人颁给荷包一对,包内有金银锞二锭。单演花样者,每人加赏尺头二件。所有应差王大臣以及太监等,是日均着'踏冰靴',此靴式即在靴上绊以皮条,皮条连紧小铁板,板上有小钉二,系此则随便走冰,绝无滑倒之虞。演毕,王大臣率图敏等跪于冰上谢恩,图敏系印务章京,例无花翎,皇太后当时赏戴花翎以奖其能云。"[a]

1894年2月15日,《新闻报》刊登《演习溜冰》一文,文中记载:"客冬十二月二十三日,我皇太后、皇上在南海阅看溜冰鞋。先期于腊月上浣经庆邸率同诸王大臣在地安门外十刹海演习二十余日,各穿冰鞋,溜走如飞。均演得十分熟习,以备阅看。嗣以届期天降瑞雪,爰改期于二十四日。快雪初晴,不啻粉粧世界,玉琢河山,驰行于冰天雪海中,愈觉点染

---

[a] 文实权:《滑冰为我国固有,昔慈禧太后曾命办大规模冰嬉》,《新民报半月刊》1942年第4卷第7期,第24—25页。

有致，可见熙朝景运方隆，宜乎玉龙献瑞，水若效灵也。岂不懿欤？"

光绪二十年正月十六日（1894年2月21日），天主教会刊物《益闻录》第1345期刊登了《懿赏溜冰》一文，该文简单记载了本次冰嬉盛典的筹备情况及某日冰上拔旗比赛的情况。原文如下：

京中挑选溜冰鞋之兵丁，业已挑拣如数。腊月七日在地安门外十刹海先行操演，教以步作、进退、行止、礼仪。是日，庆邸亲临阅看，以觇娴习。两岸观者如堵墙。所有穿着冰鞋之兵，各穿袍褂，戴以官帽，从冰上游行，捷足争先，各献技能。庆邸大为奖赏。惟有四名冰滑跌折腿骨，延医调治。至十三、十四两日，奉懿旨驾幸中海太液池秋风亭，懿赏冰鞋之戏。是日，在亭外数武插旗数十面，其有能捷足先行拔旗者作为头等，奖银十金，次者作为二等，奖银八金，再次者作为三等，奖银六金，余均赏青蚨一千文。其时，海旁卖买者利市三倍。

光绪二十年（1894年）《益闻录》刊登福秀珊作《和张久峰冰鞋原韵》，作者在介绍诗歌创作背景时写道："皇太后于中海太液秋风亭看演冰嬉，亭外冰上插旗数面，先拔取者有赏。是日获隽者数人。"从中可以看出这次表演的时间是光绪十九年腊月十三、十四日两天（1894年1月19日和20日），地点是在中海的"太液秋风亭"（即中海水云榭，因亭中石碑有乾隆御书"太液秋风"4字，故称。）前的冰面上，与文实权所称北海"漪澜堂的碧照楼"地点不同，由此可见，慈禧不止一次观看了冰嬉盛典。

慈禧恢复冰嬉盛典主要想通过恢复冰嬉这一清朝兴盛时期的皇家活动，向世人标榜她统治下的大清帝国又兴盛起来了。光绪十九年（1893年）《益闻录》第1331期《募溜冰鞋》这样报道此次招募冰嬉队员活动："乾嘉时于冬日沍寒之候，有溜冰鞋之戏，事虽游玩，而习武练勇之法寓其中，恍效滹沱之渡，居然罗袜之凌，革履木鞁履冰滑行，相沿故事。迨道光年此举裁撤，恐蹈春薄之祸，今届旗营各宪以技宜豫习不可遂致生疏，故近日传令各弁兵等有能溜冰鞋者速出报名，以备听候定期演练，其中有技艺纯熟往来行驶如履平地者，赏以皮袄及尺头、绸卷等件，以示鼓励。国家求才不遗兔罝诚哉，王道之隆也。"[a]这篇报道以"春薄之祸"这样简单的借口描述了道光年间裁撤冰嬉的原因，未免太过敷衍。而报道评价此次招募冰鞋体现了"国家求才不遗兔罝诚哉，王道之隆也"，这样评价当然有阿谀之嫌，但从一个侧面体现了举办冰嬉大典是走向没落的清王朝显示其"王道之隆"的手段。另外，举办冰嬉盛典也是宫廷特别是慈禧个人的娱乐需要，冰嬉初创时期的"阅武事"功能已没有实际意义。因此，这个时期的冰嬉盛典的功能可归结为：宣王道、娱圣目、行赏赉。

这场冰嬉盛典体现的"王道之隆"在半年后被打得粉碎，光绪二十年（1894年）7月中日甲午战争爆发，清朝军队全面溃败，作为洋务运动军事方面最高成果的北洋海军覆灭，战争的失败大大加深了中国的半殖民地化程度。

清朝灭亡以后，一些曾经在冰鞋处供职的人员会被邀请参加一些表演活动，1918年《京话日报》刊发《冰鞋赛会》消息："中央公园因时届新年，定由元旦日起，柬约前清冰鞋处人员，在该园御河溜冰赛会三日，昨已发给赛会人员入门券，以便入会比赛。"[b]中央公园前身是清代的社稷坛，后改为中山公园。

---

a《募溜冰鞋》，《益闻录》1893年第1331期，第589—590页。
b《冰鞋赛会》，《京话日报》1918年第2586号，第三版。

第六章　清朝宫廷的冰嬉娱乐

除了在太液池举办盛大的冰嬉盛典外，宫廷冰嬉中还有一些小型的活动，活动地点不定，太液池、颐和园、圆明园、南苑团河冰海子乃至赵北口行宫等地均有冰嬉活动，参与人数及内容均不及冰嬉盛典，有时皇帝独自乘坐冰床畅游太液池，有时皇帝和群臣观看娱乐性冰上表演，这类冰上活动以娱乐为主，本书统称为"冰嬉娱乐"。

第一节　灯节观冰戏

我国古代有上元节（又称元宵节、灯节、元夕等）观灯习俗。到了清代，正月"十四至十六日，朝服三天，庆贺上元佳节。是以冠盖蹁跹，绣衣络绎。而城市张灯，自十三日至十六日四永夕，金吾不禁"。（潘荣陛《帝京岁时纪胜》）"每至灯节，内廷筵宴，放烟火，市肆张灯。"（富察敦崇《燕京岁时记》）上元节清帝筵宴内廷时，经常会举办一些冰嬉娱乐表演助兴，这些娱乐活动往往被称为"冰戏"。

乾隆十五年（1750年）乾隆和众大臣作《正月十六日赐宴联句》（见

《清高宗御制诗二集》卷十四），联句中有"绞缚山棚图贝阙，挽轮冰戏涌瀛潮""舞鹘回鸾矜婉转，缘橦度索斗轻趫""乍掷晶毬光煜煜，对翻银叶影迢迢"等诗句。可见赐宴时有小型的冰嬉表演，表演的内容有"转龙射球""冰上抢球"，还有"缘竿""度索"等冰上百戏表演。乾隆二十七年（1762年）乾隆《上元灯词八首》（见《清高宗御制诗三集》卷十八）有"连宵都有郊灯烁，今日偏饶冰戏奇。灯燧冰光水映月，浑成世界净琉璃"的诗句，可见这次灯节的冰戏表演颇得帝王欢欣。

乾隆曾 6 次下江南。前 5 次行至赵北口行宫时，恰在灯节期间，乾隆御制诗中留下了驻跸赵北口行宫时阅冰嬉的一些诗句。"赵北口行宫康熙年间即建，以备水围者。"[a] 这是白洋淀上的一座水围行宫，南、北、西三面环水，为清代帝王水围、西巡、南巡时驻跸之所。从这些诗句可以看出，赵北口行宫的冰嬉表演是以娱乐为主的，和太液池上的冰嬉盛典大相径庭。

第一次下江南在乾隆十六年（1751年）。这一年的上元节（正月十五日）乾隆作《上元即景灯词八首》（见《清高宗御制诗二集》卷二十二），诗中有"少海风微定绮澜，恒春花发万枝攒。明朝赵北陈冰戏，更步星桥达广寒"的句子。由此可见，这一年的正月十六日，乾隆曾在这里举办过冰嬉。

第二次下江南在乾隆二十二年（1757年）。这位爱诗的皇帝和扈跸儒臣于正月十五日一起观看了灯火和冰嬉后，作《赵北口行宫观灯同扈跸儒臣联句》（见《清高宗御制诗二集》卷六十六），联句中有"候临解冻陈冰戏，轮到元宵碾汉迟"的句子。

第三次下江南在乾隆二十七年（1762年）。在"冰含雪色""雪映冰光"的正月十五月圆之夜，乾隆与大臣一起观看冰嬉，并与儒臣共同作《上元于赵北口行宫同扈跸儒臣咏冰嬉联句》（见《清高宗御制诗三集》卷十八），这首洋洋洒洒的联句中大多是歌功颂德之词，描述冰嬉表演的

---

[a] 乾隆四十九年《赵北口行宫西轩作》（见《清高宗御制诗五集》卷二）的注解。

诗句不多，其中有"听催节鼓轰雷捷，看上悬橦掣电神。猱挂月崖轻掉臂，鹘翻云塔稳盘身。招摇称手长竿拓，彳亍承跌寸橛纫。斗罢老猨羌解跪，抛残巨卵弹能匀。传声赐镪欢泥首，对队擎杯暖沁唇"的句子。从这几句诗可以看出，赵北口行宫冰嬉表演的内容和太液池冰嬉盛典的内容相去甚远，这里在冰上表演的应是百戏中的"缘竿""盘杠子""度索""角抵"等戏，是一种娱乐性冰上表演活动，和穿冰鞋的冰上活动是完全不同的。虽然活动也有赏赉（赐镪），但只不过是对表演人员的打赏而已。

第四次下江南在乾隆三十年（1765年）。这次观看冰嬉是在正月十九日燕九节，乾隆在《驻跸赵北口即事杂咏》（见《清高宗御制诗三集》卷四十四）写道："春宵燕九例收灯，婪尾冰嬉试赏凭。闹罢夜深古月上，法王无尽示真乘。"可见是在酒巡至末尾后观看的冰嬉，闹罢已是夜深。

第五次下江南是在乾隆四十五年（1780年），正月十五日夜晚乾隆和诸大臣作《上元夕赵北口行宫观灯火与扈跸诸臣联句》（见《清高宗御制诗四集》卷六十六），联句序言中有"青郊则辉映琉璃，百戏呈奇，水镜则朗悬云汉，不夜睹烛龙含耀"的句子，说明当天举办了百戏表演，燃放了焰火。联句中有"角抵鱼龙真曼衍，吸嘘蛟蜃幻纵横"的诗句，说明表演中有摔跤和鱼龙曼衍。该联句中没有提到"冰嬉"或"冰戏"二字，与此相关的其他御制诗中也没有提到百戏表演是否是在冰面上举办的，但从前4次下江南的举动来看，应是在冰面上举办。顺带说一句，联句末尾有"庆节乐同仍有节，每防泰侈意怦怦"的诗句，注解写道："节间灯火十二至今夕而止，十六以后惟燕九节仍设，余日俱不令预备矣。"说明乾隆已经意识到下江南之举耗费太大，采取了一些措施减少开支。

第六次下江南是在乾隆四十九年（1784年），这次下江南启程是在正月二十一日，《赵北口行宫四叠旧作韵》（见《清高宗御制诗五集》卷二）的注解写道："前巡每驻跸赵北口多值上元令节，每于行宫前张灯赐宴。今岁正月二十一日启銮，至赵北口则节事已过，因先期申谕疆吏停止备办。"因此第六次下江南没有在赵北口行宫观灯火和阅冰嬉。

第二节 冰床游太液

清军入关之前,便有使用冰床的历史。《满文老档》天命六年(1621年)十二月记载,碾河户口三十日、新城户口初一日向沈阳迁移,"迁移之户口,一半步行,一半备有冰床,妇孺皆乘冰床"。初三日,"每牛录五人,各携冰床三架,取沈阳之米石,迎新城、碾河户口于衙门"。皇帝在太液池上乘坐冰床的历史可追溯到明朝,《日下旧闻考》引《天启宫词注》记载:明天启年间(1621—1627年),冬季"西苑池冰既坚,以红板作柁床,四面低栏亦红色,旁仅容一人。上(笔者注:明熹宗朱由校)坐中,诸珰于两岸用绳及竿前后推引,往返数里"。到了清朝,太液池冰床已成帝王常用的交通和休闲工具。据《金鳌退食笔记》记载,康熙朝太液池"寒冬冰冻,以木作平板,用二足裹以铁条,一人在前引绳,可坐三四人,行冰如飞,名曰拖床。积雪残云,景更如画"。

清朝皇帝中,对冰床情有独钟者莫过于乾隆,他在藩邸时期就曾作《冰床》诗,诗中写道:"细长明铁当车轮,架雕文木铺重茵。平湖舟驶不惊浪,广陌车驰那有尘。"雍正十二年(1734年),又作《蜡日坐冰床渡太液池志兴》,诗中写道:"破腊风光日日新,曲池凝玉净无尘。不知待渡霜花冷,暖坐冰床过玉津。"登基以后,对冰床的喜爱有增无减,有时一人独游太液池,有时陪皇太后一起乘坐。《清高宗御制诗》中留下了数量不菲的描写冰床的诗篇,如乾隆七年(1742年)作《冰床》(见《清高宗御制诗初集》卷十一)、十三年(1748年)再作《冰床》(见《清高宗御制诗二集》卷一)、十九年(1754年)作《视事既毕,自南台御冰舱,凌太液,遂至琼华岛,登临瞻眺,杂咏志赏》(见《清高宗御制诗二集》卷四十五)、二十五年(1760年)作《坐冰床至悦心殿》(见《清高宗御制诗三集》卷一)、三十四年(1769年)作《雪中坐冰床即景》(见《清高宗御制诗三集》卷七十七）、五十九年（1794年）作《腊日观冰嬉因咏冰床》（见《清高宗御制诗五集》卷九十二）等。其中乾隆三十四年（1769年）作《雪中坐冰床即景》诗意图由画师钱维城绘制成长卷（现存台北故宫博物院）。

乾隆的冰床制作华丽，吴士鉴《清宫词》中有"拖床碾出阅冰嬉，走队彙弓五色旗。黄幄居中奉慈辇，罽帱貂座日舒迟"的诗句，诗句的注解写道："每岁十二月，于西苑三海阅冰嬉，所以习武行赏。御前侍卫率八旗兵队，奔驰迅疾如飞，张弓挟矢，分树五色旗以为次第。乾隆间，高宗岁奉孝圣皇后阅视三海中。冬令乘坐冰床，亦谓之拖床。上用者，以黄缎为幄，如轿式然，以八人推挽之。罽帱貂座。见高宗《御制冰床联句》诗。"注解中的《御制冰床联句》诗指的是乾隆三十四年（1769年），乾隆与诸臣作《冰床联句有序》（见《清高宗御制诗三集》卷七十七），这首联句诗探讨了冰床的起源，讲述了冰床的制作方法，描绘了坐冰床观看冰嬉的场景，内容比较丰富。其中序言中描写了冰床之制："唇刿四楞之木，匪缺足以奚修；齿衔百炼之钢，真不胫而自致。前促一夫引缆，宛然鹤啄争先；上容数客勇裀，揭尔凫趋恐后。篙师气沮，划波便胜威呼；绅列神怡，揭地轻逾法喇。于是溯冰床之初制，披竹垞之旧闻。"联句中"檀楊簇葩匪既好，柘檐缬翠盖斯猷。方袱茸燠敷貂座，圆极虚明屏罽帱"四句话描写了弘历所乘坐的冰床，"罽帱貂座"即出于此，意思是毛织品作的车帷、貂皮作的垫子。

冬日里在太液池乘坐冰床是一件非常惬意的事情。道光十二年（1832年）道光皇帝作《题玉壶天冰床》，描绘了月夜乘坐冰床的场景："绳床欣捷速，运转异舟车。冰沼映云影，空明悟集虚。春光何处早，试问玉壶天。残雪辉遥岸，林峦万象全。"

晚清光绪皇帝有一架奥地利赠送的冰床。1895年，英国《画报》（*The Graphic*）刊登了一张《中国皇帝在北京太液池乘坐冰床》（*The Emperor of China sledging on the lake in the Palace Gardens, Pekin*）的画，作

1895年英国《画报》(The Graphic)刊登的《中国皇帝在北京太液池乘坐冰床》(The Emperor of China sledging on the lake in the Palace Gardens, Pekin)。

者是弗兰克·戴德(Frank Dadd)。画面描绘的是光绪皇帝乘坐冰床从北向南经过团城的场景,该图所配文字指出:"乘坐冰床可以使他享受冬日里的快乐时光,这个崭新的冰床是不久前奥地利赠送的。"从图片看,这架冰床造型很像西洋的马车。床体及棚子是金属支架,冰床棚子顶部中心有一个宝顶,四条龙伏在四个角上,另有一条龙昂首在冰床的正前方。前后两排八名太监,拉着冰床在冰面上奔跑。

清代太液池上的冰床主要是用榆木、杉木制成的。其中御用冰床一般用榆木制成,但也有例外,从"檀楊簇葩匡既好"来看,乾隆皇帝冰嬉大典时乘坐的冰床很可能是用名贵的檀木制成的。这些冰床和船只一样,都是由内务府奉宸苑统一管理。奉宸苑是内务府负责管理"景山、瀛台等处亭台、池沼、林麓、苑囿等事"的机构,他们每年都会对所管理的冰床安排例行的维护,维护的内容不同,实施维护的机构也不同,如木匠活由营造司实施,而磨冰床底部的铁条,则由武备院实施。《钦定总管内务府现行则例·奉宸苑卷》中有多处关于冰床维护的记载，如雍正五年（1727年）十一月奉旨"三海拖床每年粘补一次。其修舱船只、粘补拖床所用桐油，移咨户部领取。杉木、铁叶、铁钉、黑炭、铁匠、木匠、绒绳移咨各该处领取。鱼鳔、刬草、铮磨匠移咨武备院领取。纸张并办买灰麻，给发雇觅匠役工价所用银两，移咨广储司领取"。再如乾隆二十二年（1757年）十月呈准，"本处（南海）设有上用榆木拖床一乘，每年烫蜡、揌缝见新，行营造司。包角、云头、铁叶，行武备院，铮磨见新。杉木拖床七乘，每年例应攒造二乘，修理三乘，应添木植板、片钉、铁线、麻绳，外用木匠五名，使五日，行营造司发给。年例修理钢铁条六条，用羊眼钉九十个，换拖床毡五块，行武备院收旧换新"。另据"则例"记载，中海设有上用榆木拖床一乘、杉木拖床二十五乘。北海设有上用榆木拖床一乘，杉木拖床二十一乘。从上述记载看，太液池三海均设有冰床，皇帝乘坐的榆木冰床，每处设有一乘，而杉木冰床数量众多，多达五十多乘。道光二十二年（1842年）十一月，为提高修理的效率，一般的木匠活不再交营造司办理，呈准"三海上用榆木拖床并杉木拖床，嗣后由本苑（奉宸苑）自行查看修理，毋庸咨行营造司。榆木拖床每乘核给工料银三两，杉木拖床每乘核给工料银二两，每年所需银两由本苑荷花地租项下动给，归入年终奏销。其毡块、云头、铁叶、钢条、羊眼钉按照拟修拖床数目，仍咨行武备院修理"。所谓"荷花地租"是指三海种植的莲藕鬻卖所得的收入。

由于西苑太液池水面开阔，从西苑门到瀛台、紫光阁等地需步行很长的路，因此皇帝会赐王公大臣乘坐御船或冰床。据《清仁宗起居注》记载，嘉庆十四年（1809年）冬月十二日，嘉庆皇帝下令："朕赴西苑用膳、办事，所有内廷、外廷王公大臣等俱在西苑门外下马，步行进门至马头。著御船处预备船只，照进同乐园之例。结冰后即用拖床，至每年十月间冰薄之时，必须步行随入伺候。年在六十以上者，除自揣步履尚健，照常前往外，其余著加恩不必前往。俟朕进宫时，在隆宗门内站班。如年未至六十，而实有残疾，人所共知者，亦著在隆宗门内伺候。"另据清国史馆臣所撰《清史列传》记载，光绪年间，一些新办大臣会被"赐西苑门内骑马、乘坐船只、拖床"，如昆冈、敬信、崇礼、徐会沣、立山等人。《清实录》中也有类似的记载。

第三节　冰嬉娱亲

乾隆亲奉孝道治天下，《乾隆帝起居注》里多次记载了乾隆奉皇太后在太液池阅视冰嬉盛典，但盛典之外乾隆是否奉皇太后欣赏过一些娱乐性的小型冰嬉表演却无记载。2007年《荣宝斋》杂志分上下两部分刊登了《后门造还是宫里造——郎世宁〈海西八珍〉等伪作引出的问题》一文，文章犀利地指出20世纪70年代所谓《海西八珍》是伪作，并非郎世宁亲笔，这其中就有一幅《冰嬉娱亲图》。本文作者系美国加州大学伯克利分校访问教授蔡星仪，他推测这批作品出自清朝末年至溥仪离开皇宫之间（即1911年至1924年），并且很可能是"宫里造"，因为画作所用纸绢、装裱之云锦、卷上御用玺印、题字所用之墨及洒金印泥等等均是宫中之物，画卷所绘内容均是宫中习俗史实，其仿摹的原本属宫中珍藏，所题诗跋是熟读八股文辞、工于章句之学而且谙熟应制诗文的规格体例者。因此这批作品不

郎世宁绘（传）《冰嬉娱亲图》

能简单地归为"后门造"，而完全有可能是"宫里造"。作者还结合清帝逊位至出宫这段时间特殊的历史背景，分析了很可能是"宫里造"的理由。

且先不论《冰嬉娱亲图》是否是伪作，该画描绘的"冰嬉娱亲"活动是符合宫中习俗的，特别是画面中的冰嬉项目是很难杜撰出来的，因此该画对于了解清朝的冰嬉娱乐仍具有一定的意义，有必要对其进行一些研究。

乾隆十五年（1750年），为迎接皇太后六十大寿，乾隆开始建设清漪园（现颐和园），并在当年将金湖改名为昆明湖，将瓮山改名为万寿山。清漪园建成后，乾隆曾在隆冬时节陪皇太后在昆明湖畔观看冰嬉表演，以博其开心。《冰嬉娱亲图》描绘的就是这一场景。

《冰嬉娱亲图》卷首有乾隆手书"冰嬉娱亲"4字，另有题跋三处。

其一，乾隆题跋：

雪霁西山气转和，昆湖冻合水无波。冰嬉博得慈心喜，共庆天伦乐事多。几余西苑看冰嬉，竞技争长艺各奇。笺使良工传画本，图成开卷一题诗。

其二，大学士傅恒题跋（节选）：

节临长至，时值隆冬，冰泽腹坚，穷阴寒烈。我皇上以几余奉皇太后偕

皇贵妃西幸离宫，同观冰嬉，甚盛事也。是日琼林雪霁，凤阙风和。万骑云屯，效黄人之捧日；一湖冰鉴，见多士之穿梭。弓矢校百步之能，滑行竞千方之巧。皇太后慈颜色喜，皇贵妃玉面呈欢。皇上乃命西臣郎世宁以新法绘图以纪。

其三，礼部侍郎嵩寿作诗并题写在画卷之上，其中一段写道：

冰鉴昆湖澈，瑶山万寿新。臣工群竞技，皇上独娱亲。
时泰民同庆，阳回草自春。圣朝多乐事，载咏上枫宸。

原诗之后有一注解，写道："是日昆泽冰坚，群工竞技，杨穿百步，鹄中一矢。滑行之技巧超群，鼓舞之声歌鹊起。皇太后慈颜喜动，圣怀愉悦。天子乃命臣工绘图以记盛事，图既成，睿赏留题，臣备位朝班，奉敕题诗，敬成短句二章，谨效赓飏圣德，因恭识敬题于后。"

从画面和这些题跋可以看出，某日乾隆陪伴其母孝圣宪皇后偕皇贵妃至昆明湖观看冰嬉，这场表演仅有镶黄旗参与，内容是冰上滑行射箭，冰上滑行射箭是冰嬉盛典中的一项重要内容，可以训练士兵在移动中射箭的技能。和冰嬉盛典相比，这是一场小型的以娱乐为主的活动，以博得"皇太后慈颜色喜，皇贵妃玉面呈欢"。

乾隆、嘉庆、道光乃至光绪时期，宫廷组织冰嬉盛典，选拔了大批善于滑冰的好手，不会仅仅在冰嬉盛典时才派上用场。1947 年林启武在《中国冰上运动史略》中写道："慈禧太后垂帘时代曾设立'冰鞋处'于宫内上驷院，搜罗善滑冰者约五六十人，集中训练于北海漪澜堂，专供太后暇时欣赏。处内滑冰者月领俸二两至五两。'冰鞋处'成立五六年便废。"[a] 1947 年武墨在《滑冰老人吴桐轩》中写道："前清的冰学处，成立在甲午

---

[a]《华北日报》1947 年 2 月 15 日，第五版。

战争以前。因西太后喜欢各式的玩法，所以特成立冰学处，训练一批滑冰艺人，供西太后观赏。""西太后只看过他（指吴桐轩）两次表演，但看的次数最多的还是庆亲王，因为庆亲王对此道特具兴趣，常常检阅他们的冰上技艺。甲午战起，宫内裁员减政，致冰学处亦被裁减，吴先生于十四岁出宫回家。"ª（注：武墨文中的"冰学处"应是"冰鞋处"之误）

关于《冰嬉娱亲图》，单从乾隆朝举办冰嬉的情况看，此画的确有一些存疑之处：

第一，从傅恒题跋"节临长至"来看，这次冰嬉娱亲是在冬至（长至）之前举办的。但冰嬉向于冬至后举办，且大多在二九、三九，此时举办不知何因。

第二，《清实录》《乾隆帝起居注》均没有乾隆朝皇帝在冬季奉皇太后驻跸昆明湖的记载。

第三，乾隆朝没有在昆明湖阅视冰嬉的记载。

由此，假如该画确如蔡星仪所推测的那样，那么很可能是根据慈禧在昆明湖观看冰嬉的场景杜撰出来的。

除了上述这些冰嬉娱乐外，还有一些小型的冰上娱乐活动。光绪六年（1880年），陈康祺著《郎潜纪闻》卷十二记载："禁中冬月打滑挞，先汲水浇成冰山，高三四丈，莹滑无比。使勇健者着带毛猪皮履，其滑更甚，从顶上一直挺立而下，以到地不仆者为胜。"从上下文推断这项冰上的娱乐活动在晚清时才出现在宫中的。

1920年阴历十一月二十七日，百无聊赖的逊帝溥仪于"新年假日在宫中作滑冰之戏，偶一不慎坠于冰上，伤及左臂，内侍急为之延医调治。据医云，并无大碍，不日即可痊愈。现宣统已数日不上课，在宫内静养云"。ᵇ

---

a《华北日报》1947年2月8日，第五版。
b 罗生：《戏滑冰宣统伤左臂》，《新闻报》1920年1月17日，第一版。

第七章　清代民间的冰嬉

我国北方先民的冬季生产生活实践中,形成了不少冰上运动的习俗,如东北地区的"踢行头""轱辘冰"等。清军入关以后,他们将关外的一些冰上生活习俗带到北京,丰富了北京冰上活动的内容。乾隆年间,受宫廷开始举办冰嬉盛典的影响,民间的冰嬉活动逐步增多。嘉庆初年《燕台口号一百首》有诗写道:"河头冻合坐冰床,偷得舟行陆地方。更有抛球人夺彩,一双飞舄欲生芒。"并有注解:"冬月冰坚,以平板作床状,下用二足裹以铁,一人引绳,名'冰床',亦曰'拖床'。又尝于冰上弄球掷彩,为冰嬉。"[a] 可见此时民间不仅有传统的冰床,更有人在冰上玩掷彩毬的游戏(即冰上抢球),还有人在冰上穿着冰鞋滑冰。

第一节　冰床做戏

冰床由来已久,宋代就有记载,北宋沈括《梦溪笔谈》中有《讥谑》

---

[a] 杨米人等著,路工编选:《清代北京竹枝词(十三种)》,北京古籍出版社,1982年。

篇，其中写道："信安、沧、景之间……冬月作小坐床，冰上拽之，谓之'凌床'。余尝按察河朔，见挽床者相属，问其所用，曰：'此运使凌床'，'此提刑凌床也'，闻者莫不掩口。"此处的"凌床"指的就是冰床。一般的冰床可坐三四人，在床的脚部安装铁条，前面有人拉着前进，因此也称为"拖床"。冰床的形状是不尽相同的，一种冰床高二尺有余，长约五尺，宽约三尺，人坐其上可以将双腿垂在床侧，靠人力拉动前行。另有一种冰床离冰面很低，靠人力在前拉动或站在冰床后部撑床前行，撑床所用的木杖有铁制的尖及钩子，平滑的冰面上用尖头撑床前行，如果遇到沙石等条件恶劣的冰面，则用钩子拉着前行，这种冰床又被称为"冰排子"。

古老的北京城水面充盈，除了皇家的太液池、昆明湖等大块的水面外，积水潭、什刹海、护城河、通惠河等水域散布于城市内外，这些水域为冰上活动提供了丰富的场所。在明代的北京城，冰床就已十分盛行。有的人在冬天拉冰床来养家糊口，如《明宫史·金集》载："每于河冻之后，近京贫民，群来趁食。于皇城内外，凡有冰处，拉拖床以糊口。"有的则乘坐冰床游乐，比如天启元年（1621年）《明实录》记载："西华门……冬则冰床作戏，春夏荷柳供观，率为寻尝游豫之场。"古代称帝王出巡为"游豫"，意思是说西华门外聚集了不少游乐之人，冬天他们乘坐冰床游戏，春夏则观柳赏荷，不适合皇帝到此巡游了。由此可见此地一度为百姓冬日乘坐冰床消遣的热闹所在。大概在明正德朝，北京兴起了"冰床围酌"的游戏，日子过得不错的官僚富贾专挑严冬时节，将冰床连成一片，在其上豪饮。明天启年间的文人孙国敉在《燕都游览志》中描写道："积水潭在都城西北隅……好事者恒觅十余床，携围炉酒具，酌冰凌中。"对于"冰床围酌"描写最生动的莫过于明末散文家刘侗的《帝京景物略》："雪后，集十余床，垆分尊合，月在雪，雪在冰。"这种玩法一直持续到清末，晚清文人富察敦崇所著《燕京岁时记》中意犹未尽地引《倚晴阁杂抄》称："明时积水潭，常有好事者联十余床，携都蓝酒具，铺氍毹其上，轰饮冰凌中以为乐。诚豪侠之快事也。"

康熙五年（1666年），当代著名作家金庸先祖查慎行作《赵北口坐冰床》诗（见《敬业堂诗集》续集卷五），诗中写道："老涉惊波足可怜，平生履薄怕临渊。阿谁与唱《公无渡》，三尺冰床稳胜船。"康熙年间，清八大名家之一的陈维崧作《宣清·玉河冰》一词（见《清八大名家词集·湖海楼词集》卷第十六），将康熙年间护城河冰面上的民间风情描绘得生动活泼。词中写道："见宣武门边，西河沿上，有冰床一带。更紫罽猩绒，稳垫娇铺，滑笏瑶京，若比风樯尤快。是谁家、茜裙斜载。逗香肌、冰前偷赛。还将四弦，猛弹《破空潭》，问吟龙安在？"

乾隆时期潘荣陛著《帝京岁时纪胜》载："都人于各城外护城河下，群聚滑擦，往还亦以拖床代渡。更将拖床结连一处，治酒陈肴于上，欢饮高歌，两三人牵引，便捷如飞，较之坐骤乘车，远胜多矣。"

天津发达的漕运为运河两岸的居民提供了生存的条件，冬天的河道经常会见到冰床穿梭其上，或运送货物，或载人而行。据《津门杂记》记载："冰床又名拖床，俗呼冰排子，其形如床，可容三四人，高仅半尺余。上铺草帘，底嵌铁条，取其滑而利行。人坐其上，一人支篙撑之，驰骤甚速，每到天寒水冻，冰排盛行，往来密如梭织，四通八达，攸往咸宜。撑排者例备皮袄一袭，无客则自衣御寒，有客则奉客铺垫。随地雇坐，价甚廉。如去一二十里之遥，所费不过京蚨十文而已，贫民食力于风天雪地中如此。"

冰床不仅是快速便捷的交通工具，也是寒冬里难得的娱乐工具。乾隆二年（1737年）的某个冬天，查为礼约上几个好友，来到天津漂榆（今天津东丽区军粮城一带）城南的河道上坐冰床游玩，乘兴留下了一首《城南冰泛歌》，诗中写道：

陆行利用车，水行利用舟。各适其用利其利，帆樯牛马不相谋。
朔风一夜关南至，河水吹高等平地。处处牵船岸上居，家家尽法张融智。

漂榆城南寒月明，石田万顷何晶莹。浮光倒射天影白，七十二沽无水声。
舟师渔师并颖悟，伐木丁丁作床渡。非艑非舲浅不浮，以冰为陆轻累步。
历坦既绝风波虑，乘坚且似推殷辂。独行可学敁脚眠，并坐何妨交臂遇。
绿蚁时已篘，招我同心俦。缓步出城关，共作南郊游。
冰床鹿鹿敹湖侧，凌风卧看玻璃色。疾发群惊铁箭飞，往来更似金梭织。
须臾忽近招提境，楼阁岧峣妙思骋。怪我初从鲛室来，满身犹带珠光冷。
觥筹杂沓催，谈笑声喧阗。不知银汉浅，惟见玉山颓。
八蜡祠前击社鼓，竿身直入清虚府。翻喜今年腊日长，不须早唤春风舞。
暮讶轻雷鸣涧壑，霜星摇动银花落。侍晨执盖影参差，仙佐冯夷奏嘉乐。
无辞秉烛极欢娱，醉却寒威抵万夫。归时更踏坚冰去，记取城南旧酒垆。

查为礼又名查礼、查学礼，字恂叔，一字鲁存，号俭堂。是乾隆元年（1736年）的举人，北京宛平（今北京丰台）人，不仅诗词书画样样精通，还富于藏书，建有藏书楼"铜鼓书堂"。这首诗被收录在《铜鼓书堂遗稿》之中。中举不久的查为礼正春风得意，寒冬里丝毫不觉兴味索然，反而"翻喜今年腊日长，不须早唤春风舞"。

查为礼的哥哥查为仁，字心谷，号莲坡。他在《莲坡诗话》中记下了这件事："天津城南，地势洼下，夏潦秋霖，汪洋弥望。冬则冰胶如镜，居民以凌床往来，其行如飞。鲁存弟邀同人作冰泛之游。鲁存得长歌一篇，内有句云：'晶莹倒射天影白，七十二沽无水声'，极为侪辈推许。西颢有句云'到处回头都是岸，从今托足不随波'，颇具禅味。"这段记载和原诗有一点小出入，将"浮光"误记为"晶莹"。

彼时距天津城南三里之外，有一名刹曰海光寺，这里水面开阔，夏日里飞凫翩翩，宛若江南水乡，冬天冰床做戏，另有一番精景致。乾隆十年（1745年）的腊八节，查为礼与朱仑仲、周月东、戴暗成、潘廷简、吴骧调、陈江皋、陈东麓、杨涵远、万循初、高季冶等十位好友同游海光寺。他们先是一起乘坐冰床，然后烹羊炙酒，酒过半酣后以冰床代马，玩起了乘冰床比赛射箭的游戏，他写道：

严风栗烈嘉平月，朔朒才过俄八日。灶舩豆粥似饧稠，古寺焚香齐拜佛。
约我同心俦，牵拂城南头。不蹄不轮亦不舟，连翩共坐冰床游。
冰河一片如明镜，却隔天光不倒映。虽非平地无风波，烹羊炙酒乐事多。
酒酣兴发为诗魔，忽思观德示正鹄。将床作马冰作陆，一篙反比四蹄速。
三矢递发手眼忙，我矢既直我御良。胜者持觥负者饮，醉看日落烟苍苍。
子虚乌有公无是，万事回头均等耳。来春冰解床何用追风逐电？
自古皆有死，吾生不如祖逖鸣先鞭，又不能短衣匹马看射猛虎终残年。
夏虫语冰剧可怜，笑问坐中客，谓吾然不然？

这首《腊八日同朱仑仲、周月东、戴暗成、潘廷简、吴骥调、陈江皋、陈东麓、杨涵远、万循初、高季冶游海光寺，酒后以冰床代马较射为戏，予因作歌自哂》同样被收录到《铜鼓书堂遗稿》中。描写的冰床代马较射颇为有趣。射手站立在冰床上，撑冰床的人用力一撑，冰床便疾驰而出，其速度可超奔马。射手要在短时间内射出3支箭，自然有点手忙脚乱。获胜者沾沾自喜，端起酒杯罚失败者喝酒，不知不觉大家都醉眼蒙眬，抬眼望去，已是夕阳西下，冰面上雾霭苍茫。查为礼是一个文人，自然不能像东晋祖逖那样到疆场上一鞭先著，也不能像西汉李广那样射猛虎（杜甫《曲江三章章五句》有"短衣匹马随李广，看射猛虎终残年"的诗句）。想到这里，他也不再管什么"射以观德"了，发出了和杜甫同命相怜的感慨。

具有典型地域文化特征的竹枝词之中也有不少关于冰床的诗歌。顺治年间进士郭士璟《燕山竹枝》有"汉水凝寒少石梁，行人跌坐走冰床。白绳索索过湖去，不辨冰光与日光"的诗句。诗后注解道："冬至以后，天寒冰坚，什刹海、护城河、二闸等处皆有冰床，可坐三四人，一人拖之，其行甚速。"康熙年间，文昭《京师竹枝词》有"寒入长河冻已坚，冰床仍著锦绳牵。翩然倒曳飞鸢去，稳似江南鸭嘴船"的诗句。梁机所作《直沽竹枝

乾隆二十六年（1761年）徐扬绘《日月合璧五星联珠图》（局部）中的冰床

词》有"冰床五尺下西沽，稳坐东风日欲晡。临上岸时行步滑，人前未肯倩郎扶"的诗句来描绘天津冰河上小景，充满了生活的情趣。嘉庆六年（1801年）进士方元鹍《都门杂咏》有："轱辘双轮颠不休，天街地冻滑于油。爱他数里冰床坐，稳似春江一叶舟。"嘉庆二十二年（1817年）得硕亭著《草珠一串》："一番风雪一番凉，徒步行人渐履霜。诗思不须驴子背，沿河处处有冰床。"道光二十五年（1845年）刊行杨静亭《都门杂咏》有《冰床》诗："十月冰床编九城，游人曳去一毛轻。风和日丽时端坐，疑在琉璃世界行。"咸丰年间何耳《燕台竹枝词》有"玉虹一道縠纹平，过处皆闻细碎声。短绠独牵停不住，往来宛在镜中行"的诗句。褚维垲《燕京杂咏》有"引河一道冻城根，寒玉能坚沏底痕。唤坐冰床载人去，顺成门外到前门"的诗句。

冰床在晚清依然盛行，同治十二年（1873年）举人彭祖润在《燕台竹枝词》中有"城濠数里冰床快，风雪披裘唤渡时。三板棱棱轮铁利，一绳牵挽去如飞"的诗句。宝竹坡《偶斋诗草》中有《冰床》诗一首，其中写道："伊谁造车床假名，长方四尺象厥形。伏羲未作禹未乘，泥樏山樏堪并称。木躯金趾坚而轻，一人背挽牵以绳。"冰床既可以用来娱乐，又可以当作交通工具，每到冬天，冰面上冰床穿梭，盛极一时。宝竹坡非常喜欢坐冰床，有一次和镜寰、芷亭、静山等好友在积水潭净业湖酒楼喝到醉眼惺忪后同乘某寺僧人牵的冰床到阜成门，有感于国家被列强入侵后"灾荒兵燹久未息"的情景，乘着酒兴写下了"偷闲觅乐足惭愧，欢笑未已愁怀增"的诗句。

1895 年英国《画报》（The Graphic）刊发了一张题为《北京护城河上的公共冰床和滑冰者》（Omnibus Sledges and Skaters on Pekin City Moat）的图画，生动描述了清末北京崇文门附近的护城河冰面上的场景。该画有一份注解，译文如下：

北京，虽然纬度比伦敦稍低，但冬天也非常寒冷。12 月份开始结冰，冰期可持续到 3 月份，向南到芝罘（现烟台），所有河流和海水都会结冰。中国人总会做好准备去挣一些正当途径的钱，一旦冰面足够坚固，他们就会拿出他们的冰床，护城河上遍布的像"公共汽车"一样的冰床可供乘坐。当遇到了城门或者不能穿行的桥洞的时候，拉冰床的人会将冰床扛在背上从上面走过去，乘客跟着他走到下一处冰面。冰床是非常粗糙的东西——一张在腿的底部装上滑铁的桌子。冰床的动力来自人力，他会在鞋上裹上一层皮子以防滑倒。当冰床飞速滑行的时候，他也会跳上去坐在冰床的前部，用脚不时地擦着冰面直到速度慢慢降下来。这时，他就跳下来再拉上一会儿，如此往复直到行程结束。中国人不是滑冰的好手，笨拙的鞋子令他们毫无优势可言，他们使用的是用皮带绑在鞋上的非常原始的冰鞋。

这幅画的作者弗兰克·戴德（Frank Dadd）生于 1851 年，1885 年到《画报》工作，他是一位活跃的插图家，很快便成为这里的顶梁柱。戴德没有来过北京，《画报》称这幅画得到了 T. Child 的支持，T. Child 就是在北京生活了很久并拍摄了很多照片的摄影师托马斯·查尔德（Thomas

弗兰克·戴德（Frank Dadd）绘《北京护城河上的公共冰床和滑冰者》（Omnibus Sledges and Skaters on Pekin City Moat），《画报》（The Graphic），1895 年

1900 年《海军和陆军画报》（The Navy and Army Illustrated）登载的《北京护城河上的冰床》（Ice Sledges on the Moat at Peking）

Child），这幅画的背景就是查尔德自西往东拍摄的崇文门和护城河的照片。

第二节　跑冰鞋

清代以前，尚未发现民间穿铁制冰鞋滑冰的记载。清乾隆李声振《百戏竹枝词》有《走冰鞋》一首，诗前注解写道："足着铁底鞋，一步恒数丈，行冰上，兼有能格斗、舞跳者，都门入冬，城河最多。"可见此时护城河不仅有穿冰鞋滑冰的，还有格斗、舞跳等花样动作。诗中写道："捷足行看健步纷，寒流趁冻雪花春。铁鞋踏破奔驰甚，悔作银河冰上人。"从诗中可以看出，滑冰之人的速度还是很快的。乾隆年间潘荣陛在《帝京岁时纪胜》中记载了当时的滑冰。书中写道："冰上滑擦者，所著之履均有铁齿，流行冰上，如星驰电掣，争先夺标为胜，名曰溜冰。都人于各城外护城河下，群聚滑擦，往还亦已冰床代渡。"从中可以看出，当时京城护城河上，已有不少人聚在一起滑冰了，并且滑冰的人穿着带有冰刀的冰鞋。乾隆时期开创的冰嬉盛典对民间的滑冰有相当的影响，《帝京岁时纪胜》里记载的"群聚滑擦""争先夺标"和冰嬉盛典里的"抢等"有很多相似之处，都是群体竞速的项目。乾隆五十七年（1792年）汪启淑撰《水曹清暇录》记载："燕台新月令十一月云：是日也，滑擦聚冰，拖床为渡，黄芽菜皮剥，鹿角解，辽货集，土有禁，苦菜食其根。"[a]由此可见，"滑擦聚冰"是冬日里的一道风景。道光二十五年（1845年）刊行杨静亭著《都门纪略》载："冰鞋，木屐下拖以铁条，以皮条束足下，拱身摔足，冰上行之如飞，瞬息十数里，旗人多习此技，以供上阅。"同治十一年（1872年）李静山编《增补都门杂咏》有《冰鞋》诗一首："往来冰上走如风，

---

a 汪启淑《水曹清暇录》，北京古籍出版社，1998年。

鞋底钢条制造工,跌倒人前成一笑,头南脚北手西东。"ª 这些记载都说明了清康熙以后,民间穿冰鞋滑冰是很常见的。当然,不穿带冰刀的冰鞋玩滑冰的也有,嘉庆年间方元鹍《都门杂咏》有"泽腹严冬到底凝,招邀童伴兴飞腾。儿嬉不道凭河险,滑汰青鞋好溜冰"的诗句,描写了儿童嬉冰。

1861 年英国出版的《伦敦新闻画报》(*The Illustrated London News*),刊登了一张题为《冰上的娱乐》(*Amusements on the Ice*)的画。8 个留着长辫子的儿童在野外一小块冰面上玩耍。他们有的戴着清代特有的"暖帽",应是来自官宦人家;有的戴着瓜皮帽。其中两人正手持木棍儿小心翼翼地练习着,另有一人不小心摔了个仰面朝天,木棍儿扔在了一边,头上的帽子也跌落一旁。这 3 位脚上都穿着带有冰刀的冰鞋,另有 5 位穿的似乎是自制的冰鞋,木板上安上大铁条,再将木板绑在鞋上,画面中间远处

乾隆年间金廷标绘《冰戏图》轴,故宫博物院藏

ª 杨米人等著,路工编选:《清代北京竹枝词(十三种)》,北京古籍出版社,1982 年。

的儿童正蹲在冰面上专心地绑冰鞋。画面左侧有两位衣着略显俭朴地孩子相伴向摔倒在地的孩子走来,右侧有两个孩子正在玩冰上拉车的游戏——一个孩子蹲着,另一个背手拉着他滑行。这幅画中孩子穿的冰刀明显带有西方冰刀的特征,应是作者想象着画上去的。

1861年英国《伦敦新闻画报》(The Illustrated London News)刊登的《冰上的娱乐》(Amusements on the Ice)

晚清诗人宝廷《偶斋诗草》外集卷七中有《冰鞋》诗一首,诗中写道:"朔风卷地河水凝,新冰一片如砥平。何人冒寒作冰戏,炼铁贯韦当行縢。铁若剑脊冰若镜,以履踏剑摩镜行。其直如矢矢逊疾,剑脊镜面刮有声。左足未住右足进,指前踵后相送迎。有时故意作欹侧,凌虚取势斜燕轻。飘然而行陡然止,操纵自我随纵横。是耶洛仙非列子,风胡能御波能凌。"从诗中看,这位"冒寒作冰戏"的民间高手,脚穿带有冰刀的冰鞋,在冰面上任意驰骋,"有时故意作欹侧,凌虚取势斜燕轻",说明不时还能做出一些花样动作。光绪三十二年(1906年)刊行的富察敦崇著《燕京岁时记》有《溜冰鞋》一项写道:"冰鞋以铁为之,中有单条缚于鞋上,身起则行,不能暂止。技之巧者,如蜻蜓点水,紫燕穿波,殊可观也。"也说明民间滑冰的人会玩出一些漂亮的花样动作。诗中"飘然而行陡然止,操

1906年《北京画报附页》刊登的《溜冰鞋》诗与画。诗中写道:"严寒天气不嫌寒,足踏冰鞋任往还。此时居然体操术,莫说游戏不相干。地平如镜走如梭,捷径还推此处多。不用新修石子路,铁鞋强似自行车。"

纵自我随纵横"既是对滑冰者技艺的描写,又借此描绘了一种洒脱的心境。宝廷在《冰鞋》诗中还写道:"我来观此触旧感,醉言狂放君试听。安得风伯大神力,吹使四海同坚冰。火舟胶轮鲎帆冻,魍魉缩首牵长缨。九州聚铁锻为履,万牛析鞯絷索绳。王师十万踏冰去,长驱直捣趋西溟。月支取头作饮器,金银收得供彤廷。十洲三岛绕周遍,变夷用夏非观兵。安能有人肩此任,入心所注天乐成。言绝兴尽废然返,芒鞋蹩躠劳莫胜。南望鸡笼海云隔,风涛激荡难结凌。"

第二次鸦片战争英法联军攻入北京后火烧圆明园,烧杀抢掠,无恶不作，亲历了这一切的宝廷希望国家能够振兴起来，于是诗人发挥了气势磅礴的想象力，写下了狂放的"醉言"：怎样才能求得风伯的大神力，将四海都吹成坚冰，将西人的舰船统统冻住，绑缚这些坏人低头认罪。将九州的铁器聚集起来锻造成铁履，万头奔牛牵引着绳索，十万王师踏冰而去，长驱直入西方混溟之地。弯弓搭箭取其头颅当酒器，收取其金银献给朝廷。十洲三岛人迹罕至的地方都走遍，用诸夏文化去影响这些僻远的部族。诗人一番激昂的想象之后，也意识到这些只不过精神胜利而已，于是无奈地说道：南望台湾的鸡笼山（即基隆，1860年《天津条约》后，基隆被辟为商埠）茫茫云海相隔，风涛激荡难以结成坚冰。综观全诗，诗中既有画又有情，既豪气干云又哀痛迫切，诗中留下的一些语句也在后人研究清代冰嬉历史时被常常提及。

第三节　冰上蹋鞠

老北京一度流行踢石球的游戏。明代刘侗、于奕正所著《帝京景物略》记载：每岁腊月，为缓解"趾踵苦寒"，小儿或平民百姓"以二石球置前，先一人踢一令远，一人随踢其一，再踢而及之，而中之为胜，一踢即及焉，即过焉，与再踢不及者，同为负也，再踢而过焉，则让先一人随踢之"。大意是说甲乙两人踢石球，甲先将球踢远，乙连续踢两次，若踢中甲球，则乙胜。如果乙第一次就踢中甲球，或者第一次踢的时候乙球超过甲球，或者踢两次还没有超过甲球，则乙负。如果乙第二次没有踢中甲球，但乙球超过甲球，则由甲按上述规则踢球，直至决出胜负。这种游戏踢的石球大概拳头大小，踢的时候将球踩在脚下，用力往前推送，因此又被称为"蹋鞠"。清朝嘉庆初年《燕台口号一百首》有"开场足送双丸石，蹴鞠遗风合问渠"的诗句，说明了蹋鞠的源头是中国古代传统的蹴鞠，诗中还注解

道："琢石为丸，以足蹋之，先后交击者为胜。"a

蹋鞠游戏多在腊月玩耍，玩之可舒筋活血，防止脚上长冻疮。富察敦崇《燕京岁时记》记载："十月以来，寒贱之子，琢石为球，以足蹴之，前后交击为胜。盖京师多寒，足指酸冻，儿童踢弄之，足以活血御寒，亦蹴鞠之类也。"蹋鞠的场地要求很简单，有块空阔或狭长的场地就可来上一局。最有意思的是在冰面上进行，球可以滚得更快更远，增添了更多趣味。清朝康熙年间李声振著《百戏竹枝词》有《蹋鞠》一诗："蹋鞠场中浪荡争，一时捷足趁坚冰。铁球多似皮球踢，何不金丸逐九陵。"该诗还有一注解，写道：蹋鞠"俗名'踢毯'。置两铁丸，更相踏蹴，以能互击为胜，无赖戏也。恒于冬月，冰上逐之"。b 此时球的质量更进一步，踢的是不易撞坏的铁球了。应当注意的是《燕京岁时记》中将平民百姓家的儿童称为"寒贱之子"以及李声振《百戏竹枝词》中所称"无赖戏也"有很强的阶级性，是不正确的。太液池冰面处于皇家禁园，百姓不得入，冰上蹋鞠的理想场所是宽阔的什刹海。小孩儿玩蹋鞠游戏，往往就地取材，不一定非得用石球或者铁球，石块、泥丸、冰块皆可为之。什刹海冰封之后，大人们忙着凿冰、运冰，将冰块纳入冰窖之中，以待来年天气炎热时使用，散落在冰面上的冰核儿就成了孩子们的最好的玩物，三五成群，玩得酣畅淋漓。

第四节　冰上抢球

宫廷冰嬉盛典中有冰上抢球的项目，民间也有人为之。嘉庆初年查揆《燕台口号一百首》中有"河头冻合坐冰床，偷得舟行陆地方。更有抛球

---

a 杨米人等著，路工编选：《清代北京竹枝词（十三种）》，北京古籍出版社，1982年。

b 杨米人等著，路工编选：《清代北京竹枝词（十三种）》，北京古籍出版社，1982年。

人夺彩,一双飞舄欲生芒"的诗句。诗中"抛球"就是冰上抢球。这首诗有一注解:"冬月冰坚,以平板作床状,下用二足裹以铁,一人引绳,名冰床,亦曰拖床。又尝于冰上弄球掷彩,为冰嬉。"《帝京岁时纪胜笺补》稿本中说:"冰上蹴鞠,皇帝亦观之,盖尚武也。如什刹海、护城河上蹙鞠,则皆人民练习者。武备院各侍卫护军营人员,皆须习此,文人无习此者。"[a] 由此可见,乾隆开创冰嬉盛典后,对民间的冰上运动产生了积极的促进作用。

第五节　西方冰上运动的传入

清代的天津,"当九河津要,路通各省舟车,南运数百万之漕,悉道经于此,舟楫之所式临,商贾之所荟集","实水陆之通衢,为畿辅之门户"(《津门杂记》),这里河道密布,又是进入北京的门户,足见其地位的重要。为进一步打开中国大门,以英法联军为首的西方资本主义国家发动了第二次鸦片战争,这些国家的军舰溯海河而上侵入天津。1860 年 8 月,英法联军攻克天津,并继续进犯北京,火烧圆明园,逼迫清政府签订了中英、中法《北京条约》。天津被辟为商埠,同年英国、法国、美国率先在天津设立租界,之后德国、日本、俄国、意大利、比利时和奥匈帝国也来抢地盘建租界。为便于交通运输,各国租界均沿海河划定。租界设立后,这些国家修筑码头、洋楼,传教士在各地租买土地兴建教堂,望海楼教堂就是其中的一座。据天津市人民政府 2005 年立望海楼教堂《历史风貌建筑简介》介绍,该教堂始建于 1869 年,系法国天主教会修建。在 1870 年反洋教斗争和 1900 年义和团运动中,先后两次被焚毁,又两次重建。这里说

---

[a] 转引自林启武:《中国冰上运动史略》,《华北日报》1947 年 2 月 15 日,第五版。

《冬日停靠在天津的外国战舰》（*Foreign Gun-boats Laid Up in Winter at Tientsin, North China*），《伦敦新闻画报》（*The Illustrated London News*），1883年

的反洋教斗争就是1870年爆发的"天津教案"，教案发生后的6月24日，英国、德国、美国的战舰驶入租界，以武力强迫清政府惩处反洋义士。经过此事，西方列强的战舰经常停靠在这里以庇护侨民的安全。

1883年《伦敦新闻画报》（*The Illustrated London News*）刊登了一幅题为《冬日停靠在天津的外国战舰》（*Foreign Gun-boats Laid Up in Winter at Tientsin, North China*）的速写，这幅速写是一位到中国旅行的英国画师根据1880年冬天在天津的见闻绘制的。画面中三艘战舰自左至右分别来自德国、英国和美国，有两人正背着大捆的稻草走向战舰。由于天气寒冷，这些战舰需要中国苦力运送稻草保护甲板。冰河之上有冰床来往，有的在运送乘客，有的在运送货物。冰面上不乏滑冰的人，有外国人也有中国人，有双人滑也有单人滑，有滑得灵活自如的，也有初学摔倒的。这幅速写是晚清时期中国传统文化和西方文化冲突与融合的写照。旧时天津称滑冰为"跑凌鞋"，《津门杂记》中记载："有所谓跑凌鞋者，履下包以滑铁，游行冰上为戏，两足如飞，缓疾自然，纵横如意，不致倾跌，寓津洋人亦乐为之，藉以舒畅气血，甚妙。"《津门杂记》初刻于光绪十年（1884年），作者张焘，书中关于滑冰的这段记载和这幅速写中滑冰的场景是比较吻合的。

1900年《伦敦新闻画报》（The Illustrated London News）登载的《被义和团烧毁的"北京俱乐部"滑冰场》（Skating Rink at Peking Club, Burnt Down by the Boxers）

　　西式冰上运动的传入始于第二次鸦片战争后天津被迫开埠，到19世纪末期，随着侨民人数的增加，冰上运动成为天津、北京地区西方侨民在冬天里重要的体育活动。有记载称，1895年英租界工部局在天津的英租界运动场成立了天津滑冰俱乐部（Tientsin Skating Club）；1905年1月天津的英美侨民发起成立了天津冰球俱乐部（Tientsin Ice Hockey Club）；1906年，驻扎在北京的美国海军陆战队和北京基督青年会成立了北京冰球俱乐部（Peking Ice Hockey Club）。1925年，天津印字馆出版了雷姆森（Otto Durham Rasmussen）根据他在天津生活和任职期间见闻写成的《天津插图本史纲》（Tientsin: An Illustrated Outline History）一书，全书用英文写成，配发有170余幅照片。雷姆森是英国人，曾在天津《华北商业》《华北明星报》《远东泰晤士报》等外媒中担任编辑和记者等职，同时他还是一位冰球运动的好手。根据此书编译而成的《天津插图本史纲》ª 中记载:"天津冰球俱乐部(Tientsin Ice Hockey Club)于 1905 年在宝士徒道(今营口道)靠近土围墙那头的一个结冰的池塘上举行了第一次认真的比赛。比赛进行了一个小时才结束了半场比赛,比分为 1∶0。……1906 年开始在北京举行埠际比赛,但是比赛结果未见记载。其后,每年都举行本埠赛和埠际赛。"这两家俱乐部自 1906 年开始每年举办的埠际冰球比赛,一直持续到 1936 年。1904 年日俄战争后,日本取得了南满铁路和旅顺、大连的租借权。"1908 年 1 月 3 日,由南满铁路株式会社大连事务所发起,在大连北公园成立了大连冰滑俱乐部。……冰上运动由此又传入东北南满。……在大连冰滑俱乐部成立不久,俄国人卡拉巴诺夫斯基(карабановский)又于 1909 年在哈尔滨市南岗大直街 125 号购地 3200 平方米修建了一座运动场,成立了滑冰和网球俱乐部。……至此,冰上运动又传入北满。"ᵇ

外国人入侵带来了西方近代体育运动,如足球、滑冰、板球、网球、田径、棒球、篮球、冰球等等,这其中以滑冰运动最为不同。其他的运动大多是在中国没有开展过的(西方的足球和中国传统的蹴鞠也有很大不同),是地道的"舶来品",而滑冰运动在平津地区早已有之。虽然中国的滑冰历史并不输于西方,但西方人拥有质量更好的冰鞋、更高的技术和比赛规则,这些冲击了本土滑冰运动个体、分散、自发的状态,客观上开启了现代冰上运动在中国发展的大门。面对外侮不断,不屈的中国人民展开了民族救亡的探索和抗争,到 20 世纪 30 年代,逐步形成了以历史传承性、爱国自强性、开放包容性为特征的多元化的现代冰上运动文化。不管是坐冰床还是滑冰,对那时的中国人来说都是休闲娱乐的手段,这和西方追求体育运动的竞技性有很大的不同,是我们在理解清代冰上运动文化时应加以注意的。

---

a [英]雷姆森(O.D. Rasmussen)著,许逸凡、赵地译:《天津插图本史纲》,天津人民出版社,2009 年。

b 徐文东、朱志强主编:《中国冬季运动史》,人民体育出版社,2006 年。

清代冰嬉考

中篇

诗文绘画篇

第一章 诗词

第一节 陈维崧《宣清①·玉河冰》笺注

摘自《清八大名家词集·湖海楼词集》卷第十六，1992年岳麓书社出版，陈维崧等著。陈维崧（1625—1682），字其年，号迦陵，宜兴（今属江苏）人。清初诸生。康熙十八年（1679年）授翰林院检讨。工骈文、诗、词，骈文宗唐，诗为吴伟业派，词最工，为阳羡词派的开山。

康熙年间，冰床在京城已十分盛行，不仅太液池上有，民间也有。由于冰床比骑马乘车都快多了，所以不知谁家的小姐也来乘坐。冰河上其他的冰床偷偷地跟着她的冰床奔走，一睹花容。小姐发现后也不恼怒，抱起琵琶，弹起了铿锵的《破空潭》，问威风凛凛的吟龙何在？

这首词将康熙年间护城河冰面上"逗香肌、冰前偷赛"的民间风情描绘得生动活泼。

结定银湾②，冻合铜沟③，装成玉玲珑砦④。到月明、转觉嵯峨，便风吹、何曾澎湃。回思客夏，翠椀⑤凉瓷，千家赌卖。只今朝，堆满径，文园纵渴谁爱？

见宣武门边，西河沿上，有冰床一带。更紫罽猩绒⑥，稳垫娇铺，滑笏瑶京，若比风樯尤快。是谁家、茜裙⑦斜载。逗香肌、冰前偷赛。还将四弦⑧，猛弹《破空潭》，问吟龙安在？

【原注】

长安⑨腊月，玉河冰结。时水面多设冰床，往来络绎，以供行客。其捷如飞，较之坐骑乘车，远胜多矣。

【注释】

① 宣清：词牌名。柳永所创。

② 银湾：银河，指冬天的护城河。

③ 铜沟：原意是铜铸的沟渠，这里指京都的护城河。

④ 砦：同"寨"。

⑤ 翠椀：翠碗，一种古玩，碗呈翠色。

⑥ 紫罽（jì）猩绒：用贵重的毛织品装饰的冰床，可见这是一架带篷的高档冰床。罽：毛织品。

⑦ 茜裙：原意是绛红色的裙子，代指女子。

⑧ 四弦：琵琶。

⑨ 京城的代称，这里指北京。

第二节　张九钺《冰鞋篇》笺注

《冰鞋篇》原载《紫岘山人诗集》卷二[a]。张九钺，字度西，号紫岘，湖南湘潭人。生于清康熙六十年辛丑（1721年）八月三十日，殁于嘉庆癸亥（嘉庆八年，1803年）九月十九日，年八十三。《紫岘山人诗集》卷二

---

[a]《清代诗文集汇编》编纂委员会编：《清代诗文集汇编》第1443册，上海古籍出版社，2010年。

收录的是作者乾隆壬戌（乾隆七年，1742 年）至甲子（乾隆九年，1744 年）3 年之中的诗作，因此该诗描绘的应是作者在这三年之中的某日观看冰嬉盛典的场景。由于这首诗写于乾隆十年（1745 年）之前，所以该诗对于了解冰嬉盛典制度化之前的冰嬉实践有重要的史料价值。

冰鞋制绝奇，其底界中铁①。扶寸②磨晶莹，侧势便引擛③。
阮屐④蜡偏新，仙凫⑤形独别。力制重轻间，熟巧凭劲滑⑥。
城沟与池洼，练习费时日⑦。旁有老卫士，指点为余说⑧。
季冬太液池，冻合层冰徹⑨。重壁平砥失，积璐销凹凸⑩。
天子御瀛台，星罕开霁雪⑪。恤我禁旅寒，何以御凛冽⑫。
思将材技旌，稍补兵饷缺⑬。虹堤树长标，程式在驵骛⑭。
鼍鼓轰逢逢，马与人齐发⑮。飘然行御风，倏而化奔蚏⑯。
步叱茅龙飞，圆防红蚕捐⑰。巾帨纷飘飏，佩囊舞彩缬⑱。
于中杂戏陈，变幻更结辙⑲。鹫拳金鳌背，雀跃冻蛟穴⑳。
银海眩生花，锦绣俄一瞥㉑。怒鬣未收㧣，手先红旗夺㉒。
鼓歇衿整衣，翻笑骑力蹩㉓。内府掷黄封，跪顶金三铩（一）㉔。
余以次第颁，欢声动城阙㉕。销寒为兹乐，三军挟纩悦㉖。
岂比战昆明？徒劳水嬉设㉗。

【原注】

（一）马未到标下，冰鞋先到者，赏白金五十两。

【注释】

① 这个时期的冰鞋是"缚式冰鞋"，即鞋和冰刀分离的，在一块木板下方中央穿一根立铁做成冰刀，再将木板绑在鞋上。

② 扶寸：古时铺四指为扶，一指为寸。此处形容冰刀刀锋之窄。

③ 擛（yè）：此处原文是"扺"字，因此字未在韵表中，后人在刻书时将其改为"擛"。扺，同"曳"，牵引。这里"侧势便引擛"的意思是说身体取侧势便可启动滑行。

④ 阮屐：典出《世说新语》中卷上《雅量》，晋时有阮孚，性好屐。有人拜访他时，见其正独自为屐上蜡，并叹曰"未知一生当著几量屐"。后以"阮家屐""阮屐"泛指木屐。这里指安装冰刀的形似木屐的木板。

⑤ 仙凫：典出《后汉书》卷八十二上《方术列传上·王乔传》，河东人王乔，有神术，上朝时不见车骑，只有双凫从东南飞来。于是候凫至，举罗张之，但得一只鞋焉。后以"仙凫"指鞋子。

⑥ 滑冰时力道在轻重之间，熟能生巧靠的是力道的把握。

前四句盛赞了冰嬉盛典的冰鞋。冰刀以铁制成，刀锋很窄，磨得晶莹闪亮，安装在形似木屐的木板底部中央，木板新上的蜡。

⑦ 要滑好冰，需要平时在护城河或池塘的冰面上多加练习。此时的冰嬉表演队伍还没有像后期一样开始在十、冬、腊、正四个月集中训练，所以需要自己去找地方练习。

⑧ 练习时需要以老卫士为教习，这从一个侧面说明军队中早有人熟练掌握滑冰技术了。

⑨ 季冬：阴历腊月。太液池：北海和中南海的总称。徹：同"彻"，通，透。腊月的太液池已冻成厚厚的冰。

⑩ 重（zhòng）壁：城墙。璐（lù）：美玉。冬季太液池结冰后，冰面不会像城墙或平整的磨刀石那样，凹凸不平的地方需要堆积像玉一样的冰来找平。这一句说明在冰嬉盛典开始前，会专门有人提前平整冰面。就像以前在天然冰面上进行滑冰比赛之前，有人会用热水在不平的地方浇冰，重新冻合以后，冰面会变得平整。

⑪ 霁雪：停止下雪，天空放晴。天子御驾瀛台，雪已停，稀疏的星星还挂在天空。冰嬉盛典往往在天刚刚亮、稀疏的星星还挂在天空的时候就开始了。

⑫ 禁旅：驻防京师的八旗兵。皇上体恤八旗将士在寒冷的冬天如何抵御凛冽的寒风。

⑬ 旌：表彰。冰嬉的一个重要功能就是通过行赏来慰劳八旗将士，补

充兵饷的不足，在年底改善一下他们的生计。

⑭ 驷驖（tiě）：出自《诗经·秦风·驷驖》："驷驖孔阜，六辔在手。公之媚子，从公于狩。"这首诗描写了秦襄公田猎的盛况。驖是指毛色似铁的好马。比赛开始前堤岸上站满了手持长矛的兵士，排成了田猎的阵法。

⑮ 鼍（tuó）鼓：鳄鱼皮做的鼓，出自《诗经·大雅·灵台》"鼍鼓逢逢"。震天的鼓声响起，比赛开始了，骑兵和步兵同时出发。这个冰嬉项目没有一个明确的名称，可按此诗称其为"人马齐发"。

⑯ 蜺（ní）：体形较小的蝉。骑兵和步兵飘然御风而行，突然同时像蝉离开树枝一样飞奔而出。

⑰ 茅龙：仙人所骑的神物。红蚕：老蚕，蚕即将结茧的时候身体呈红色。榾（hú）：扰乱。快速滑行就像茅龙飞翔，滑冰转弯的时候要防止像蚕吐的丝一样凌乱。

⑱ 巾帨（shuì）：佩巾。彩缬（xié）：彩色有花纹的纺织品。可见赛场上战衣飘飘，彩带飞舞，很是壮美。

⑲ 杂戏：指民间百戏。结辙：辙迹交错，指变化复杂。在滑行的过程中还有民间百戏的表演，更是变幻无穷。

⑳ 金鳌：传说中金色的神龟。鹭拳、雀跃可能指百戏中的姿势。以上两句说明在滑冰的过程中，不时进行花样表演。

㉑ 冰面上冰花四溅，绚烂夺目，速度太快了，锦绣的景致稍纵即逝。

㉒ 鬣（liè）：马脖子上的长毛，代指奔马。埒：箭靶子，这里指目的地。奔马还没有到达终点，滑冰的士兵已经夺取了终点的红旗。说明赛前在终点处设有红旗，人马竞速，看谁先夺取。

㉓ 鼓声停止，胜利者一边整理战衣，一边嬉笑马的脚力不行。

㉔ 黄封：皇家的封条，为黄色。这里指皇帝御赐的奖赏。锊（lüè）：古代重量单位，约合六两，这里是虚指，表示奖金丰厚。内务府遵旨准备了赏金，滑冰的人比马先夺标的，可以得到白金五十两的奖励，获奖者跪顶谢恩。

㉕剩下的兵士按照名次发放奖励,赛场上一片欢声笑语,声动京城。

㉖挟纩(jiā kuàng):夹着棉衣,比喻受人抚慰而感到温暖。挟,同"夹",纩是绵絮,代指棉衣。以这样的冰嬉活动来御寒,是非常快乐的,三军将士受到皇恩的抚慰倍感温暖,满心喜悦。

㉗汉武帝为与昆明国交战进行的水嬉训练怎能和冰嬉相比?水嬉训练的官兵只是徒劳一场(而没有赏赐)。相传汉武帝在打通通往身毒(今印度)的道路的过程中,遇到了西南善于水战的昆明国的阻挠。于是,汉武帝仿照滇池的样子在长安开凿昆明池训练水军,昆明国得悉后主动归顺汉朝。此处作者将冰嬉和汉武帝的水嬉训练相比,有意抬高冰嬉的军事意义。

第三节 乾隆《御制太液冰嬉十二韵》译注及其和诗解读

乾隆十一年(1746年)冬,乾隆作《御制太液冰嬉十二韵》,这是继乾隆十年作《御制冰嬉赋》以后,首次通过御制诗进一步强调冰嬉的重要价值。该诗后被收录在《清高宗御制诗初集》卷三十六。御制诗写成后,大臣梁诗正、汪由敦均作《恭和御制太液冰嬉元韵》,以唱和该诗。

御制太液冰嬉十二韵

顺时陈国俗,择地试雄观①。号令传河若,威仪纪水官②。
光凝元玉浦,声咽碎珠滩③。散处云驰宇,纷来雪喷湍④。
端因智独胜,奚必力俱殚⑤?疾以徐斯疾,安其危乃安⑥。
御风列应让,逐日夸无难⑦。迅似岩飞电,温知犀辟寒⑧。
超群殊闪爚,作势更婴珊⑨。拟议弦催箭,形容镜舞鸾⑩。
一时夸夺帜,独步早登坛⑪。妙义韬钤外,凭人著眼看⑫。

【注释】

① 顺应时节表演冰嬉国俗，选择地方阅视雄壮的景观。

② 河若：出自《庄子·秋水》，河是黄河河伯，若是北海海神。

整句意思：号令召来河伯、海神，威风仪态震撼水下的龙王。

③ 元玉：即玄玉，避玄烨讳。黑色的美玉。

整句意思：阳光凝聚在像玄玉一样的冰面上，（冰刀滑过冰面）低沉的声音响彻像碎珠一样的水滩。

④ 队伍分散时像云朵在天空飞驰一样，纷纷到来时如同急流喷出雪白的浪花。

⑤ （冰嬉）靠的是以智力取胜，何必精疲力竭？

⑥ 快是因为该慢的时候能慢下来，所以才能该快的时候快起来。在安定的时候能够知道危险是什么（并加以防范），才是真正的安定。

⑦ 列：指列子，传说可以御风。夸：指传说中追赶太阳的夸父。

整句意思：御风的列子也没有滑冰的将士们（速度快），（如果拥有将士们的速度）夸父追赶太阳也不是什么难事。

⑧ 犀辟寒：传说中有一种可以驱除寒气的犀角名叫"辟寒犀"。典出五代王仁裕《开元天宝遗事·辟寒犀》："开元二年冬至，交趾国进犀一株，色黄如金。使者请以金盘置于殿中，温温然有暖气袭人。上问其故，使者对曰：'此辟寒犀也。'"

整句意思：动作迅捷如岩石迸发出闪电，滑冰表演像辟寒犀一样温暖了寒冷的冬天。

⑨ 闪爚（huò）：光芒闪烁的样子。媻（pán）珊：飘动貌。

整句意思：脱颖而出如光芒一闪，姿势更加潇洒飘逸。

⑩ 拟议：比拟。

整句意思：（速度之快）就像离弦之箭，（姿势之美）就像鸾凤在镜面上跳舞。

⑪ 一时夺取旗帜，占领对方阵地。

⑫ 韬钤：古代兵书《六韬》《玉钤篇》的并称。

整句意思：冰嬉的精妙道理在兵书之外，凭靠大家仔细观看（和领悟）。

恭和御制太液冰嬉元韵①

梁诗正

习武罗群旅，临冬试大观。制因沿国俗，职不隶虞官②。
冻合银成界，流凝玉漱滩。招摇回瞥电，坌涌骇飞湍。
乍可严装结，争夸妙技殚。怵先还恐后，履险却趋安。
目眩惊飙疾，心怀夺锦难。长𦂁横浦阔，圆殚蹴霜寒。
旋折同环转，殷辚③掩佩珊④。陆行嗤骤马，云驭陋翔鸾。
呈巧太微座，酬庸⑤上将坛。肄戎家法旧，天笑几回看。

【注释】

① 该诗摘自《晚晴簃诗汇》卷六十七，作者梁诗正，字养仲，号芗林，钱塘（今浙江杭州）人，时任户部尚书。乾隆十年（1745年）《御制冰嬉赋》及大臣所作应制赋中只描绘了"抢等"和"冰上抢球"两个项目，这首和诗提到了三个项目："长𦂁横浦阔"是"抢等"项目，"圆殚蹴霜寒"是"冰上抢球"项目，"旋折同环转"是"转龙射球"项目。这也意味着，自乾隆十一年（1746年），冰嬉盛典中完整出现了这三个项目，并延续了近百年。从"天笑几回看"可以看出天子分多次观看了冰嬉盛典。元韵：即原韵，和他人诗所作和诗的韵称为原韵，和御制诗时称为"元韵"以示尊崇。

② 虞官：指古代管理山泽的官名虞人。

③ 殷辚：象声词，车轮滚滚声。此处指滑冰士兵冰刀滑过冰面的声音。

④ 佩珊：衣裙玉佩。此处指滑冰士兵所穿服装佩饰发出的声音。

⑤ 酬庸：酬劳。

恭和御制太液冰嬉元韵[①]

汪由敦

幽风陈旧俗，文囿试新观。候纪书云[②]史，班分典卫[③]官。
御床临月镜(一)，禁旅骤星滩。鹭振森成队，龙骧迅激湍。
争先矜独得，展技妙俱殚。容与身逾捷，飞腾气自安。
只夸追电易，未觉步虚难。鼓勇端因势，凌风巧御寒。

【原注】

（一）御床临月镜上临观率御冰床。

【注释】

① 该诗摘自《松泉集》卷十二，作者汪由敦，字师苕，号谨堂，又号松泉居士，安徽休宁人，时任刑部尚书。《御制太液冰嬉十二韵》应为十二韵，《松泉集》中共收录八韵，应是抄录时遗漏四韵，因此也影响了全诗的完整性。

② 书云：古代观察天象以占吉凶，并加以记录。宋代诗文常以"书云"指冬至，此处亦指冬至。

③ 典卫：清代王府执掌礼仪导引的官。

第四节　乾隆等《御制冰嬉联句（有序）》译注

《御制冰嬉联句（有序）》记载于《清高宗御制诗三集》卷三十五。《清高宗纯皇帝实录》记载，乾隆二十九年（1764年）甲申春正月甲寅，"上御紫光阁，赐蒙古王贝勒、贝子公、台吉及回部郡王霍集斯等，年班回部和阗公，品级三品阿奇木伯克、阿克伯克、阿什默特等十七人，博罗尔沙呼沙默特使人呼达玛玛特等宴。召大学士及内廷翰林等茶宴，以冰嬉联句"。据此可知联句的时间在乾隆二十九年正月初二日（1764年2月3

日），"五九"第八天，这一天是立春前一天。联句的参加者除乾隆皇帝之外，有傅恒、来保、刘统勋、兆惠、刘纶、阿里衮、舒赫德、阿桂、陈德华、彭启丰、董邦达、张泰开、观保、于敏中、钱汝诚、王际华、蒋楫、窦光鼐、金甡、陈兆纶等20人。联句之后，乾隆命于敏中将其书写成册，以使永久保存。

《清朝通志》卷116《内府》载："《赵北口行宫冰嬉联句》。乾隆二十九年（1764年）自傅恒以下凡二十人扈从联句，七言排律，于敏中奉敕正书。"此处的记载有误，应为《冰嬉联句》。《赵北口行宫冰嬉联句》作于乾隆二十七年（1762年），是由乾隆和刘统勋、刘纶、于敏中、钱汝城、介福、双庆7人所作，载于《清高宗御制诗三集》卷十八。

东郊候仗行颁三始之春，西苑敷茵早展九宾之宴。

【注释】

冰嬉联句作于正月初二日，立春前一日。立春自古以来就是一个重大节日，立春时天子亲率三公九卿、诸侯大夫去东郊迎春，祈求丰收。《礼记·月令》记载："（孟春之月）立春之日，天子亲帅三公、九卿、诸侯、大夫以迎春于东郊。"《日下旧闻考》载："立春前一日，顺天府尹率僚属朝服迎春于东直门外。"敷茵（fū yīn）：铺设（宴会用的）垫子、毯子等。

宴请当日乾隆有《元正二日紫光阁赐蒙古王公及回部宴即席得句》一首："元正才过绮筵排，节赐先期为值斋（原注：上元前例宴外藩并行赐赉兹以值斋，故先期于初二日即颁宴赏）。遂试冰嬉千队出（原注：是日并令观冰嬉），旋歌露湛八音谐。旧藩已似世臣荩，新部胥娴国礼佳。紫阁犹然战图绘，旌功益切奠遐怀。"

从原诗及注解中可以看出，农历正月十五日上元节（元宵节）前，例行宴请外藩并进行赏赐，这一年的正月初三日是立春日，于是乾隆安排前一天在西苑紫光阁举行盛大的宴会，宴会期间举行了冰嬉盛典。"东郊候仗行颁三始之春，西苑粵茵早展九宾之宴"即交代了冰嬉联句的这个背景。

【译文】于立春之日（初三日）在东郊等候天子颁行号令于天下，（先期于初二日）在西苑铺设地毯宴请外藩。

序过趯陂①，饯腊②清馀，六出③瑶葩。班④添蒲澥⑤，朝正⑥胜引，四围水镜。爰举国初令制，用征岁首隆仪。于时，列楯诸郎传呼小队⑦、期门⑧、上士⑨，排叠周阹⑩。扱鞋⑪则芒刃发硎⑫，讵等跋河示趫，轰炮而微游从律。

【注释】

① 趯陂（yuè pō）：即趯台陂，瀛台的旧称。清高士奇《金鳌退食笔记》："瀛台，旧为南台，一曰趯台陂。"

② 饯腊：送别残冬腊月。

③ 六出：花分瓣叫"出"，雪花六瓣，因此以六出为雪的别名。

④ 班：年班。清制，蒙古各王公首领及回部伯克、四川土司、蒙藏喇嘛等，各按人数多寡编定若干班次，每年各一班于年节时轮流入京朝觐，称为"年班"。

⑤ 蒲澥：蒲是菖蒲，澥是艾草，代指祭祀用品。《诗经·召南·采蘩》里有"于以采蘩，于沼于沚。于以用之，公侯之事"。《诗经》里讲的就是用"蘩"祭祀，"蒲澥"应该是这个传统的延续。

⑥ 朝正：在新年向皇帝拜贺。

⑦ 小队：维持治安的兵丁。

⑧ 期门：护卫禁军。

⑨ 上士：士官。

⑩ 周阹（qū）：围猎禽兽的栏圈。

⑪ 扱（xī）鞋：木屐，这里指固定冰刀的木屐状鞋底板。

⑫ 发硎（xíng）：刀新从磨刀石上磨出来。

【译文】次第来到瀛台，送别寒冬腊月，告别旧岁。雪花如玉，年班前来祭祀，列队向皇帝拜贺新年，四周冰面如镜。行国初的典制，用岁首的礼仪。仪式开始的时候，执盾的郎官传唤小队、期门、上士，排列成围猎的阵型。冰鞋的冰刀都是新磨出来的刀刃，等着在冰面之上一显矫捷身手，炮声响起，跟着乐曲开始滑冰表演。

宁夸蹢柳①蜚英方正正堂堂，百变陋鱼龙曼衍②倏行行止止。一成兼鹅鹳③弥缝④拔帜，尚徐麾蹴部谁撄⑤壁垒，捉襟俄捷趁登陴⑥。共羡神仙，风外听鸱⑦鸣不尽；抽房⑧碧䂶⑨，云间看虱贯无遗。

【注释】

① 蹢（jí）柳：骑射术之一种，驰马射柳。宋程大昌《演繁露·蹢柳》："壬辰三月三日，在金陵预阅李显忠马司兵，最后折柳环插球场，军士驰马射之，其矢镞阔于常镞，略可寸余，中之辄断，名曰蹢柳。"清高士奇《金鳌退食笔记》："明时五日幸西苑，斗龙舟于紫光阁前，看御马监勇士驰骤往来，走解'蹢柳'。"

② 鱼龙曼衍：古代百戏杂耍名。由艺人执持制作的珍异动物模型表演，有幻化的情节。《隋书·音乐志中》："鱼龙漫衍之伎，常陈殿前，累日继夜，不知休息。"《啸亭续录》："乐部演舞灯伎，鱼龙曼衍，炫耀耳目。"

③ 鹅鹳：鹅、鹳都是军阵的名字，《左传·昭公二十一年》："丙戌，与华氏战於赭丘。郑翩愿为鹳，其御愿为鹅。"后以"鹅鹳"并举指军阵。

④ 弥缝：设法遮掩以免被发现。"鹅鹳弥缝拔帜"，这里指变幻进攻阵型以获得胜利。

⑤ 撄（yīng）：接触，触犯。

⑥ 登陴（pí）：升登城上女墙，《左传·昭公十八年》："火之作也，子产授兵登陴。"引申为守城，这里指防守。

⑦ 鸱（chī）：指鸱鹰。

⑧ 房：这里应是指二十八星宿中的房星，古时以之象征天马。

⑨ 碧䂶（nú）：碧玉制成的箭头。

【译文】岂能只夸勇士们以高超的射箭技术和英姿飒爽、威武雄壮的形象,他们在冰面有限的空间内闪转腾挪、忽快忽慢、千变万化的阵型变换更是令人叹为观止。一部分勇士不断变换阵形进行进攻以争胜,余下的勇士看到有人来进攻,互相牵着衣襟迅速移动来防守阵地。此时真羡慕神仙,他们能在远方的风中听见(勇士们在冰上战斗的声音)像鹞鹰的叫声一样连绵不绝;他们站在云端,看见勇士们射向空中的碧玉箭头连虱子大小的东西都能百发百中。

压架元珠缅十年赋①,岂徒②研辞归数典期?寸晷诗皆就范。颂戒忘箴,矧夫③殿启武成④,讲事知非⑤,嬉日轩邻⑥,同豫联情⑦,信洽冰天⑧。

【注释】

① 压架元珠:指内容饱满的诗篇像成熟饱满的压架葡萄一样。陆游有"露浓压架葡萄熟"的诗句。十年赋,指乾隆十年(1745年)写成的《御制冰嬉赋》。

② 岂徒:难道只是;何止。

③ 矧(shěn)夫:转承时所用的语气词,作为律赋的提引,用在句子的中间,表示下文更进一步议论。况且;且夫。这一段是矧夫引领的四言句式。

④ 殿启武成:就是启武成殿(位于紫光阁的后身)。

⑤ 讲事知非:讲述历史培养是非观念,进行政治教育。

⑥ 嬉日轩邻:冰嬉当天的队友们。

⑦ 同豫联情:在比赛中同仇敌忾,万众一心,培养了队友情。

⑧ 信洽冰天:在冰天雪地里信誓旦旦,发出诚意的誓言。

【译文】内容丰富的诗篇唱和乾隆十年(1745年)的《御制冰嬉赋》,难道只是研究一下辞赋、回头计算一下辞赋写成的时期吗?一会儿诗就写出来了,颂唱戒忘箴言,更何况打开紫光阁后面的武成殿,讲述历史事件使人明白是非观念,谈论冰嬉当日的勇士们在比赛中同仇敌忾,在冰天雪地里信誓旦旦。

在蕃封黄斝①，胥霑②已承筐③。而志渥俾册府④，缥囊⑤迭探还，扣钵⑥以摛芬⑦，庶几⑧思绍前闻例，萝图⑨之入咏。抑且⑩题留后劲，须琒甓⑪以擞珎⑫。抚兹篇，蓝尾⑬六巡适协环循六甲⑭；占翌旦，遨头⑮一路端宜韵押一先。

【注释】

① 斝（jiǎ）：古代酒器，圆口，三足。

② 胥霑：圣上的雨露尽沾。

③ 承筐：出自《诗·小雅·鹿鸣》："我有嘉宾，鼓瑟吹笙。吹笙鼓簧，承筐是将。"借指欢迎宾客。

④ 志渥（wò）俾册府：渥，基本字义是沾湿、沾润，也解释为浓、厚的意思；册府，皇家图书馆。"志渥俾册府"意思是"志俾册府渥"，立志使册府优渥。

⑤ 缥囊（piǎo náng）：用淡青色的丝绸制成的书囊，借指书卷。

⑥ 扣钵：这里指完成联句。

⑦ 摛（chī）芬：摛藻扬芬，指文章辞藻优美，万古流芳。

⑧ 庶几：希望，但愿。

⑨ 萝图：罗列图书典籍。

⑩ 抑且：况且，而且。

⑪ 琒甓（bǎo wèng）：即宝瓮。

⑫ 擞（sōu）珎：搜珍。

⑬ 蓝尾：蓝色的翎子，清代官员冠饰五品以上者皆戴孔雀花翎，六品以下则戴鹛鸟尾羽，称为蓝翎。这里可理解为联句参与官员的代称。

⑭ 六甲：用天干地支相配计算时日，其中有甲子、甲戌、甲申、甲午、甲辰、甲寅，故称。比喻周而复始。本联句由乾隆开篇，然后每四位大臣联句以后，再由乾隆联句，再由另外四位大臣联句，最后由乾隆结尾。如

此下来，乾隆共联句六次，因此称"环循六甲"。

⑮ 遨头：宴会的主人，这里指乾隆。

【译文】对朝贺的藩属国嘉宾赏赐金杯，宴请宾客时圣上的雨露尽沾。而新作的冰嬉联句可使皇家藏书更加丰富，这些诗篇频频引经据典，整个作品辞藻优美，能够万古流芳，希望（以此提醒官员）记住先例，将冰嬉联句的诗篇罗列于图书典籍中。况且典籍对以后能产生重要影响，以后都都要从典籍宝库中搜罗精华。审阅这些联句，可以看到参与的官员们分六轮，如六甲循环。吟诵到天明，圣上一直端正适宜，押"先"韵。

以上为联句序言。冰嬉联句由皇帝开头，他先作头三句，第四句开始每人作四句，最后由皇帝作五句收尾。

开宴紫光①元朔②后，冰涵太液③早春前。鸿嬉俾阅缘宣武（御制），鹭序④分赓竞骋妍⑤。

【注释】

① 紫光：即紫光阁。
② 元朔：正月初一日。
③ 太液：太液池，今北京北海、中海、南海。
④ 鹭序：像白鹭一样群飞有序。
⑤ 骋妍：展现妍丽，这里是指展现冰嬉精湛的技艺。

【译文】正月初二日在紫光阁大开宴席，早春之前的太液池被冰覆盖着。如此规模宏大的冰嬉活动缘于弘扬尚武精神，将士们像白鹭摆出阵型连绵不绝地竞相展现精湛的技艺。

阵拟颉颃①循古法，歌征纠缦②授新编。纳凌应节③仪常肄（臣傅恒），吹琯④迎韶典更骈。

【注释】

① 颉𬸘（xié háng）：颉，指鸟向上飞；𬸘，又作颃，指鸟向下飞。

② 歌征纠缦：用典《卿云歌》"纠缦缦兮"，纠，聚集。缦，同漫，弥漫，用诗歌颂太平盛世。

③ 纳凌应节：用典《诗经·豳风·七月》"二之日凿冰冲冲，三之日纳于凌阴"，这里指顺应节气举办冰嬉盛典。

④ 琯：即管，管乐。

【译文】表演的阵型沿袭古法效仿鸟儿上下飞翔，新谱的盛世乐章响彻冰面。通常顺应节气举行冰嬉盛典，吹着管乐伴着韶乐盛典更加协调。

三素云①中凝皎皛②，六花③腊里积芊绵。岸容琢玉龙池护（臣来保），山立䔖④琼虎旅搴⑤。

【注释】

① 三素云：泛指各色云烟。

② 皎皛（xiǎo）：皎洁，明亮。

③ 六花：雪花。

④ 䔖（líng）琼：䔖又作凌，凌琼比喻冰面。

⑤ 搴（qiān）：高举、飞起之意。

【译文】各种烟气在天上凝结成皎洁的白云，雪花在腊月编织出纤纤锦缎。湖岸护卫着冰雕玉琢的龙池，山岭高耸映照在如镜的冰面上，勇猛的士兵在上面飞跃腾挪。

职贡①来伻②驰博洛③，朝正属国会和阗④。律师久詟⑤洸兮溃⑥（臣刘统勋），绳伎⑦徒矜美且鬈⑧。

【注释】

① 职贡：藩属或外国按时来朝纳贡。

② 伻（bēng）：使者。

③ 博洛：爱新觉罗·博洛，清初功臣，《清史稿》称其"以百战定天下"。

④ 和阗：即和田。

⑤ 詟（zhé）：害怕。

⑥ 洸（guāng）兮溃：洸，威武，水势盛大；溃，突破。洸兮溃，是水激怒溃决之貌，这里意思是惹人发怒。

⑦ 绳伎：杂技的一种，俗称走索，人在绳索上行走。

⑧ 鬈（quán）：原指头发卷曲，引申为美好。《国朝宫史·紫光阁赐宴仪》载："乐舞、善扑、回部乐舞、杂技、百戏人等毕集。"嘉庆二年御制《新正十一日恭随皇父赐宴外藩即席成什》有"歌奏庆隆众舞陈"的诗句，并注释："宴时例设中和韶乐，舞庆隆舞，并陈蒙古、回部、金川及各番部乐，并奏杂伎。"这里描写的就是表演杂技的情景。

【译文】藩属派使者前来朝贡，是因有博洛那样的英雄而令其臣服，向皇帝拜贺新年的诸多藩属中包括收服的回疆地区的使者。纪律严明的威武之师让藩属看了心存畏惧而小心翼翼，表演绳技时竭尽全力动作优美舒展。

跬踽①齐班②同眦裂，颙颡③夹侍半头缠。联情讵以幽遐阻（臣兆惠），布惠兼令听睹先。

【注释】

① 跬踽（kuǐ jǔ）：又作奎踽，指开步走。

② 齐班：并列。

③ 颙颡（yáo láo）：高长头、鼻子高、眼睛深陷的样子。

【译文】藩属们瞪大眼睛小心地齐步走过来站立在两旁，他们有的高鼻子、深眼窝，头上缠的头巾盖住了半个头。联络感情怎么能因为距离遥远而被阻隔呢？皇上向他们施恩的同时，先让他们看到大清帝国的赫赫军威。

有戒文恬①夸豫大，无非国俗致精坚。西瀛北漠②胥来贺（御制），县圃③环洲④严列仙。

【注释】

① 文恬：成语"文恬武嬉"的简写，意思是文官安闲自在，武将游荡玩乐，形容文武官员都贪图安逸享乐。

② 西瀛北漠：就是四夷。

③ 县圃：神仙居所。用典《离骚》："朝发轫于苍梧兮，夕余至乎县圃。"

④ 环洲：指传说中的仙山。

【译文】这样做绝不是为了显示大清的文武官员都贪图安逸享乐且自高自大，只是通过冰嬉这一国俗彰显大清帝国的兵强马壮，使藩属畏惧而忠诚不渝。西瀛北漠都来朝贺，县圃环洲都有仙人。

洁映岛陂仍绰约，皑铺鳌蛛①自连蜷。引来画鹢②舫殊扣（臣刘纶），望去飞凫③履并跹。

【注释】

① 鳌蛛：即金鳌玉蛛桥，今北海大桥。

② 画鹢（yì）：古代画鹢鸟于船头，故称船为画鹢，此处指天子乘坐的冰床。

③ 飞凫：会飞的仙鞋。典出《后汉书·方术列传上·王乔》："王乔者，河东人也。显宗世，为叶令。乔有神术，每月朔望，常自县诣台朝。帝怪其来数，而不见车骑，密令太史伺望之言其临至，辄有双凫从东南飞来。于是候凫至，举罗张之，但得一只舄焉。"

【译文】瀛台和岸边的景物映射在光洁的冰面上绰约多姿，皑皑白雪铺在桥上将金鳌和玉蛛（两座牌楼）连接起来。天子乘坐制作精美的冰床来到冰面上，远远望去脚踏冰鞋的将士们在冰面上形态飘逸。

朱芾①生辉全蔽膝，缇衣②待号各张拳③。雷霆出奋轰三捷（臣阿里袭），鹅鹳分行勒两甄④。

【注释】

① 芾：蔽膝。出自《诗经·小雅·斯干》："其泣喤喤，朱芾斯皇，室家君王。"这里的朱芾指红色蔽膝，大夫以上使用。《御制冰嬉赋》序言中有"护膝以芾"的语句，是指以芾来护膝。

② 缇衣：就是练武的服装，《御制冰嬉赋》中有"缇衣扬"的语句，此处借代为参加冰嬉表演的将士。

③ 卷（quān）：弓。

④ 甄（zhēn）：制作陶器用的陶质转轮，两甄指部队的两翼。从这四句可以看出冰嬉盛典要穿习武的服装，并且要戴护膝。

【译文】将士们红色的蔽膝熠熠生辉，他们身穿练武的服装，拉动手中的弓弦，等待比赛的号令。赛场上响起三声炮响，左右两翼列好阵形，严阵以待。

令肃但闻声轣辘①，技娴或作走盘旋。广场曼衍翻军戏（臣舒赫德），万顷玻璃当舞筵。

【注释】

① 轣辘（lì lù）：车轮或辘轳的转动声，这里指冰刀滑过冰面的声音。

【译文】除严明的军令外只听到冰刀滑过冰面的声音，技术娴熟的兵士有的盘旋滑行。广场上好像表演军事游戏，万顷冰面就像舞台一样。

暗渡奚妨①璚②作室，频犁欲藉海为田。掣惊犀影波臣③愇（臣阿桂），研讶绡纹鲛客④搴⑤。

【注释】

① 奚妨：意思是何妨，乾隆有诗句"静室吾所喜，奚妨一再临"。

② 璚（qióng）：古同琼，指美玉，此处指冰。

③ 波臣：指水族君臣。

④ 鲛客：又称鲛人，是古代神话传说中鱼尾人身的神秘生物。传说中鲛人善于纺织，可以制入水不湿的龙绡，且滴泪成珠。

⑤ 搴（qiān）：摘取。

【译文】出奇制胜何妨在用冰做成的大房子里进行，（冰刀）一次一次滑过冰面就像要把冰面耕成良田。风驰电掣的身影让水族君臣也震慑了，令人惊叹的（冰刀滑过冰面留下的）纹理让善于纺织的鲛人都想收取。

鱼负①节过犹冱②尔，虫疑时笃尚遥旃③。配藜④不碍趍⑤千队（御制），镠辂⑥重教蹴一川⑦。

【注释】

① 鱼负：指冰面。

② 冱：冻结。

③ 旃（zhān）：毯子。

④ 配藜：分散。

⑤ 趍：同趋。

⑥ 镠辂（jiāo gé）：指纵横交错。

⑦ 一川：一马平川，平地。

【译文】春节过后冰面仍然冻结，昆虫认为时令还早仍在舒服冬眠。冰嬉的武士们貌似分散但能很快聚在一起组成很多支队伍，你来我往在平坦的冰面上纵横驰骋彰显武功，以起到教化的作用。

矫足高骧①时绝迹，剽②材继至或摩肩。追风影笍③奔踶④马（臣陈德华），曳电身投侧翅鹯⑤。

【注释】

① 高骧（gāo xiāng）：飞腾。

② 剽（piāo）：轻捷。

③ 笍（niè）：通蹑，踏。

④ 奔踶（bēn dì）：指马乘时即奔跑，立时则踢人。

⑤ 鹯（zhān）：一种像鹞鹰的猛禽。

【译文】矫健的身影像飞一样一闪就看不到了，轻捷的身躯追过来时会擦肩而过。追风踏影如同奔马，身形摇曳飞奔而过像侧着翅膀飞行的鹯鹰。

离众孤轩①欣自试，乘人斗捷②怵他先。凌虚③远逐追夸父④（臣彭启丰），径意飞行迈偓佺⑤。

【注释】

① 轩：古代一种有围棚或帷幕的车，此处比喻领先的滑冰者。

② 斗捷：竞相比赛快速。

③ 凌虚：升向高空。

④ 夸父：古传说中追赶太阳的人。

⑤ 偓佺（wò quán）：古传说中的仙人名，能飞行逐走马。这几句诗是描写冰嬉中竞速的"抢等"项目的。

【译文】把众人甩开的领先者欢快地做出各种动作，滑冰者竞相比赛就怕被别人争先。凌空远逐的可赶超夸父，速度之快可以超过飞行的偓佺。

布武①只依驰道直，呼名惟听唱声连②。横庚③绚齿④莹精锴（臣董邦达），露卯⑤韦条⑥束达楄⑦。

【注释】

① 布武：出自《礼记·曲礼上》："堂上接武，堂下布武。"足迹分散不重叠。意思是疾走。

② 呼名惟听唱声连：描绘的是"抢等"比赛到达终点的情景，当士兵到达终点时，需要大声报出自己的名字，由于很多人陆续到达终点，一时间冰面上呼声连连。这样做一方面增加了比赛的气势，另一方面便于记录名次。

③ 横庚：出自《史记·孝文本纪》："卜之龟，卦兆得大横。占曰：'大横庚庚，余为天王，夏启以光。'"龟甲上的横纹，这里指的是鞋底的冰刀。

④ 絇（qú）：古时鞋上的装饰物，絇齿在这里也是指冰刀。

⑤ 露卯：古代制屐钉屐齿的一种钉法。将钉齿穿过屐底，露出钉尾，敲使弯曲，平贴屐里。如此则齿不易松动。

⑥ 韦：指经去毛加工制成的柔皮，韦条即绑冰鞋的皮条，《冰嬉赋》有"牢鞋以韦"的语句。

⑦ 楄（piān）：指木屐的底板。"横庚絇齿莹精锴，露卯韦条束达楄"，描绘了当时的冰鞋。"横庚絇齿莹精锴"是说冰刀制作精良。冰鞋是"缚式"的，即首先将冰刀钉在像木屐底板的木板上，然后再用皮条将其绑在鞋上和脚踝上。

【译文】快速滑行只顺着大道直行，（终点）只听到上报姓名的呼声连连。冰刀制作精良，非常精细地钉在形似木屐的冰鞋的底板上，并用皮条绑在鞋上和脚踝上。

拓蹠①利于超距迅，辣躯稳似注坡便。熊罴②缉猎③胪④双引⑤（臣张泰开），荼火⑥鲜扁⑦领四员⑧。

【注释】

① 蹠（zhí）：同"跖"，指脚面上接近脚趾的部分，前脚掌。

② 熊罴：熊和罴。皆为猛兽。因以喻勇士或雄师劲旅。

③ 缉（jī）猎：典出《汉书·扬雄传上》："徽车轻武，鸿絧缉猎。"颜师古注："缉猎，相差次也。"释义为次序；先后顺序。

④ 胪（lú）：陈列。

⑤ 双引：两人牵马，这里是把两只脚上的冰刀比喻成牵马前行的两个人。

⑥ 荼火：如火如荼，形容声势浩大、气氛热烈的场面。

⑦ 鲜扁：鲜明斑斓。

⑧ 四员：应是指比赛的前四名。

【译文】发挥前脚掌的功能有利于提高远距离的滑行速度，收住身躯就像从斜坡上急驰而下后骤然停止。勇士们依次展示高超的滑冰技术，场面如火如荼，前四名脱颖而出。

抡①出鹰扬②轶群③疾，旁舒雁翼接行翩。天毬连中皆飞卫（御制，原注：飞卫，古之善射人也），地轴④通衢倘吕涓⑤。

【注释】

① 抡（lún）：选拔。

② 鹰扬：威武貌，出自《诗·大雅·大明》："维师尚父，时维鹰扬。"

③ 轶群：超群。

④ 地轴：古代传说中大地的轴。

⑤ 吕涓：即姜子牙，其最著名的典故是"姜子牙钓鱼，愿者上钩"。这里指滑冰者随心所欲，想怎么滑行就怎么滑行。这几句诗描写冰嬉中的"转龙射球"项目。

【译文】选拔出相貌威武、速度超群的兵士，他们像大雁展开翅膀一样依次翩翩滑行。天球接连被射中，人人都是神箭手，勇士们沿着滑道自由地驰骋。

泽腹砥容丸走坂①，和门②子③比褐缠旇④。捎云浮奄刚移罕⑤（臣观保），偃月⑥寒规早控拳。

【注释】

① 丸走坂（bǎn）：坂，斜坡。如丸走坂，比喻迅疾。

② 和门：军营大门，这里指"转龙射球"项目的旌门。

③ 孑（jié）：单独，孤单。

④ 褐缠旃（zhān）：古代六艺"御"之"过军表"，《毛诗·甫田》云："褐缠旃以为门，裘缠质以为闑（niè），间容握，驱而入，击则不得入。"这是说"过军表"之"表"，是在旷野竖起两根标杆形成"门"，两门柱是用褐布条缠满旗竿做成的——褐缠旃。门柱之间，也即车入门之轨之间，竖置一根短"闑"，以裘皮缠束砥木段做成，用来限定车轮运行的方向。门柱之间的距离，比车轴两头各宽出一拳；门内远处置一目的物。驭手驾着驷马大车，从门外很远处起步，向目的物急驰，穿门而过。车马不得撞击门柱。

⑤ 罕（hǎn）：同"罕"，古代称捕鸟用的长柄小网。

⑥ 偃月：半月形。

【译文】太液池平滑如砥，上面滑冰的勇士如丸走坂，速度很快；"转龙射球"单独设置的旌门就像古代六艺"御"之"表"。射向目标的箭刚刚离弦，下一个人早已箭在弦上把弓拉成半月形了。

屈曲长蛇萦首尾，回环大象①运玑璇②。鹏抟倏挟扶摇迥③（臣于敏中），觚角徐看蹴鞠④圆。

【注释】

① 大象：天象。

② 玑璇（jī xuán）：北斗星。

③ 鹏抟倏挟扶摇迥：用典《庄子·逍遥游》："鹏之徙于南冥也，水击三千里，抟扶摇而上者九万里。"这里指御前侍卫将球猛踢向空中，球落下后两个队开始抢球。

④ 蹴鞠：这里是指冰上抢球，其规则和传统的蹴鞠不同，冰上抢球类似于冰上橄榄球，更加重视手上的动作。

【译文】（滑冰的队伍）阵型如同一条首尾相接的长蛇，回环变化如同天空中北斗星的运转。御前侍卫踢出的皮球像突然扶摇直上九万里的大鹏折返而回，冰上抢球的角逐又开始了。

抛向狮钩随锦攫①,探从骊颔抱珠眠②。撇擎掌上神逾勃(臣钱汝诚),突过竿头③态亦嬽④。

【注释】

① 抛向狮钩随锦攫:这里将抢球比喻成狮子滚绣球的游戏。两人扮作狮子,一人扮作手持彩球的武士逗狮子,狮子跟随彩球跳跃翻滚。

② 探从骊颔(hàn)抱珠眠:颔,下巴。探从骊颔抱珠眠,用典《庄子·列御寇》:"取石来锻之。夫千金之珠,必在九重之渊而骊龙颔下,子能得珠者,必遭其睡也。使骊龙而寤,子尚奚微之有哉?"成语"探骊得珠"即源于此。

这里"随锦攫""抱珠眠""撇擎掌上"等词汇说明抢球项目更加强调手上的能力。

③ 竿头:这里指球门。

④ 嬽(huān):姿态动作轻柔美好貌。

【译文】勇士们人人竞相争抢皮球,就像狮子抢绣球那样激烈;从别人手里抢走宝珠,就像从骊龙的颔下取得宝珠那样艰难,抢到后紧紧抱在胸前。把球高高举在手上精神勃发,冲过球门时姿态轻柔动作优美。

赵帜①拔余应避舍②,楚弓③得处竟忘筌④。俯趋⑤若个⑥登先⑦也(臣王际华),高举于兹获隽⑧焉。

【注释】

① 赵帜:用典《史记·淮阴侯列传》:"信所出奇兵二千骑,共候赵空壁逐利,则驰入赵壁,皆拔赵旗,立汉赤帜二千。"成语"拔赵帜易汉帜"亦出于此。

② 避舍:取自晋文公退避三舍的典故。

③ 楚弓:用典《孔子家语·好生》:"楚王失弓,楚人得之,又何求焉?"后多以楚弓比喻失而复得之物,表示对得失的达观态度。

④ 忘筌(quán):筌是捕鱼的渔具。取自得鱼忘筌的典故,得鱼忘筌

意思是捕到了鱼，忘掉了筌，比喻事情成功以后就忘了本来依靠的东西。意思是言语和渔具虽不可少，但毕竟只是手段，而领会精神实质、实现既定目标更重要。

⑤趍（qū）：同"趋"。

⑥若个：哪个。

⑦登先：这里指到达得分点。

⑧获隽（jùn）：科举考试得中，这里指得分。从这几句诗可以推测，抢球比赛的球门后有一个得分点，在这里把球高高举起就算得分。

【译文】抢到球就像韩信拔下赵旗，应该暂避对手的锋芒护好球。不要像楚王失弓而复得，得鱼而忘筌，应该仔细分析认真领会其中的道理。如果哪个人抢到球后俯下身子快速冲到终点，在终点高高举起球就得分了。

梡鞠①腾空争上搏，彩旗分界示中权②。雕离霍绎③光呈镜（御制），踸踔④翘遥⑤势著鞭⑥。

【注释】

①梡（kuǎn）鞠：出自扬雄《法言·吾子》："断木为棋，梡革为鞠，亦皆有法焉。"指用兽皮做的球。

②彩旗分界示中权：是指用彩旗作为界线将场地分成两部分，这说明冰上抢球的场地是设有中线的。

③霍（huò）绎：霍，象声词，鸟疾飞声。绎，连绵。霍绎，形容急速分散飞走。

④踸踔（chěn chuō）：指跳跃貌。

⑤翘遥：轻举貌。

⑥著鞭：出自成语"先吾著鞭"，典出《晋书·刘琨传》："吾枕戈待旦，志枭逆虏，常恐祖生先吾著鞭耳。"比喻占先一步。

【译文】皮球在空中翻腾人们争着抢夺，插着的彩旗是比赛场地的分界线。勇士们在如镜的冰面上急速奔跑，飞腾跳跃奋勇争先。

欢洽①嘉平②金母③奉，艺陈小部侲童④沿。要因擸铎⑤于畋⑥习（臣蒋棚），重以投醪⑦大赉悬。

【注释】

① 欢洽：欢乐融洽。

② 嘉平：腊月的别称。

③ 金母：西王母，这里指乾隆的母亲。

④ 小部侲童：宫廷中的少年歌舞乐队。侲（zhèn）童：指童子或古代迷信活动中用以驱疫逐鬼的儿童。小部侲童：在这里指冰嬉表演的童子。

⑤ 擸铎（lù duó）：摇动大铃铛，引申为宣布政教法令。出自《周礼·大司马》："中军以鼙令鼓，鼓人皆三鼓，司马振铎，群吏作旗，车徒皆作。鼓行鸣铎，车徒皆行，乃表乃止。三鼓擸铎，群吏弊旗，车徒皆坐队。"

⑥ 畋（tián）：打猎。

⑦ 投醪（láo）：将浊酒注入江的上游，出自《列女传·母仪·楚子发母》："越王勾践之伐吴，客有献醇酒一器使人注江之上流，使士卒饮其下流，味不及加美，而士卒战自五也。"意思是赏赐将士，激励士气。

"要因擸铎于畋习，重以投醪大赉悬"描述了冰嬉"习劳行赏"的功能，这和一些典籍的记载是一致的，如《日下旧闻考·宫室·西苑一》记载："冬月则陈冰嬉，习劳行赏。以简武事而习国俗云。"

【译文】腊月里侍奉皇太后观看冰嬉时欢乐融洽，童子也来表演滑冰技艺。举行冰嬉的主要目的在于宣示要继承传统修习武事，看重行赏而设有丰厚的奖励。

内外旗区均四百，东西伍合逮三千①。坡翁故事嗤秧马②（臣窦光鼐），墨子新机陋木鸢③。

【注释】

① 《清朝通典》卷六十四《乐二》载：每岁十月，咨取八旗及前锋统

领、护军统领等处，照定数挑选善走冰者二百名，内务府预备冰鞋、行头、弓箭、球架等项，冬至后驾幸瀛台等处，陈设冰嬉及较射天球等技。分兵丁为二翼，每翼头目十二名，射球兵丁一百六十名，幼童四十名，以次走冰较射陈技。因此每个旗的内外旗区是四百人，八旗左右两翼合起来是三千二百人。

② 坡翁故事嗤秧马：《御制冰嬉赋》原注中有坡翁故事的注解："吾尝在湖北，见农夫用秧马行泥中，极便。顷来江西，作《秧马歌》以教人，罕有从者。近读《唐书·回鹘部族黠戛斯传》云，其人以竹马行冰上，以板荐之，以曲木支腋下，一蹴百余步，意殆与秧马类欤？聊复记之，异日详问其状，以告江南人也。"这里的"其人以竹马行冰上，以板荐之，以曲木支腋下"和《新唐书》卷二百一十七《回鹘传下》记载："俗乘木马驰冰上，以板藉足，屈木支腋，蹴辄百步，势迅激。"都是指当地人善于脚踏雪板、手持雪杖飞驰在冰雪之上。并非苏东坡想象中的类似"秧马"的劳作工具。

③ 墨子新机陋木鸢：《韩非子·外储说左上》："墨子为木鸢，三年而成，蜚一日而败。"木鸢是墨子制作的形状像鸢的飞行器。这两句诗用这两个故事来衬托乾隆时期的冰鞋质量之高、速度之快。《御制冰嬉赋》中有"较《东坡志林》所称更为轻利便捷"的语句。

【译文】内外旗区都有四百人，左右两翼合起来达到三千人。与冰鞋相比，苏东坡故事里的秧马不值一提，墨子发明的飞行器也显得笨拙不堪。

彳亍①几曾泥滑滑②，票姚③一任履平平。拔河漫跃三春步④（臣金甡），竞渡宁操五日船⑤。

【注释】

① 彳亍（chì chù）：意思是小步慢走或时走时停。

② 泥滑滑：泥泞。

③ 票姚：亦作"票鹞"，劲疾貌。

④ 拔河漫跃三春步：拔河最初称为"钩强""牵钩"，后演变为荆楚一带民间流行的"施钩之戏"，立春日会举办拔河比赛。南朝梁宗懔所撰《荆楚岁时记》称：立春之日，"为施钩之戏，以绠作篾缆，相罥（系）绵亘数里，鸣鼓牵之"。

⑤ 竞渡宁操五日船：相传为纪念屈原于农历五月五日投汨罗江而死，于是在这一天举行龙舟竞渡，以示纪念。

这两句诗将冰嬉与传统的拔河和竞渡游戏相提并论，以说明冰嬉成为一种传统。

【译文】慢速滑行如在泥泞的道路上行走，快速滑行如一马平川。这像中国南方地区的习俗，要在立春举行拔河之戏，要在五月五日举行龙舟竞渡。

在藻①恰逢羔未献②，承筐还喜荔初传③。九宾紒④辫森礝碱⑤（臣陈兆伦），八伯⑥衣冠丽斗躔⑦。

【注释】

① 在藻：出自《诗经·小雅·鱼藻之什》："鱼在在藻，有颁其首。"形容其乐融融。

② 羔未献：出自《诗经·豳风·七月》："四之日其蚤，献羔祭韭。"《礼记·月令》说仲春献羔开冰，"四之日"是二月。

③ 荔初传：冬日里新到的荔枝。前因居士《日下新讴》有"雪后封冰进石花，雨前函锡贡春芽。福州嘉果丁香荔，西塞珍鲜哈密瓜"的诗句，并有注释："福州干荔枝，壳圆肉厚，其甘如蜜。核小，有类丁香，名丁香荔，此上品也。"

④ 紒（jì）：同"结"，束发为髻。

⑤ 礝碱（ruǎn qì）：礝，同"瓀"，次于玉的美石；碱，像玉的石头。礝碱，台阶。

⑥ 八伯：指古代畿外八州的最高长官。

⑦ 斗躔（chán）：北斗星。

【译文】农历二月之前举行冰嬉活动君臣其乐融融，进贡的礼品中竟然有新到的荔枝更让人高兴。各方宾客束辫整齐地站在台阶下，公卿大夫的衣冠比北斗星还要明亮。

月窟饮腾豪士志，玉壶①咏属翰林篇。芸帷试重披长赋，瞥眼东风十九年③（御制）。

【注释】

① 玉壶：酒壶的美称。

② 试重（zhòng）：承担重任。这里指自古无人为冰嬉作赋，乾隆承担重任，亲自作赋。长赋，指《御制冰嬉赋》，作于乾隆十年（1745年），该冰嬉联句作于乾隆二十九年（1764年），因此说"瞥眼东风十九年"。

【译文】月下饮酒豪气澎湃，把酒吟咏文士篇章。离我在芸帷之中首次为冰嬉写出长赋，转眼十九年过去了。

第五节　乾隆等《御制冰床联句有序》选注

乾隆三十四年（1769年）正月，乾隆举办内廷茶宴，茶宴期间与傅恒、尹继善、刘统勋、陈宏谋、刘纶、于敏中、董邦达、福隆安、阿尔泰、吴达善、王际华、索琳、钱维城、观保、蔡新、金甡、倪承宽、奉宽、刘星炜、庄存与、曹文埴、彭元瑞、沈初、董诰、吉梦熊、边继祖、季中简、毛辉祖二十八人作《冰床联句》。该联句收录在《清高宗御制诗三集》卷七十七。这首冰床联句的内容丰富，有冰床的历史、乾隆乘坐冰床的形制、乘冰床阅冰嬉的情景、冰床的功能，等等。

韶迎献岁，南荣三英方抽；谌启朝正，西苑一夜未泮。诏联情于紫阁，星文自应瑶光；象利涉于黄舻，署榜宜分月镜(一)。在昔重三①令节，方舟曾赍凯旋；沿今腊八嘉辰，披辇每临肄武。乃有牵随豹尾，云供卫士。卬须舣并鹢头，别向林丞唤渡。唇刿四楞之木，匪缺足以奚修；齿衔百炼之钢，真不胫而自致。前促一夫引缆，宛然鹤啄争先；上容数客麇袽②，朅③尔凫趋恐后。篙师④气沮，划波便胜威呼(二)；绅列神怡，撂地轻逾法喇(三)。于是溯冰床之初制，披竹垞之旧闻⑤。酒行已遍外藩，茶饮还宣内翰。赋物而体原无禁，含豪则韵拔其尤。诗巡适叶璿玑，人数还遴纬宿。所以捐谀颂⑥，骋秘思⑦，证水居陆处之能。兼不设张融诡喻⑧，嗤乘船就桥之俱废。何烦广德迂词，因知藏壑难移物外；谁矜大力触虚，不怒圜中自化褊心⑨。不惟虞姁⑩工偅⑪，直穷谬巧；抑亦李膺郭泰⑫，羞诩登仙。庶几杂志陋江生轶事⑬，讵征雄霸；笔谈卑沈氏馀芬，宁袭景沧⑭也哉。

上为本篇的序言。序言中指出冰床优于吉林的威呼和盛京的法喇，并以客观的态度探讨了冰床的起源。

【原注】

（一）平安月镜居所，御舟题额也。

（二）吉林乌喇刳独木为小舟，名威呼。

（三）盛京冬沍时，制器如车，无轮挽行冰上，名法喇。

【注释】

① 重三：指农历三月初三日。

② 袽：通"茵"。褥子，床垫。

③ 朅（qiè）：句首发语词。

④ 篙师：撑船的熟手。

⑤ 竹垞之旧闻：即康熙年间著名学者朱彝尊（号竹垞）所作《日下旧闻》。书中记载："冬时河冻，作小冰床，各坐于上。一人挽行，轮滑如骤驶。好事者恒觅十余床，携围炉酒具酌冰凌中。"

⑥ 谀颂：阿谀赞颂。

⑦ 秘思：深邃的思绪。

⑧ 张融诡喻：南朝张融行止怪诞，言谈诡激。《南史·张融传》记载："（齐）武帝问融住在何处，答曰：'臣陆处无屋，舟居无水。'后上问其从兄绪，绪曰：'融近东出，未有居止，权牵小船于岸上住。'上大笑。"

⑨ 褊（biǎn）心：狭窄的心胸。

⑩ 虞姁：人名。相传他发明了船。《吕氏春秋》载："虞姁作舟。"

⑪ 工倕（chuí）：人名。相传为中国上古尧舜时代的一名巧匠。

⑫ 李膺郭泰：李膺（110—169），字元礼。郭泰（128—169），字林宗，范晔《后汉书》作"郭太"。二人均为东汉名士，后人常以成语"李郭同舟"来比喻知己相处。典出《后汉书·郭太传》："林宗唯与李膺同舟而济，士宾望之，以为神仙焉。"

⑬ 江生轶事：江生指江休复（1005—1060），字邻几，开封陈留人，著有《江邻几杂志》。其中有关于冰床简短的记载："雄霸沿边塘泊，冬月载蒲苇，悉用凌床，官员亦乘之。"

⑭ 宁袭景沧：北宋沈括《梦溪笔谈·讥谑》篇写道："信安、沧、景之间……冬月作小坐床，冰上拽之，谓之'凌床'。余尝按察河朔，见挽床者相属，问其所用，曰：'此运使凌床，此提刑凌床也。'闻者莫不掩口。"

陆用车行水用舟，舟车冰上用难收。巧传近代出新制（御制），题创熙韶纪胜游。

国俗冰嬉曾作赋，内廷茶宴又联讴。乘时体奉乾元协（臣傅恒），制器爻占巽吉求。

月令乃藏征事异，释名是载拟称侔。候躔北陆方凝壮（臣尹继善），苑达西华早抚柔。

川至群藩鳞集遍，阳晞杰阁露瀼稠。珠宫宣召肆筵接（臣刘统勋），册府环罗叠韵酬。

锦带裁书聊假借，都篮携具漫优游。笔谈沈括雄沧昉（臣陈宏谋），杂志邻几淀泺搜。

太液池中不波渡，旧闻日下有名留（二）。彩床坐进轻而捷（御制），瑶浦翘瞻广且修。

法地平施维奠轴，效天悬斡斗贞陬。五辰肇序仪沿举（臣刘纶），四载胪陈数备诹。

高注旗森攒雉尾，夹趋柄蜿刻龙头①。肩舆坦坦肩宁勖（臣于敏中），步辇迟迟步讵遒②。

檀榻簇葩匡既好，柘檐缬翠盖斯觩③。方裀茸燠敷貂座（臣董邦达），圆极虚明屏罽帱④（二）。

晓晃趨陂千尺雪，晴融团殿几层楼⑤。后为推者前为挽（臣福隆安），左可旋兮右可抽⑥。

共济每教鸕屏翰（三），独超时复阅貔貅⑦。意因厉武兼行赏（御制），局类分曹互命俦⑧。

爆竹声声轰聒耳，旌门队队矗迎眸⑨。绷霞翼影缇衣展（臣阿尔泰），绉浪靴纹铁齿柔⑩。

飔飒棚间飞羽箭，星抛仗外落晶毬⑪。争先突过骏驰阪（臣吴达善），蓄势迅盘鹰脱鞲⑫。

鞠䏶自谏至尔力，趨䟒善走拔其尤⑬。更番角技申齐止（臣王际华），按部移轩屡憩休⑭。

曰柱曰杠形回判，匪轮匪毂道胥由。廋词长鬣给吴垒（臣索琳），谰语奇肱斑豫州。

无藉双轮鸣辘辘，更非八棹稳夷犹。东方赫哲常驱犬（四）（御制），西土槃陀只服牛。

曳綍奚烦纤枉渚，靳骖直骇溯遥洲。脊除龙骨端承砥（臣钱维城），面想豨膏润泻油。

觅辙杳然空戴石,翦波耆若散抟沤。风歧来去凭抨缆(臣观保),泞便襻牵陋拥骀。

涸泽辕诚呼下泽,澌流舣也泛中流。俯身独任两襄重(臣蔡新),瞥眼浑张十幅道。

朴邀度稽刳木古,飘摇状泯卷蓬秋。郭欹泛洛仙偕李(臣金甡),侨惠骞溱政阐邹。

轸转那资掣兰舵,逶迤恰拟驾琳䩕。山阴镜里行何让(御制),灞岸桥边句孰筹。

样准沈香材别采,号侪鼊柏匠奚鸠。转关弗尚良工逞(臣倪承宽),局脚翻嫌本性揉。

红壁嵌装袪侈靡,银螯揸拄谢雕镂。狐听寂寂遑濡轨(臣奉宽),鱼陟深深免触钩。

滑汰磨光金就砺,铿訇发响鼓援桴,腰缠水带胡卢笑(臣刘星炜),胯踞皮囊浑脱羞。

略仿犁拖频叱犊,肯输杯渡或惊鸥。神惊折苇初禅祖(臣庄存与),诞诮乘槎博望侯。

利济不通殊涣象,端微必盛凛坤谋。心如一片玉壶在(御制),思比三更石鼎不。

遮莫腹坚胶鹡鹩,底庸蹄蹴骤骅骝。屦凡几两供穿织(臣曹文埴),手但双垂胜拍泅。

二四日登职诸凌,两三人受速于邮。岁华故实知催腊(臣彭元瑞),京邑长规验始裘(五)。

濠埭夤缘凌皓皓,河堧委宛赴悠悠。劳纾担负适从此(臣沈初),逸代蹒趋有往攸。

客试问津应阻闸,谁能履薄竟逾沟。锲痕索剑嘲须解(臣董诰),记里论钱值易售。

动处缤纷琼雪辗,静来妥帖瑞云浮。放弥卷退符精义(御制),失慎怀清刞远猷。

容膝安惟娱澹泊,循墙敬益饬佝偻。括机蓦尔惭追驷(臣吉梦熊),止观渊乎失撼蜉。

语讶夏虫洋向若,鸣先春鸟谷迁幽。宿垣附缀排签擢(臣边继祖),温室欣赓给扎哀。

七纪递抡遵击钵,三清合沦艳擎瓯。和嘘暖律聆谐琯(臣季中简),浓酿祥霙祝护畴。

咸濩发蒙钦睿藻,蓬瀛引领伫华斿。冻宜曲录维翔凤(臣毛辉祖),泮待昭苏咏出修。

毳罽垂帷寒自避,玻璃粘牖景全投。设云旧典因时式,若涉还思训在周(御制)。

【原注】

(一)朱彝尊《日下旧闻》中拖床之名始见。

(二)以上四韵详列御用冰床之制。

(三)西苑经临,御前,蒙古王公等皆赐坐冰床随行。

(四)东海赫哲使犬部,每于冰上驱犬曳床以行。

(五)都城濠冰既合,民间亦用拖床以济行旅。

【注释】(以下仅对乾隆乘坐的冰床以及其乘冰床阅冰嬉有关的诗句进行注解)

① 仪仗用的旌旗高高举起,威武森严,官员簇拥着冰床,冰床两侧的曲柄刻成龙头模样。

② 肩舆:指轿子;步辇:古代皇帝乘坐的带小轮子的车,后去轮改马拉为人抬,像轿子一样。勩(yì):劳苦。

这句话意思是:轿子平稳但不是因为抬轿的肩膀愿意受累,步辇行走缓慢不是因为抬轿的人脚步走得悠闲。

这里用肩舆、步辇和冰床对比,突出冰床既使人省力且乘坐舒服,又能行走速度很快的优点。

③ 觩（qiú）：同"觓"，角上方弯曲的样子。

这句话意思是：檀木做的冰床床身花团锦簇，柘木制成的床架外边装饰着带珠宝的锦缎，上檐四角翘起玲珑华丽。

这两句是描绘皇帝乘坐的冰床的外部形象。

张为邦、姚文瀚合绘《冰嬉图》中的冰床

④ 方裀：方垫。燠（yù）：暖、热。圆极：从终点轮回到起点，指四面的床帷。罽幬：毛毡制的车帷。

这句话意思是：带茸毛的暖垫铺在方形的貂皮座上，四周的床帷用华美的毛毡制成以遮挡风雪。

以上几句描绘了乾隆乘坐的冰床，从诗中可见该冰床布置得十分华丽。乾隆时张为邦、姚文瀚合绘《冰嬉图》中的冰床与此描述相近。

⑤ 早晨，阳光照射在瀛台厚厚的积雪上；天晴了，团城宫殿的层层楼

阁也融入冰雕玉砌的景色之中。

⑥ 冰床后面有人推，前面有人拉，可以左右转弯，灵活自如。

⑦ 屏翰：喻国家重臣。貔貅：传说的一种凶猛的瑞兽，这里指冰嬉兵士。

这句话意思是：每次到太液池观看冰嬉，都要带着诸如蒙古王公等藩属和朝廷重臣一起去，不会一个人去观看勇士们的冰嬉表演。

⑧ 命俦：招呼意气相投的人，一道从事某一活动。

这句话意思是：举行冰嬉的本意在于宣扬尚武精神并赏赐勇武的将士，将士们分队进行比赛。

⑨ 爆竹声声要把耳朵震聋了，一队队仪仗用的旌旗首先映入眼帘。

⑩ 冰面上彩旗猎猎飘扬，将士们衣甲鲜明精神抖擞，人人靴子上装上了带有铁齿的冰鞋。

⑪ 分棚而立的两队之间射出了比赛开始的响箭，两队所抢的皮球高高抛向空中，抢球比赛开始了。

⑫ 比赛的将士在冰面上飞奔如骏马从山坡上冲下来，像捕食的猎鹰一样蓄势待发准备抢球。

⑬ 鞠䞈（jì）：身子向前弯曲好像要跪下。出自《史记·滑稽列传》："髡希购鞠䞈。"䞈：同"跽"，长跪。謼（hū）：同"呼"，大声叫号。趪（huáng）：用力的样子。

这句话意思是：身子前倾就要跪下的人大呼自己已竭尽全力，只有拼尽全力且技术高超的人才会获得胜利。

⑭ 䎬（fān）：同"翻"。齐止：军事训练时队伍行列整齐，步调一致。

这句话意思是：更有讲求队列一致的集体比赛项目，整个队伍移动过程中会时常暂停一会儿。

第六节　王昶《瀛台观冰嬉》二首译注

清乾隆年间王昶曾两次作《瀛台观冰嬉》诗，一次作于乾隆三十二年（1767年），一次作于乾隆五十一年（1786年），这两首诗均收录在《春融堂集》中[a]。《春融堂集》共六十八卷，初版于嘉庆十二年（1807年），由塾南书舍镌版印行。于乾隆三十二年所作收录在《春融堂集》卷九，乾隆五十一年所作收录在《春融堂集》卷十九。

王昶（1724—1806年），字德甫，号述庵，江苏青浦人。乾隆十九年（1754年）进士。王昶工诗古文辞，著有《春融堂集》，辑有《湖海诗传》《湖海文传》《明词综》《国朝词综》等。据《清史稿·王昶传》载："乾隆三十二年……云贵总督阿桂帅师讨缅甸，疏请发军前自效。……温福移师讨金川，昶实从，疏请叙昶劳，授吏部主事。既，复从阿桂定两金川，再迁郎中。……乾隆四十一年，师凯还，擢昶鸿胪寺卿，仍充军机章京。三迁左副都御史，外授江西按察使。数月，以忧归。起直隶按察使，未上，移陕西按察使。在陕西凡十年，值回田五为乱，军兴，昶缮守具，佐治军需，疏请清厘保甲，禁民间蓄军器。迁云南布政使。河南伊阳民戕知县，窜匿陕西境未获，昶如商州督捕，上命俟得贼诣京师觐见。昶既得贼，入谒上，自陈疲惫，乞改京职，上温旨慰遣，乃上官。以云南铜政事重，撰铜政全书，求调剂补救之法。旋调江西布政使。五十四年，内迁刑部侍郎。屡命如江南、湖北谳狱。五十八年，以老乞罢，上许之，方岁暮，谕俟来岁春融归里。昶归，遂以'春融'名其堂。"

诗中提到的这两次看冰嬉，时间相隔19年，王昶的处境和心态产生了

---

[a]《清代诗文集汇编》编纂委员会编：《清代诗文集汇编》第1437册，上海古籍出版社，2010年。

很大的变化,这种变化在诗句中体现了出来。

其一
(乾隆三十二年作)

元冥①应节阴始凝,液池百顷初含凌。水晶宫阙银世界,琉璃影彻光层层。

【注释】

① 元冥:即玄冥,传说中的冬神。清代为避康熙玄烨之讳,称元冥。

【译文】冬神玄冥顺应节气开始凝结冷气,浩瀚的太液池开始结冰。这里就像一个水晶宫般的银色世界,亭台楼阁和各种景物映在冰面上光影斑驳。

频年岁暮习劲旅,测量先命遣疑丞①。鸡人②待漏报将晓,霞霏隐隐明觚棱③。

【注释】

① 疑丞:古代官名,泛指辅佐大臣。

② 鸡人:官名,举行大典负责报时警夜。

③ 觚稜(gū léng):原意是宫阙上转角处的瓦脊成方角棱瓣之形,借指宫阙,也可指京城。

【译文】每到年底都要在这里操练军队,都要提前派官员去测量冰面厚度,负责报时的官员守着计时的漏壶等待报晓,朝霞隐隐照亮了宫阙的屋顶。

西华门开启凤跸①,灵沼②一望清而澄。京营卒伍本骁武,此更妙选神飞腾。

【注释】

① 凤跸：指皇帝后妃所乘的车驾。乾隆经常陪皇太后观看冰嬉，这里应是指她的车驾。

② 灵沼：池沼的美称，出自《诗经·大雅·灵台》："王在灵沼，于牣鱼跃。"从这几句诗可以看出，冰嬉盛典在天刚刚亮就开始了。

【译文】皇太后的车驾从西华门出来，一眼就能望见太液池清澈澄净的冰面。守卫京城的将士本来就骁勇善战，参加冰嬉盛典的将士更是从中选取的翘楚。

结装不用组甲①丽，逸足②要试冰鞋能。屐形如履齿如展③，束缚只藉双行縢④。

【注释】

① 组甲：即甲衣。

② 逸足：有才能的人。

③ 屐形如履齿如展，是为了平仄而倒装，本意是"履如屐形展如齿"。古时的冰鞋是"缚式冰鞋"，即将木屐状的木板绑在鞋上制成。木板下有的是冰刀，有的是铁齿，冰刀是为了提高滑行的速度，铁齿是为了增加冰上的移动速度。从后文"齿如展"也可看出，这里描绘的是"抢球"项目所穿的冰鞋。

④ 行縢：指小腿的绑腿，这里是指通过皮制的绳带绑在小腿上将冰鞋牢牢固定住。

【译文】将士们不需要穿着亮丽的铠甲，但才能出众的人要发挥出冰鞋的特长。冰鞋是屐形的，下面有带铁齿的木展，用两条绑腿布固定在小腿上。

毬门①前后夹侍立，弯弧似月弦将绷。拖床②柳下小于舫，周遭御幄张吴绫。

【注释】

① 毬门：即球门，由此可见抢球项目是中间设一个球门，两支队伍在球门两边相对而立。

② 拖床是指皇帝乘坐的冰床，皇帝乘坐的拖床来到冰面上驻停后，冰嬉盛典就正式开始了。

【译文】两支队伍在球门前后相对而立，弯弓像月亮一样，弓弦紧绷。岸边柳树下皇帝的冰床精巧要比船小，冰床周围的帷幄是名贵的绫罗制成。

我皇秘殿①视事毕，亭亭黄伞从中升。一麾尽出斗身手，追风逐电相凭陵②。

【注释】

① 秘殿：本意指奥深的宫殿，这里指皇帝乘坐的冰床。

② 凭陵：又可作凭凌，意思是凌驾、超越，可引申为斗志高昂，奋勇争先。

【译文】皇帝坐在冰床里视察完毕，高高的黄色伞盖从中间升起。军旗挥动，发出号令，将士们开始显露身手，速度之快如风驰电掣，个个奋勇争先。

或同鹰行列横阵，或等鱼贯悬长绳。回环依稀旋磨蚁①，决去恍惚离鞲鹰②。

【注释】

① 磨蚁：石磨上的蚂蚁，出自《晋书·天文志上》："天旁转如推磨而左行，日月右行，随天左转，故日月实东行，而天牵之以西没。譬之于蚁行磨石之上，磨左旋而蚁右去，磨疾而蚁迟，故不得不随磨以左回焉。"后以"蚁旋磨"比喻芸芸众生皆由命运摆布，或喻指日月在天体中的运行。这里是指滑冰者沿着回环状的轨迹在冰面上滑行。

② 鞲（bèi）鹰：指蹲在臂套上的苍鹰。

这句"或同鹰行列横阵"与"回环依稀旋磨蚁"相对应，描绘的是冰嬉中按事先画好的图形进行滑行的"转龙射球"项目。"或等鱼贯悬长绳"与"决去恍惚离鞲鹰"相对应，描绘的是冰嬉中竞速的"抢等"项目。

【译文】将士们有时像群鹰飞行一样列出横阵，有时在长绳后等待鱼贯而去。转龙射球的将士们就像旋转石磨上的蚂蚁，抢等的将士们快速飞驰而去如同猎鹰脱手。

左射右射互挥霍①，上举下举纷因仍②。挽强命中入睿鉴，群喜采帛③随行堋④。

【注释】

① 挥霍：轻捷、敏捷。

② 上举下举纷因仍：因仍，因袭、沿袭。"上举下举纷因仍"是指一名射手的弓上举射毕后放下，另一名射手又继至，采用同样的方式射彩球。

③ 采帛：彩色的布条，这里指彩球上的飘带。

④ 堋（péng）：箭靶子，即挂在旌门上的彩球。此处描绘的是冰嬉中的射球表演。

【译文】弓箭手忽左忽右轮流开弓，上下举动有条不紊，力挽强弓射中彩球圣上满意，观看表演的也都为彩色的飘带随射中的彩球飘扬而高兴。

本朝定制勤肄武①，讵使清宴②恣矫矜③？灯宵④欲陈布库⑤戏，山寺屡见坚碉⑥乘。

【注释】

① 肄武：练习武事。

② 清宴：清净明朗。

③ 矫矜：骄矜，骄傲自大。

④ 灯宵：指上元灯节。

⑤ 布库：摔跤，布库戏就是摔跤表演，上元节时有摔跤表演。

⑥ 坚碉：原指坚固的防御工事，这里指设在香山南麓的碉楼，健锐营云梯兵在此训练。前因居士《日下新讴》载："健锐营在香山南麓，设碉楼六十八座。内有云梯兵，专习超跃之技。陡壁卓立，可以腾行直上。"诗人在这里告诫冰嬉获胜者不能骄傲自满，要勤勉刻苦。

【译文】清朝规定将士们必须时常练习武事，怎么能让将士们因天下太平而骄傲自大？上元节将要举行摔跤比赛，在香山也经常看到健锐营的云梯兵训练攀爬碉楼。

严冬复此骋绝技，但觉勇气如川增。二十四旗尚未竟，明晨更看流飞矰①。

【注释】

① 清代军队将统辖的蒙古族和汉族军队，分别编为蒙古军八旗和汉军八旗，与满族八旗，共为"二十四旗"。飞矰，指飞箭，由此可以印证由于参与表演的队伍比较多，冰嬉盛典一天是表演不完的，需分日表演，这和《养吉斋丛录》中记录的"分日阅看"是一致的。

这两句诗反映出冰嬉盛典的教育功能与连续性特征。

【译文】每年严冬在这里驰骋表演滑冰绝技，每次表演都觉得勇气大增。二十四旗的表演还没结束，明天早晨更有精彩的射箭表演。

其二

（乾隆五十一年作）

雪霁云消小队①开，依然昔日侍蓬莱②。毬门③弓矢④三番接⑤，画舫⑥旌旄⑦五色旗。

【注释】

① 小队：应是指陪同皇帝观看冰嬉的百官。

② 蓬莱：仙岛，此处指西苑瀛台。

③ 毬门：代指抢球表演。

④ 弓矢：代指射球表演。

⑤ 三番接：是指轮番阅视了八旗中的三旗。

⑥ 画舫：指皇帝乘坐的冰床。

⑦ 旌旄（máo）：旗帜。

【译文】雪停云散，百官列队站好，依然像昔日那样在瀛台陪侍皇上。接连三次观看了抢球和射球等冰嬉表演，皇上乘坐的冰床周围五色彩旗高高飘扬。

汲黯①淮阳常有愿，贾生②宣室③愧非才。明晨又逐南鸿去，鹓鹭④何时幸再陪。

【注释】

① 汲黯：西汉汉武帝时重臣。《史记·汲郑列传》记载：汲黯被汉武帝召为淮阳太守，"黯伏谢不受印，诏数强予，然后奉诏。诏召见黯，黯为上泣曰：'臣自以为填沟壑，不复见陛下，不意陛下复收用之。臣常有狗马病，力不能任郡事，臣为中郎，出入禁闼，补过拾遗，臣之愿也'"。王昶有"自陈疲惫，乞改京职，上温旨慰遣，乃上官"的经历，故自比汲黯，言其愿望想和汲黯一样，希望留在京城，出入宫禁之门，为皇上"补过拾遗"。

② 贾生：指西汉初年著名政论家、文学家贾谊。《史记·屈原贾生列传》记载，汉文帝四年（前176年），贾谊被外放为长沙王太傅，三年后文帝召回贾谊，"方受厘，坐宣室。上因感鬼神事，而问鬼神之本。贾生因具道所以然之状。至夜半，文帝前席。既罢，曰：'吾久不见贾生，自以为过之，今不及也'"。李商隐曾以此典故作诗："宣室求贤访逐臣，贾生才调更无伦。可怜夜半虚前席，不问苍生问鬼神。"

③ 宣室：是指汉未央宫前正室。此处，王昶自称和贾谊相比还是才疏学浅。

④ 鹓(yuān)鹭:鹓、鹭都是瑞鸟名。鹓和鹭飞行有序,比喻班行有序的朝官,出自《隋书·音乐志中》:"怀黄绾白,鹓鹭成行。文赞百揆,武镇四方。"

【译文】我也有汲黯被任命为淮阳太守时想留在皇帝身边那样的心愿,我即使没有贾谊那样的才华也愿鞠躬尽瘁辅助皇上。明天一早我又要像南飞的大雁一样去上任了,不知什么时候才能轮到我再陪在皇上身边。

第七节 梦麟《冰嬉行》笺注

该诗出自《大谷山堂集》卷一[a]。梦麟(1723—1758 年),据《清史稿》载:"梦麟,字文子,西鲁特氏,蒙古正白旗人,尚书宪德子。乾隆十年(1745 年)进士,改庶吉士,授检讨。十五年(1750 年),迁侍讲学士,再迁祭酒,提督河南学政。十六年(1751 年),授内阁学士。十七年(1752 年),湖北罗田民据天堂寨谋乱,梦麟以河南商城罗田,驰往捕治,上嘉之。"全诗不仅描绘了冰嬉盛典列阵、抢等、抢球、射球的整个过程,还指出了举办冰嬉盛典的意义,是了解冰嬉初创时期情况的一篇很有价值的作品。

阴终暑促寒剥肤,黄沙白浪飚吞屠。鹅毛堕地泽腹裂,玉楼冻合彭咸居①。

【注释】

① 彭咸居:指水泽。典出屈原《离骚》:"既莫足与为美政兮,吾将从彭咸之所居。"相传彭咸为商代纣王时贤大夫,纣王不听其劝谏,因此

---

[a]《续修四库全书》编委会编:《续修四库全书》第 1438《集部·别集类》,上海古籍出版社,2002 年。

投水而死。屈原投水而死，即效仿他。

这一段描写冬天来临寒气逼人，鹅毛大雪飘落，大地就要冻裂了，水泽层冰冻合。

瀛洲宫阙眩银流，琉璃绕城①冰鉴除。朔方②健儿不皲瘃③，曾冰措趾真壮夫。

【注释】

① 城（qī）：台阶的梯级。

② 朔方：北方。

③ 皲瘃（jūn zhú）：手足受冻坼裂，生冻疮。

这一段描写冬天的瀛台宫阙被雪覆盖，银装素裹，冰面如同一片琉璃环绕着瀛台。北方的健儿由于冰嬉训练不生冻疮，在冰面上操演威武雄壮。

虎靴花帽好躯干，祢裆绣错貂襜褕①。搴旗不跨汗血马，捷足径斗②翻风㐾③。

【注释】

① 祢（mí）裆绣错貂襜褕（chān yú）：祢裆，古代短袖衣。绣错，色彩错杂如绣。襜褕，古代较长的单衣。"祢裆绣错貂襜褕"一句是描写冰嬉兵士的着装的，他们穿着艳丽的练武服装。诗中所用"祢裆""襜褕"是古文里的词汇，不是当时的称呼，借以言服装之精练，适合冰上运动，并非是短衣。

② 径斗：曲折蜿蜒的小路。唐代杜牧《黄州竹径斗》诗"竹浊蟠小径，屈折斗蛇来。"

③ 风㐾：指冰鞋。

这一段描写冰嬉健儿身体强健，都穿着艳丽的练武服装。个个足踏冰鞋，滑行速度奇快，身姿轻捷。

太液虹梁^①望不极，虎步直入沧波^②涂。咄嗟^③此术非怪迂，或十或五来舒舒^④。

【注释】

① 虹梁：指太液池中海和北海之间的金鳌玉蛛桥。

② 沧波：碧波。

③ 咄嗟（duō jiē）：呵斥；吆喝。

④ 舒舒：迎风飘拂貌。

这一段描写冰嬉表演的兵士一大早来到太液池，冰面上分成小队列队站好。

鹳鹅鱼丽^①队不拘，云头一瞥投虚无。纷挐^②朱鹭喧提桴^③，便旋忽作拳其跌。

【注释】

① 鹳鹅鱼丽：鹳鹅、鱼丽都是阵法名。由此可见，冰嬉开始的时候，兵士或十或五组成小队，在冰面上演阵。

② 纷挐（ná）：错杂貌。

③ 桴（fú）：鼓槌，代指战鼓。

这一段描写兵士按照阵法进行列队，战鼓喧天，抢等比赛开始前，兵士做好出发的准备。

如弩发机风吹莩^①，径从滇洱窥陬隅^②。嬉虞渊回^③日未晡^④，御风倒视乌毕逋^⑤。

【注释】

① 莩（fú）：草；也指芦苇秆里面的薄膜。

② 陬隅（zōu yú）：指室内西南角，此处指西南僻远之地。

③ 渊回：指深渊之水回旋曲折。

④ 晡（bū）：申时，即午后3点至5点。

⑤ 乌毕逋（bū）：乌，乌鸦的别称。出自《续汉书·五行志一》："桓帝之初，京都童谣曰：'城上乌，尾毕逋，公为吏，子为徒。'"毕逋，乌尾摆动貌。

这一段描写抢等比赛开始后，兵士如同离弦之箭疾驰而出，带起来的风把草都吹倒了。冰嬉活动时担心冰面融化会掉进漩涡，通常在下午3点前进行，御风而行的兵士比飞行的乌鸦都快。

珠宫昼启中建旟①，曲旃飒纚垂鱼须②。梣③爚烛④飚萦纡⑤，击冰夷鼓鲛人趋。

【注释】

① 旟（yú）：古代画着鸟隼的军旗，泛指旗帜。

② 曲旃（zhān）飒纚（lí）垂鱼须：曲旃，用整幅帛制成的曲柄长幡。飒纚，长袖飘舞的样子，这里指旗帜飘扬。鱼须，原意是鲨鱼的须，引申为旗杆。司马相如《子虚赋》："靡鱼须之桡旃，曳明月之珠旗。"郭璞注引张揖曰："以鱼须为旃柄。"张铣注："鱼须，竿也。""曲旃飒纚垂鱼须"描写的是抢球比赛的球门，球门两侧矗立两根旗杆，上有旗帜飘扬。

③ 梣（chēn）丽：枝条茂密貌，借代为上覆貌。

④ 爚（yuè）烛：灼爚旁烛的缩写，指琉璃。西晋潘尼《琉璃碗赋》："飞尘靡停，灼爚旁烛，表里相形。凝霜不足方其洁，澄水不能喻其清。"

⑤ 萦纡：回旋曲折。

这一段描写抢等结束后，要进行冰上抢球比赛。在冰面上设立球门，球门两侧的旗杆上彩旗飘扬。抢球的兵士在像琉璃的冰面上回旋奔跑，鞋踏冰面的声音和击鼓的声音吓跑了水下的鲛人。

虎贲骁骑烝其徒，分朋①画罫②周六区③。旗门④晕的悬火珠，张茅设莅⑤申三驱⑥。

【注释】

① 分朋：分棚，分队。

② 罫（guǎi）：围棋上的方格。

③ 六区：上下四方。

④ 旗门：转龙射球比赛悬挂彩球的旌门。

⑤ 张茅设蕝（jué）：依次。茅、蕝都是指古代朝会时表示位次的茅束。

⑥ 三驱：帝王打猎的制度，田猎时让开一面，三面驱赶，以示好生之德。这里指规则。

这一段描写抢球的勇士们分队比赛，在冰面上来回争夺。抢球比赛结束后，在旌门之上悬挂彩球，依次开始射球比赛，开始前须申明规则。

望洋①岳立轩厥躯，联翩仿佛翻云车。驰突不假朋侪扶，截流倒发金仆姑②。

【注释】

① 望洋：古同"望羊"，远视貌。

② 金仆姑：箭名，泛指良箭。

这一段描写转龙射球的情景。远远望去站立着准备参加射球比赛的兵士身材高大，比赛开始后兵士们连绵不绝依次滑出，就像仙人驾车在云中行走。疾驰而行是不用同伴搀扶的，滑过旌门后转身射向挂在上面的天球。

左射右射矢注壶，球场千步琼瑳①铺。一击胜负争枭卢②，离披③五色天葩敷。

【注释】

① 琼瑳（cuō）：洁白的美玉。

② 枭卢：原指古代博戏樗蒲的两种胜彩名。幺为枭，最胜；六为卢，次之。

③ 离披：纷纷下落貌。

这一段是说射手都能射中目标，阔大的冰面洁白如玉。兵士们在这里奋勇争胜，射中彩球后彩带飞舞。

壮哉非虎亦非貙①，草头②不数桃花驹③。瀚海④三日行有余，龙庭⑤老上⑥犹生胡。

【注释】

① 貙（chū）：古代指一种似狸而大的猛兽。曹植《孟冬篇》："顿熊扼虎，蹴豹搏貙。"

② 草头：对北方作乱首领的蔑称。

③ 桃花驹：传说中的神马。

④ 瀚海：指北方戈壁沙漠。

⑤ 龙庭：又称龙城，匈奴单于驻地。

⑥ 老上：本为汉初匈奴单于名号，后用以泛指北方少数民族首领。

这一段至末尾描写冰嬉的军事意义。兵士们威武雄壮，北方作乱的部族也惧怕我们的能骑善射之师。北方戈壁沙漠深处的叛乱中心，不用三日就到了。

好插大箭关雕弧①，踏涛北去追风乌，长绳生系南单于。

【注释】

① 雕弧：雕弓，精美的弓。唐王维《少年行》之四："一身能擘两雕弧，虏骑千群只似无。"

这一段是诗人的想象，是说将士们身佩弓矢，骑上快马向北而去，生擒他们的首领易如反掌。

第八节　宝廷《冰鞋》笺注

清末诗人爱新觉罗·宝廷（1840—1890年），号竹坡。晚年自号偶斋。有《偶斋诗草》三十六卷传世，分为内集、内次集、外集、外次集。《冰鞋》载于《偶斋诗草》外集卷七。清代的文字记载中，描写冰嬉盛典的比较多，特别是乾隆年间留下了非常丰富的诗作和史料记载。而描写民间滑冰的文字却很少见，宝竹坡的这首《冰鞋》是难得一见的描写民间滑冰场景的作品。综观全诗，诗中既有画又有情，既豪气干云又哀痛迫切，诗中留下的一些语句也在后人研究清代冰嬉历史时被常常提及。

朔风卷地河水凝，新冰一片如砥平。何人冒寒作冰戏，炼铁贯韦当行滕①。
铁若剑脊冰若镜，以履踏剑摩镜行。其直如矢矢逊疾，剑脊镜面刮有声②。
左足未住右足进，指前踵后相送迎。有时故意作欹侧，凌虚取势斜燕轻③。
飘然而行陡然止，操纵自我随纵横。是耶洛仙非列子，风胡能御波能凌④。
侧闻冰嬉本故事，水嬉仿佛传西京。隆冬景物液池好，翠华莅止山水荣⑤。
旧典不举越十稔，宵旰衣食游幸停。闲人游手恣戏谑，年年结队嬉郊坰⑥。
临深履薄亦何益，蹈险行乐忘战兢。我来观此触旧感，醉言狂放君试听⑦。
安得风伯大神力，吹使四海同坚冰。火舟胶轮鲨帆冻，魍魎缩首牵长缨⑧。
九州聚铁锻为履，万牛析鞿絷索绳。王师十万踏冰去，长驱直捣趋西溟⑨。
月支取头作饮器，金银收得供彤廷。十洲三岛绕周遍，变夷用夏非观兵⑩。
安能有人肩此任，入心所注天乐成。言绝兴尽废然返，芒鞋蹩躠劳莫胜⑪。
南望鸡笼海云隔，风涛激荡难结凌⑫。

【注释】

①炼铁贯韦：清代冰鞋的制作方法，就是在鞋底木板上安装冰刀，然后用皮带（韦）绑在鞋上滑冰。《御制冰嬉赋》："国俗有冰嬉者，护膝

以苘，牢鞋以韦。"行縢：绑腿布，此处代指冰鞋。

② 这一段话生动描绘了冰刀在冰面上滑行的状况。

③ 欹（qī）：倾斜。这一段生动描绘了滑冰者的滑行姿态。有时还会有花样动作。

④ "飘然而行陡然止，操纵自我随纵横"既是对滑冰者技艺的描写，又借此描绘了一种洒脱的心境。

⑤ 水嬉仿佛传西京：是指汉武帝在长安开凿昆明池练习水战的故事。相传汉武帝征讨昆明国，受阻于昆明湖，因此在长安城西按照昆明湖的样子开凿一池，用以练习水战。此处将冰嬉和水嬉相提并论，以说明冰嬉本是为了习武。

⑥ 稔（rěn）：年。诗人说冰嬉盛典已经超过十年没有举办了，实际上不止十年，冰嬉盛典自道光二十年（1840年）以来大约三十来年都没有举办过。诗人为皇帝停止冰嬉盛典找了一个冠冕的理由"宵旰衣食游幸停"，说天子是因为勤于政事，天很晚才吃饭，天未亮就穿衣起床，因此冰嬉盛典就停止举办了，而游手好闲的人却年年结队去郊外嬉戏。

⑦ 诗人指出在国家危难的时候沉醉在冰嬉娱乐中是没有好处的。咸丰十年（1860年）英法联军攻入北京后火烧圆明园，烧杀抢掠，无恶不作，亲历了这一切的宝廷作为朝廷官员自然希望国家能够振兴起来，于是诗人发挥了气势磅礴的想象力，写下了狂放的"醉言"。

⑧ 怎样才能求得风伯的大神力，将四海都吹成坚冰，西人的舰船统统冻住，绑缚这些坏人低头认罪。

鲎（hòu）：生活在海中的一种甲壳类节肢动物，其腹部甲壳可以上下翘动，上举时，称"鲎帆"。此处以鲎帆代指舰船。

⑨ 将九州的铁器聚集起来锻造成铁屦，万头奔牛牵引着绳索。十万王师踏冰而去，长驱直入西方混溟之地。

⑩ 弯弓搭箭取其头颅当酒器，收取其金银献给朝廷。十洲三岛这些人迹罕至的地方都走遍，用诸夏文化去影响这些僻远的部族。

变夷用夏：以诸夏文化影响中原地区以外的僻远部族。《孟子·滕文公上》："吾闻用夏变夷者，未闻变于夷者。"

⑪ 诗人一番激昂的想象之后，也意识到这些只不过精神胜利而已。

⑫ 鸡笼：中国台湾基隆。咸丰十年（1860年）《天津条约》签订后，基隆被辟为商埠。南望台湾的鸡笼山，茫茫云海相隔，风涛激荡难以结成坚冰。

第九节　乾嘉道御制冰嬉诗通览

　　乾隆年间开创了冰嬉制度，该制度在嘉庆朝得到了的有效传承，到道光十九年（1839年）终结。这三朝的御制诗中留下了不少有关冰嬉的诗，特别是乾隆这位爱作诗的皇帝留下了数量不菲的诗篇。这些诗篇以及诗中的一些注解，为研究冰嬉盛典提供了丰富的资料。为此，笔者详细翻阅了《清高宗御制诗》《清仁宗御制诗》《清宣宗御制诗》以及《乐善堂集》《养正书屋全集定本》，从中汇集出绝大多数和冰嬉盛典有关的诗，同时选取了一部分和冰床有关的诗，以成诗时间为序进行了排列。为便于核对资料，每一首诗均在注释中标明了出处，同时为便于理解，还对诗中相对难懂的词汇和重要的知识点进行了注解。

清高宗御制诗

冰床①

御河②腊月层冰冻，河干辐辏千人众。往回争欲倩冰床，空设舆梁恒不用。
细长明铁当车轮③，架雕文木铺重茵。平湖舟驶不惊浪，广陌车驰那有尘。
客来不须劳问渡，但向河边镜明处。隐隐雷声听未休，坐中疑向瑶台去。

【注释】

① 该诗为弘历在藩邸时期所作,收录在《乐善堂集》卷十七。描写了御河上的冰床。

② 御河:玉河,朱彝尊《日下旧闻》载:"玉河即西苑所受玉泉注入西湖,逶迤从御沟流而东,以注于大通河者。"ᵃ

③ 说明冰床底部安装有一根细长的铁条。

腊日坐冰床渡太液池志兴①

破腊风光日日新,曲池凝玉净无尘。不知待渡霜花冷,暖坐冰床过玉津。太液人行步玉花,金鳌遥望锁烟霞。胜游不数琼华岛,爱听寒林噪暮鸦。

【注释】

① 该诗为弘历在藩邸时期所作,收录在《乐善堂集》卷三十,作于雍正十二年甲寅(1734年)。

冰床①

氍毹②帷暖四围垂,过渡何须桂棹移。无恙风思帆影挂,有时人似镜光披。液池小立看如画,梅岸周旋亦中规。记得当年初破腊,推敲诗句座中迟。

【注释】

① 该诗收录在《清高宗御制诗初集》卷十一,作于乾隆七年壬戌(1742年)。描写了乾隆乘坐华丽的冰床在太液池游玩的情景,偶尔也会从冰床走到冰面上欣赏岸边的风景。

② 氍毹(qú shū):毛织的布或毯。

冰床①

四载②名遗禹,双轮制陋倕③。取形差比艮④,致远匪因随。

---

a [清]于敏中等撰:《日下旧闻考》卷三十四《城市·内城中城一》,北京古籍出版社,1983年。

镜面频来往,雷声自逐追。常看琼屑喷,底用锦帆移。

【注释】

① 该诗收录在《清高宗御制诗二集》卷一,作于乾隆十三年戊辰(1748年)。着重描写了冰床在冰面上飞驰的情景。

② 四载:指古代的四种交通工具,水乘舟,陆乘车,泥乘辅,山乘樏。汉赵晔《吴越春秋·越王无余外传》:"(禹)乘四载以行川。始于霍山,徊集五岳。"故曰"四载名遗禹"。

③ 倕:传说中上古尧舜时代的一名巧匠。

④ 艮:困难。虽然冰床的形状和轮子相比看起来比较艮,却照样可以致远。

腊日奉皇太后游瀛台诸胜①

令日嘉平景渐迟,雪凝鸬鹊晃琉璃。省农幸得逢真瑞,酬节欣惟奉圣慈。
蕉殿香花参梵相,液池罘虎试冰嬉。迎年腊鼓春光近,今昔评量有所思。

【注释】

① 该诗收录在《清高宗御制诗二集》卷十三,作于乾隆十四年乙巳(1749年)。

新春悦心殿①

朵殿凭高俯液池,行时恰值悦心时。山容积雪融和盘,物象熙春䣛荡②披。
待引鱼龙辉火树③,先招鸾凤试冰嬉。奉三正喜三阳泰,辅相裁成有所思。

【注释】

① 该诗收录在《清高宗御制诗二集》卷十四,作于乾隆十五年庚午(1750年)。悦心殿位于北海琼岛西侧山坡上,视野开阔。《国朝宫史》载:"临幸常视事于此。天光云影,鱼跃鸢飞,万景毕呈,实据西苑全胜。"悦心殿的后面是庆霄楼,乾隆在北海阅冰嬉时常选择在庆霄楼。嘉庆《钦定大清会典事例》卷六百六十二《工部·宫殿·西苑》载:庆霄楼

"楼上下各七楹，南向，高宗纯皇帝每逢腊日奉皇太后观冰嬉于此。"

② 詄（dié）荡：开阔清明的样子。

③ 鱼龙辉火树：是指上元节西苑放灯的景致。一般自正月十三始，共7日。

正月十六日赐宴联句①（节选）

朱槛两行攒火树，赤城十丈起霞标。蕊垂莲炬明长满（臣汪由敦），烟重兰釭②暖未消。

绞缚山棚图贝阙③，挽轮冰戏④涌瀛潮。香浮翠椀浮圆脆（御制），巧胜琪花⑤胜缕彩⑥。

鳌柱漫劳龙伯钓，星槎那借鹿卢跻。浓芬乳泛调瓯茗（臣刘统勋），秘色瓷鲜夺越窑。

饤就琅霜珍粔籹，包来云实重琼瑶。凤九和鼎呈雕俎（臣介福），麟脯行盘进绮寮⑦。

屑玉浮叟分月户，倾金潋滟酌天瓢。七弦清角传三叠（臣嵇璜），一曲红牙滚六么。

舞鹄回鸾矜婉转，缘橦度索斗轻趫。座呈海客珊瑚网（臣嵩寿），屏拂巴賨翡翠翘。

飞叶一蕡依砌阤，指寅半月见招摇。成诗莫漫夸华莩（御制），锡宴惟欣咏蓼萧。

乍掷晶毯光煜煜，对翻银叶影迢迢。鱼喷锦浪文鳞跃（臣张泰开），鸟放雕笼彩翼超。

【注释】

① 该诗收录在《清高宗御制诗二集》卷十四，作于乾隆十五年庚午（1750年）。从这几句诗看，正月十六日内廷筵宴时，瀛台火树银花，君臣一起观烟火，演冰嬉，听弦乐，看百戏。

② 兰釭（gāng）：燃兰膏的灯，也指精致的灯具。

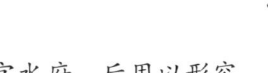

③ 贝阙：以紫贝为饰的宫阙。本指河伯所居的龙宫水府，后用以形容壮丽的宫室。

④ 挽轮冰戏：指冰嬉表演时。

⑤ 琪花：仙境中玉树之花，或指莹洁如玉的花。

⑥ 彯（piāo）：飘带。

⑦ 绮寮（qǐ liáo）：雕刻或绘饰得很精美的窗户。

上元即景灯词八首①（节选）

少海②风微定绮澜，恒春花发万枝攒。明朝赵北③陈冰戏，更步星桥达广寒。

【注释】

① 该诗收录在《清高宗御制诗二集》卷二十二。作于乾隆十六年辛未（1751年）。

② 少海：渤海。

③ 赵北：指赵北口行宫，南、北、西三面环水，清代帝王水围、西巡、南巡时驻跸之所。乾隆曾六次下江南，这是第一次，从诗中看，这一年上元节（正月十五）的第二天曾在这里举办过冰戏。

视事既毕，自南台御冰舫，凌太液，遂至琼华岛，登临瞻眺，杂咏志赏①

封事凌晨毕阅披，公卿次第接畴咨。稚春悦可寻吟眺，漫听新歌坐玩时。

淑清泉石淑而清，竹鼎瓷壶事茗烹。筛牖嫩阳揽韶秀，徘徊真觉称其名。

冰凝太液镜光皑，辘辘舵床坐渡来。声杂排门鸣爆竹，权舆帝里是春台。

细霙昨日玉攒团，积素峣峰直北看。怪底重裘犹觉怯，蕉园钟梵落高寒。

承光高殿郁参差，玉瓮浇春想昔时。只有桧松仍好在，东风旭影上罘罳。

春阴琼岛正堪凭，淑景层楣瑞霭凝。仙木绮钱增吉兆，五风十雨愿休征。

【注释】

① 南台：瀛台。冰舫：指冰床。

该诗收录在《清高宗御制诗二集》卷四十五。作于乾隆十九年甲戌（1754年）。

晓春瀛台即景杂咏[1]

春祈将届还清禁，西苑因之路便临。都为前朝甘雪足，仙台物物悦予心。

液池新水嫩鹅儿，浮拍兰舟画里移。却忆冰嬉曾几日，迅于驹隙莫如时。

檐间雪是嵌山[2]雪，试问支硎[3]更藉无。恰喜收来仙露洁，竹炉茗椀试斯须。

明亭曲砌净无尘，和淖昌昌报好春。却上庆霄楼上望，画屏直北玉嶙峋。

【注释】

① 该诗收录在《清高宗御制诗二集》卷五十四。作于乾隆二十年乙亥（1755年）。

② 嵌（qiǎn）山：传说中的嵌州之山，借指仙山。

③ 支硎（xíng）：山名，位于今江苏省苏州市西，晋高僧支遁（别称支硎）隐居于此，故名。

雪后悦心殿腊日[1]

嘉平琼岛景清妍，积瑞凝华霭霁烟。刚觉天膏希迩日，果然腊雪庆迎年。

粥香惟助农祥应，冰戏还思士气骞。正值伊犁传悔罪（一），伫看露布共春旋。

【原注】

（一）伊犁宰桑喇嘛回人等初为阿睦尔撒纳煽诱生变，近乃深知背恩从逆之罪，共思擒贼自赎。

【注释】

① 该诗收录在《清高宗御制诗二集》卷五十九，作于乾隆二十年乙亥（1755年）。

董邦达以此御制诗作《雪后悦心殿诗意图》，《石渠宝笈续编》著录,上有乾隆御题全诗及"乙亥腊日,雪后悦心殿即事一律,并命董邦达为此图。书之。"钤印三:乾隆宸翰、惟精惟一、妙意写清快。

[清]董邦达绘《雪后悦心殿诗意图》

赵北口行宫观灯同扈跸儒臣联句① (节选)

光收月窟应无敌,捷奏天山信有斯。煜煜金床函舍利,晶晶玉宇界琉璃。候临解冻陈冰戏,轮到元宵碾汉迟。一线紫烟辉万象,半空碧彩漾全规。

【注释】

① 该诗收录在《清高宗御制诗二集》卷六十六,作于乾隆二十二年丁丑(1757年)。这是乾隆第二次下江南驻跸赵北口行宫时和儒臣一起观看灯火和冰戏时所作的联句。

新正瀛台小宴御前藩王大臣及漠咱帕尔①

运斗屠维②单阏③回,顺时行庆合瀛台。千群尚可冰嬉试,三接都教春宴陪。

屏翰何妨厕葱岭,欢娱齐说到云来。鹄场晴霭因观射(一),示远宁徒好乐哉。

【原注】

(一) 是日发十五矢,中十三,盖外夷虽宜宴赉厚惠,尤当示之以射猎之事,彼更乐亦畏服。

【注释】

① 该诗收录在《清高宗御制诗二集》卷八十三,作于乾隆二十四年己卯(1759年)。赐蒙古王公、台吉及在统一新疆过程中有功的漠咱帕尔等人宴,并一起观看冰嬉表演,显示了清政府对其的恩宠。

② 屠维:天干中"己"的别称,用以纪年,乾隆二十四年(1759年),为农历己卯年,故称。

③ 单阏(chán yān):地支中"卯"的别称。

坐冰床至悦心殿①

筠冲锡宴有馀闲,琼岛韶光暖镜间。

尚可翠鸾轻柁试，徐过玉蛛一桥弯。

冻酥岸觉看波漾，春到物知听雁还(一)。

今日悦心真恰当，窗凭积素慰开颜。

【原注】

（一）是日闻回雁声。

【注释】

① 该诗收录在《清高宗御制诗三集》卷一，作于乾隆二十五年庚辰（1760年）。

上元于赵北口行宫同扈跸儒臣咏冰嬉联句①

上元灯火岁常新，渚馆冰嬉倍可人。恒奉慈娱千万载（御制），试赓法从两三臣。

双盘纪胜才联鼎，太液摛词早镂珉(一)。首顿广阳偕燕衎（臣刘统勋），隔宵涿鹿普欣阃。

紫泉迎旭罗朝馔，芳甸凝膏润宿畇。沼籞剪茨临爽垲（臣刘纶），沙堤环栢倚崇闉。

缕金待暖将拖柳，泛玉流澌未点蘋。廿五淀围回雁泊（臣于敏中），十三桥次宛虹驯。

西春返照明银烛，东壁腾辉灿玉津。较量前番正嘉夜（御制），探寻此地足熙春。

鄚瀛景物分明赏，吴越讴谣次第询。近水香花瞻翠辇（臣钱汝诚），展风蠲复贲丹纶。

紫姑竞赛田蚕盛，泰壹丛祠膏粥频。宴启传柑随豹尾（臣介福），歌同依藻叠鱼鳞。

连鳌彩蹴仙舻亘，翔凤苞扶宝阁循。兰渫汜觞先禊洛（臣双庆），茅檐观酺恰吹豳。

江南消息侵寻递，赵北烟花郑重陈。况有于思随跰路（御制），便教倒刺藉文茵。

听催节鼓轰雷捷，看上悬橦掣电神。猱挂月崖轻掉臂（臣刘统勋），鹞翻云塔稳盘身。

招摇称手长竿拓，彳亍承跌寸橛纫。斗罢老羱羔解跪（臣刘纶），抛残巨卵弹能匀。

传声赐镪欢泥首，对队擎杯暖沁唇②。积素似盐堆继腊（臣于敏中），新阴如幄捲当晨。

冰含雪色炬千树，雪映冰光魄一轮。铺得琉璃为世界（御制），集来鹓鹭俨朋宾。

奁规皎洁圆灵镜，壶削晶莹方峤珍。百戏蹴花澄曼衍（臣钱汝诚），九华结字澈斋沦。

菱舟刺冻疑移屿，莲座烘寒忽插旻。灞岸诗情行得得（臣介福），辋川画本想粼粼。

从知黍谷回春是，比似榑桑不夜真。回忆六街看最好（臣双庆），每怀一盏对犹贫。

长筵列坐宣回长，曲岸骈观乐土民。平步星桥连贝阙（御制），纵眸云陇覆璃尘。

鱼惊启蛰潜还陟，鸿识随阳渐复遵。衔烛荧荧周溟裔（臣刘统勋），然犀燏燏洞矶滨。

篆焚甲煎逾安息，灯窣流苏夺大秦。绕浒蚨脂纷匼匝（臣刘纶），分棚兰焰矗嶙峋。

霞标瞥起阳凌冶，月地徐融沍縠皴。燕国新词惭授简（臣于敏中），鲁山雅曲愿书绅。

远村渔火依微辨，近渚龙檠左右巡。顷刻金莲开万朵（御制），参差宝络缀双银。

襄城赤帜搴中夕，封氏花幡验半旬。野老堵墙咸色喜（臣钱汝诚），内官立仗不心瞋。

祥过卜萤餐餈饵，采胜扪钉睹宿辰。编户献芹行庆洽（臣介福），守臣负弩祝鳌申。

红趺分窖归蒸蔚，碧剡同畴出块垠。清景当头延燕赏（臣双庆），阳和有脚戴鸿钧。

底夸继昼且经月，要欲同欢并示仁。惠远行时难槩置，縶予本意在还淳（御制）。

【原注】

（一）御制冰嬉赋曾经恭刻拓本。

【注释】

① 该诗收录在《清高宗御制诗三集》卷十八，作于乾隆二十七年壬午（1762年）。

这篇联句描写的是乾隆第三次下江南驻跸赵北口行宫，在"冰含雪色""雪映冰光"的正月十五月圆之夜，乾隆与大臣一起观看冰嬉的情形。诗中大多是歌功颂德之词，描述冰嬉表演的诗句不多，故不对全诗进行注释。

② "听催节鼓轰雷捷，看上悬橦掣电神。猱挂月崖轻掉臂（臣刘统勋），鹢翻云塔稳盘身。招摇称手长竿拓，彳亍承跌寸橛纫。斗罢老猱羔解跪（臣刘纶），抛残巨卵弹能匀。传声赐镪欢泥首，对队擎杯暖沁唇。"

从这几句诗看，冰嬉表演的内容和太液池冰嬉盛典的内容相去甚远，这里在冰上表演的应是百戏中的缘竿（缘橦）、盘杠子、渡索、角抵等戏。由此可见，乾隆将冰上的活动统称为"冰嬉"。

橦（chuáng）：旗杆。此处指百戏中的缘竿（也称缘橦）。

彳亍（chì chù）：小步慢走或时走时停。

镪（qiǎng）：赏银。

上元灯词八首①（节选）

连宵都有郊灯烁，今日偏饶冰戏奇。灯爓冰光水映月，浑成世界净琉璃。

【注释】

① 该诗收录在《清高宗御制诗三集》卷十八，作于乾隆二十七年壬午（1762年）。

紫光阁锡宴联句有序①（节选）

午夜且迟陈火戏，液池犹可试冰嬉。旭光渐入舒长候，韶景初临郁蔼时。

【注释】

① 该诗收录在《清高宗御制诗三集》卷二十七。作于乾隆二十八年癸未（1763年）。

腊日悦心殿侍皇太后膳即景得句①

年年慈豫奉嘉平，更喜琼华(一)雪始晴。千里麦欣壅秋本，几峰树讶发春荣。

彩屏节事遐龄②祝，镜浦③冰嬉例赏行(二)。此日悦心真是悦，然吾岂敢忘(三)持盈④。

【原注】

（一）岛名。

（二）每岁冬月陈冰嬉，既因使习众艺亦欲藉以行赏也。

（三）去声。

【注释】

① 该诗收录在《清高宗御制诗三集》卷三十四。作于乾隆二十八年癸未（1763年）。

② 遐龄：高龄、长寿。

③ 镜浦：像镜子一样的冰面。

④ 持盈：指国家强盛时要保持下去。节事、持盈均出《国语·越语

下》:"夫国家之事,有持盈,有定倾,有节事。"韦昭注:"持,守也。盈,满也。"

元正二日紫光阁赐蒙古王公及回部宴即席得句①

元正才过绮筵排,节赐先期为值斋(一)。遂试冰嬉千队出(二),旋歌露湛八音谐。

旧藩已似世臣荩②,新部胥娴国礼佳。紫阁犹然战图绘,旌功益切奠遐怀。

【原注】

(一)上元前例宴外藩,并行赐赉,兹以值斋,故先期于初二日即颁宴赏。

(二)是日并令观冰嬉。

【注释】

① 该诗收录在《清高宗御制诗三集》卷三十五。作于乾隆二十九年甲申(1764年)。

② 荩(jìn):进用,引申为忠诚。

腊日悦心殿侍皇太后膳叠去岁诗韵①

高低四寸雪铺平,万岁峦光映座晴(一)。一例腊前霑恺泽(二),千林培后毓和荣(三)。

皑皑玉巘②画中列,辘辘冰床镜里行。今日慈心真是悦,寿筹添拟海山盈。

【原注】

(一)琼华岛元时为万岁山。

(二)去岁腊前一日得雪,今岁腊前二日得雪。

(三)每逢雪后,令步军收培树根,既不虚瑞泽,亦因以行赏,迩年以来,率成例矣。

【注释】

① 该诗收录在《清高宗御制诗三集》卷四十二。作于乾隆二十九年甲申（1764年）。

② 巘（yǎn）：大山上的小山。

驻跸赵北口即事杂咏①（节选）

春宵燕九②例收灯，婪尾③冰嬉试赏凭。闹罢夜深古月上，法王无尽示真乘④。

【注释】

① 该诗收录在《清高宗御制诗三集》卷四十四。作于乾隆三十年乙酉（1765年）。这首诗提到乾隆第四次下江南于正月十九日驻跸赵北口行宫，在酒巡至末尾后观看了冰嬉，闹罢已是夜深。

② 燕九：燕九节，民间以农历正月十九日为"燕九节"。传为纪念道教全真道掌教丘处机的诞辰。

③ 婪尾：酒巡至末尾。

④ 真乘：佛家谓真实的教义。

生春二十首用元微之韵有序①（节选）

何处生春早，春生冰戏中。跳踉②蹴飞雪，扪探搏惊风。
讵数跳丸③捷，非讹蹴鞠融。论（一）功遍行赏，凫藻④羽林丛。

【原注】

（一）平声。

【注释】

① 该诗收录在《清高宗御制诗三集》卷六十九。作于乾隆三十三年戊子（1768年）。徐扬根据此诗绘制了《乾隆帝生春诗意图》。元微之，即唐朝诗人、文学家元稹，字微之。

［清］徐扬绘《乾隆帝生春诗意图》（局部），故宫博物院藏

② 踉蹡（liàng páng）：急行。
③ 跳丸：指冰嬉中的冰上抢球项目。
④ 凫藻：欢愉。

雪中坐冰床即景[①]

言将复雪雪真霏，太液冰床候石矶。便以凌波渡彼岸，天花纷作曼陀飞。
玉龙银凤舞皑皑，景附飙飞曼衍回。更喜声声鸣爆竹，何殊春雨复春雷。
漫空浩瀚杳迷离，不辨林塘到始知。恰似菱丝堤那畔，一湖烟雨泛舟时。

【注释】

① 该诗收录在《清高宗御制诗三集》卷七十七，作于乾隆三十四年己丑（1769年）。

［清］钱维城绘《御制雪中坐冰床即景》，台北故宫博物院藏

瀛台雪景①

密飘细洒夜连晓，咨起居余到趯台。忘远琼楼弥漠漠，积深冰浦浩皑皑。

座宣卿贰②筹几务，阵阅驾鹅③抡轶材（一）。行赏励勤资卒岁，岂徒玩景此频来。

【原注】

（一）每冬太液池冰坚，令八旗与内府三旗简习冰嬉之技，分棚掷彩毬，互逞矫捷。并设旌门悬的演射，用娴步伐止齐之节。皆轮番阅视，按等行赏，以为常例。

【注释】

① 该诗收录在《清高宗御制诗四集》卷八。作于乾隆三十七年壬辰（1772年）。

② 卿贰：次于卿相的朝中大臣，即二品、三品的京官。

③ 驾鹅：阵法，代指冰嬉。

新正紫光阁赐宴联句有序①（节选）

紫阁拓宽前庑楹，豫为之兆果符贞（一）。应教春宴继凯宴（御制），所惬今赓例昔赓（二）。

台上云纠②抡将佐，筵间露渭逮公卿。酬庸实乏铅刀割（臣舒赫德），

延赏兢惭弱翰擎。

人越筰閫兼僰道，班联北漠及西瀛。来朝领袖星邮置（三）（臣于敏中），专阃驰驱雪栈萦。

幸奉远谟臣职勖，何期渥典主恩荣。已叨杕杜沾三雅（臣阿桂），共对芳椒侑六茎。

几队冰嬉陈太液，一番花信③亚元正（四）。却宜庆泽敷丰泽（臣程景伊），为抚铿鲸④溯剪鲸⑤。

赦罪谁知还偕德，畏威竟是假投诚。养痈宁可听一再（御制），滋蔓那容肆合并。

【原注】

（一）甲午夏，展拓紫光阁前楹，以备平定两金川张列战图之用，兹果叶贞符。

（二）庚辰春，平定回部师旋，于瀛台凯宴。辛巳新正，紫光阁落成，抡功臣之尤著者，并禁廷臣、外藩庆宴于此，即以命题联句，兹如其例。

（三）土司等分班入觐，自今岁始即命成都将军明亮统之而行。

（四）是日为元旦后五日。

【注释】

① 该诗收录在《清高宗御制诗四集》卷四十一。作于乾隆四十二年丁

酉（1777年）。自乾隆十二年（1747年）至四十一年（1776年）初，乾隆最终平定大小金川。这是平定金川后第一次正月在紫光阁赐宴，联句开篇乾隆即写出其平定金川的喜悦之情。联句中"几队冰嬉陈太液"说明赐宴时有冰嬉表演。

② 云纠（jiū）：比喻贤者相聚。

③ 花信：自小寒至谷雨，共一百二十日，古人以每五日为一候，计二十四候，每一候内开花的植物中，挑选一种花期最准确的植物为代表，应一种花信。这一天刚好是元旦后五日，所以称"一番花信亚元正"。

④ 铿鲸：此处的鲸指敲钟的木杵作成鲸的形状。汉班固《东都赋》："于是发鲸鱼，铿华钟。"

⑤ 剪鲸：此处的鲸指大鱼吞食小鱼者，引申为凶逆。剪除凶逆。

观护军冰技行赏诗①

岁暮家家多窘迫，例因冰技沛恩施。乍惊此日凭观处，大异常年侍览时。彩彻旌旗遵国制，技仍弓矢耀军仪(一)。习劳布惠非无事，要即其中酌用之(二)。

【原注】

（一）常年走队时，按八旗颜色各负小旗，与小弓矢相间。今岁因在二十七日之内，尽撤旌旗，唯令持弓矢习射云。

（二）阅冰技，本以岁暮行赏兵丁，因令照常演肆，定其差等。而今昔相形，益觉凄怆。

【注释】

① 该诗收录在《清高宗御制诗四集》卷四十三。作于乾隆四十二年丁酉（1777年），乾隆母亲去世后的那年冬天，虽然乾隆再也不能和母亲一起阅视冰嬉，心情十分沉重，但为国制所重，并没有停止检阅冰嬉，撤掉彩旗，只阅射技，并将"冰嬉"改为"冰技"。

月令七十二候诗有序①（节选）

水泽腹坚

卦在坎还支在亥，亥为刚地坎为川。无非气运神而化，自合冻凝腹乃坚。

太液冰嬉颁赏赍，万年国俗寓机权(一)。贞元遂启三阳泰，七十二章吟以全。

【原注】

（一）国俗有冰嬉之技，每岁冬至后至腊日于太液池按八旗排日简阅，分等赏赍。既可肄劳习武，兼以励众施恩。诚万年所当遵守之善制也。

【注释】

① 该诗收录在《清高宗御制诗四集》卷五十七。作于乾隆四十四年己亥（1779年）。原诗按二十四节气，每个节气分为三候，共七十二候。节选部分为十二月大寒中三候之三《水泽腹坚》。原注中"按八旗排日简阅"明确写出冰嬉盛典是分日检阅的，并非一次将八旗阅完。

上元夕赵北口行宫观灯火与扈跸诸臣联句有序①（节选）

漾澜蕤盖朱联碧，照岸幡幢②紫间赪③。角觚鱼龙真曼衍（臣嵇璜），吸嘘蛟蜃幻纵横。

堠排崇雉④空中矗，纷挈惊蛇水底轰。沙鸟误晨飞拍拍（臣梁国治），壶虬⑤杂漏应丁丁。

【注释】

① 该诗收录在《清高宗御制诗四集》卷六十六。作于乾隆四十五年庚子（1780年）正月十五日。这是乾隆第五次下江南驻跸赵北口行宫时所作的联句，序言中有"青郊则辉映琉璃，百戏呈奇；水镜则朗悬云汉，不夜睹烛龙含耀。"的句子，说明当天举办了百戏表演，燃放了焰火。

② 幡幢：旌旗。

③ 赪（chēng）：红色。

④ 崇雉：层层的雉墙。

⑤ 壶虬：漏壶中的虬箭，水满箭出，用以计时。

冰床①

今岁立春迟，春冰依旧厚。辘轳坐冰床，平湖任行走。

鹤啄未易穿(一)，鱼陟空思负。然而岸之阳，漾水已渐有。

君子贵见几，君牙义亦剖。

【原注】

（一）曹松②诗春冰鹤啄穿。

【注释】

① 该诗收录在《清高宗御制诗四集》卷七十八。作于乾隆四十六年辛丑（1781年）。

② 曹松，唐代诗人，《钟陵野步》诗中有"野火风吹阔，春冰鹤啄穿"的句子。

遐瞩楼口号①

丰泽园中俯液池，昔年奉以阅冰嬉。颁恩习武依常例，那忍重兹拾级为。

【注释】

① 该诗收录在《清高宗御制诗四集》卷八十五。作于乾隆四十七年壬寅（1782年）。

月令七十二候联句有序①（节选）

冻坚太液冰嬉试，队聚羽林岁赍施(一)。橐籥②贞元③运无息，敕几惟凛日孜孜④。（御制）

【原注】

（一）水泽腹坚。以上十二月，大寒中三候。国俗冰嬉之技，每岁自冬至后至腊日于太液池按八旗分日简阅，别等颁赉。于练兵讲武之中，有行赏习劳之义，诚万年良法也。

【注释】

① 该诗收录在《清高宗御制诗四集》卷八十五。作于乾隆四十七年壬寅（1782年）。节选部分为该联句的最后四句。

② 橐籥（tuó yuè）：古代指鼓风用的袋囊。《道德经》："天地之间，其犹橐籥乎？虚而不屈，动而愈出。"

③ 贞元：古代以元亨利贞比喻春夏秋冬，以贞元借指时令的周而复始和天道人事的转换。

④ 日孜孜：每日孜孜不倦努力工作。出自《尚书·君陈》："惟日孜孜，无敢逸豫。"

千叟宴联句用柏梁体有序①（节选）

更取士制播诵弦(一)，冬赉冰嬉秋献豣(二)②。四学听讲圜水涟(三)，恩泽之寿浃瀛壖(四)③。

【原注】

（一）（三）（四）略。

（二）定制。八旗与内府三旗简习冰嬉之技。每岁冬令，太液镜凝，分棚校阅。掷彩毬，设旌门悬的演射，仍按等行赏。御制冰嬉赋以旌勇，均赐而归，本于观德之义。又，每岁秋，上幸木兰行围。八旗之旅，期门伕飞之士，大小从公，蒙古札萨克王公、台吉等率所部千二百人随围执役。上亲御弧矢，率先骑射，或用虎神枪。天威神技。有一日殪数虎，射鹿数十者。蒙古王公等互进，诈马宴作什榜以侑食，陈相扑及教跳之技。围毕出鹿柴门，恩赏王公筵宴。下逮蒙古隶役之属，柔远示惠。盖依古三田之制，神而明之，尤为本朝大政。兵部侍郎臣纪昀。

【注释】

① 该诗收录在《清高宗御制诗五集》卷十一。作于乾隆五十年乙巳（1785年）。

② 豣（jiān）：大兽。秋豣指木兰秋狝。每年木兰秋狝时都要和蒙古各

部台吉举行联欢，有所谓"赛宴四事"，即诈马、什榜、布库（即原注相扑）、教跳。

③ 瀛壖（ruán）：海岸。

题遐瞩楼①

遐瞩不登逮十年，澄怀堂北液池边。每当冬令陈冰队，常以暄朝侍懿筵。施惠诘戎法示后（一），冲寒破腊事绳前。七言成更弗拾级，掷笔仍增意怆然。

【原注】

（一）每岁液池冰坚，令八旗与内府三旗简习冰嬉之技，分棚掷球，互逞便捷。并于冰上设旌门悬的演射，以习步伐之节，轮番亲阅，按等行赏，此我国家祖宗以来定制，弗肯以寒沍惮行也。

【注释】

① 该诗收录在《清高宗御制诗五集》卷十九。作于乾隆五十一年丙午（1786年）。

嘉平廿一日于西苑觐年班各部并台湾生番示以冰嬉即事得句①

贺正近远毕来同，抚谕凭舆言语通（一）。西北新藩称旧仆（二），东南捕鹿学宾鸿（三）。

冰嬉仍寓诘戎训，苑觐都怀奉朔衷。众喜康强颂四得，独深虔巩昊恩蒙。

【原注】

（一）今早往西苑用膳办事，所有年班藩部、暹罗贡使，向于西华门外迎谒。今岁并有台湾生番头目，俯伏道旁瞻观，凭舆抚谕。据各通事译奏，具见诚悃。至蒙古、回部，则予素习其语，不待舌人之传也。

（二）四卫拉绰罗斯部、和硕特部、杜尔伯特部、土尔扈特部皆属新附，然今皆似旧臣矣。

（三）上年福康安征剿台湾逆匪，生擒逆首林爽文、庄大田，其时内山各社生番遵檄协力效命,颇为踊跃,当即厚加赏赉。旋据福康安奏:各番目情愿来京谢恩,嘉其诚恳,因允所请。兹屋鳌总社番头目华笃哇哨及所辖六社番目阿里山、总社番头目阿巴里及所辖八社番目大武垄、总社番头目乐吧红及所辖五社番目傀儡山、总社番头目加六赛及所辖七社番目并通事社丁共四十二人,班迎西华门外,随入西苑赐食,并令与观冰嬉。该生番等平日以捕鹿为业,山野之性,居然拜跪如礼,而形色亦俱极恭敬欢服,已命于《职贡图》增绘补编,以志国家扶御广远,益励钦承帝佑。

【注释】

① 该诗收录在《清高宗御制诗五集》卷四十二,作于乾隆五十三年戊申(1788年)。

乾隆五十三年,台湾某少数民族首次朝觐,该某少数民族等平日以捕鹿为业,"东南捕鹿"指的就是该民族。

大意是说藩部年班及台湾生番前来觐见,皇上"温语慰问"。西北新藩和台湾某少数民族均表示臣服。赐看的冰嬉显示了天朝军威,他们都怀有归顺的衷心。纷纷称颂国力强盛,蒙受皇恩,虔诚接受约束。

一般来说,冰嬉每年冬至后举行,至腊八日结束,但自乾隆二十八年(1763年)后,往往把腊月二十一日定为冰嬉举行的最后一天,该日藩部年班以及朝鲜、安南、暹罗、琉球等国的使臣得以观看冰嬉表演。

洪范九五福之二曰富联句有序①(节选)

嬉冰培雪三冬液(一),厂饭堂馈九市阛(二)。万众万方家仰给(三),大师大役用周询(四)。

【原注】

(一)每岁冬至后,西苑太液池上亲阅八旗及内务府三旗冰嬉之技。分棚掷球、演射,以试其便捷与否。分别等次加赏银两。又得雪后凡坛、庙及苑囿等处,命步军苑户人等扫培树根,因以行赏,岁为常例。

(二)(三)(四)略。

【注释】

① 该诗收录在《清高宗御制诗五集》卷六十九，乾隆五十七年壬子（1792年）。"富"是《尚书·洪范》中"五福"的第二福，即富贵。诗中指出冰嬉、扫雪均为常例，其作用之一是年底进行赏赉，以改善兵丁生计。

嘉平月朔之作①

嘉平月之朔，开笔奉先猷(一)。阐福佛资力(二)，锡民箕叶畴。
略惭舆陟级。犹可步周楼(三)，冰戏降观待，鞠劳行赏酬(四)。
累累雪成垛，的的泽知稠。忆昨终朝惕，凭观微解愁(五)。

【原注】

（一）每岁例于腊月朔日开笔，书福以次锡王公大臣、内直侍从及各省督抚等谨遵皇考家法也。

（二）是日早先诣阐福寺拈香，冀资佛力，普福苍生。亦有合于箕畴敷锡之意。

（三）往年来此礼佛，俱步陟登楼，今年司事者预备小舆，以八十有三之年，亦应少为节劳登楼，周历则仍步行如常。

（四）向于朔日观冰嬉，分棚掷鞠，悬的演射，亚岁②藉以行赏，亦成恩例。

（五）近得雪未甚优渥，尚幸云气浓积，不意昨晚顿尔起风，知其必晴，心殊未惬，今早往北海见冰上堆雪颇丰，盖稷雪结实不止二寸，余愁怀少释。

【注释】

① 该诗收录在《清高宗御制诗五集》卷八十四，乾隆五十八年癸丑（1793年）。

② "亚岁"指冬至，三国曹植《冬至献袜颂表》："亚岁迎祥，履长纳庆。"此处泛指冬至后的冰嬉盛典。

新正紫光阁赐宴外藩作①

新正初祉惠应宣,柔远迎禧依例然。翼日值斋当彻乐(一),良辰即景此开筵。

冰嬉虽戏意诘武,灯节犹迟月待圆。踵事增华渐从盛,每因同豫凛心渊。

【原注】

(一)每岁开韶于紫光阁筵宴外藩,今年新正蠲②吉初六日,时享太庙,翼日初三即值斋戒之期,例不用乐。是以今日即行赐宴以示燕恺。

【注释】

① 该诗收录在《清高宗御制诗五集》卷八十五,乾隆五十九年甲寅(1794年)。

② 蠲(juān):昭示。

腊日观冰嬉因咏冰床①

绳床殊古制,冰上可拖行(一)。舟水车陆异,济人利物并。

毬争武因习,旗逐赏分平(二)。家法国恩普,群欣度首正。

【原注】

(一)冰床古无其制,起于宋北边雄、霸、沧、景之间。见《江邻几杂志》、沈括《笔谈》。盖舟车之用,遇冰而穷,唯此可以利涉,一人挽之,可载数人,用力少而受值廉,京师所在有之,亦利济之一端也。

(二)国俗有冰嬉之典,树旗门,整编伍,士皆缇衣齿履,鹄立以俟。驾前分棚掷鞠,健步争先,意注手承。及旗分八色,盘旋弥络,悬毬仰射,如凌虚振翼,自在游行。事毕依例按名颁赉。八旗及内府三旗,岁于冬至后举行,亲临阅赏。向作《冰床赋》②,所谓"顺彼月令,以训以赉。勇者特旌,任者均赐。普被曰任,有差曰义"。盖肄武习劳,不忘家法,且寓以行庆施惠,资八旗度岁之计,用普国恩,名为嬉而实关钜典也。

【注释】

① 该诗收录在《清高宗御制诗五集》卷九十二,作于乾隆五十九年甲

寅（1794年）。

②《冰床赋》应为《冰嬉赋》，注者之谬。

洪范九五福之五曰考终命联句有序①（节选）

致洁正阳渠作记（一），思艰萨尔浒书碑（二）。嬉冰哨鹿庆隆舞（三），（臣吴省钦）月姊日兄皇地示（四）。

【原注】

（一）（二）（四）略。

（三）国朝旧俗有冰嬉之技，每岁冬太液冰坚，八旗分棚掷球、演射。上亲临校阅，按等行赏。御制《冰嬉赋》，篇中以旌勇均赐而归，本于观德之义。又己巳岁，御制《哨鹿赋》，序中有皇祖昔喜哨鹿，朕冲龄随侍，习闻其事，年来亦亲试为之，嘉其有合于圣经之语。至癸酉又御制《后哨鹿赋》，申言后法先垂，诰戒习众，不可忘先代遗规之意。至宴飨大礼，所用庆隆舞，则状列祖开刱武功，声容具备，为大乐最盛之奏，御制《新乐府首咏》。是事三者，皆国家旧俗遗风，可以垂示万世。

【注释】

① 该诗收录在《清高宗御制诗五集》卷九十三，作于乾隆六十年乙卯（1795年）。

考终命：《尚书·洪范》中"五福"的第五福，即长寿善终。此处，将冰嬉和哨鹿、庆隆舞并列，指出三者均是"国家旧俗遗风"，提醒后人不应遗忘，继续贯彻。

嘉平廿一日幸西苑觐外国诸使之作①

属国萃共球，六旬来庆周（一）。梯山遥廓落，宴海罢流求（二）。初见均赐赍，冰嬉匪爱游（三）。康强接言语，总是沐天庥②。

【原注】

（一）岁例嘉平廿一日诣瀛台，所有外藩王公及各国贡使均于西苑门外道旁瞻觐。今岁哈密郡王暨杜尔伯特、土尔扈特、廓尔喀诸外藩、朝鲜、安南、流求、暹罗各国俱以朕践阼六十年，专使来京，奉表庆贺。接见之下，嘉其恭顺之忱，俱加温谕，用示柔怀。

（二）流求国王世孙尚温现未请封，依朝贡贺。其正副使陪臣于其本国私情自不敌天，朝公义而大君驭世纳之轨物③，罔间④中外，因降旨免其朝正，与宴照例颁敕给赏，早遣归程，非特体恤下情，亦以世封克谨教之以礼也。

（三）每岁冬月太液冰坚，简集八旗及内府三旗兵丁等，分棚掷球，设旌门悬的演射，各按等行赏，以旌勇习劳，此国朝旧制。予御极以来，每冬校阅已六十年。并非爱其矫捷，徒事游观，盖欲藉此颁赉，俾得沾被，以资生计，且以习武。是以严冬寒沍之际，亦必临阅布惠。而于藩使瞻觐之日，又令八旗合演，使远人见之，知予不自图逸。于绳武⑤惠下⑥之忱，常如一日也。

【注释】

① 该诗收录在《清高宗御制诗五集》卷一百，作于乾隆六十年乙卯（1795年）腊月二十一日，九天后的正月初一日，乾隆将遵循其亲政不超过祖父康熙在位61年的承诺，传位于颙琰。因此，他在此对冰嬉盛典进行了总结性注解。其自称"每冬校阅已六十年"，应是虚指，乾隆十年（1745年）以前，虽有冰上检阅兵士并行赏赉的事实，但并无"冰嬉"一词，阅视冰嬉也未制度化，更谈不上藩使瞻觐之日令八旗合演冰嬉。

② 天庥：上天的庇护。

③ 轨物：规范，准则。

④ 罔间：没有隔阂，关系密切。

⑤ 绳武：沿袭武王之道。

⑥ 惠下：仁爱下属。

杂咏①

其一：

曦升卯末逮辰初，西苑言游命暖舆。行令嘉平颁赏赍(一)，避寒温室肯安居。

其二：

南台待备小徘徊，视事传餐例向来。家法相承深意在，讵夸冒冷示勤哉(二)。

其三：

假山石径亦崎岖，或偶扶行或不扶。八十六翁世多有，能如斯者几人乎？

其四：

冰床卷幄览嬉冰，意寓习劳诘武应。身体康强天赐福，回观扈从鲜犹能(三)。

【原注】

（一）每岁冬至后太液冰坚，八旗分棚掷球、演射，朕必亲临校阅，按等行赏。每赴西苑率于卯末辰初之际，虽御暖舆，而晓寒甚冽，然意在惠赐八旗，俾资生计宽裕，如近年于岁底加恩，普赐地租、钱粮等事，有加无已。且此系国朝旧俗，固不肯安居温室，图一己之适也。

（二）昔年皇祖尝以腊月间幸冷口及米峪口外行围，诘武肄劳，寓意深远。朕敬绍怡谋，只承家法，讵敢以冒冷习勤自诩耶？

（三）予年近九旬，身体康健，每凌寒晓，出不异常时。岂非天眷加隆，获此厚福，回观御前扈侍诸臣如从前来保、阿岱、博尔奔察、扎拉丰阿等俱无在者，今旧臣惟阿桂一人，其年齿较予尚少六岁，而近以畏寒请假不能扈侍。则予之仰承昊贶②实为难得，益不敢不倍敬迓鸿禧也。

【注释】

① 该诗收录在《清高宗御制诗余集》卷八，作于嘉庆元年丙辰（1796年）。

② 贶（kuàng）：恩赐。

腊八日纪事①

百年初建古招提(一)，世祖煌煌两字题(二)。吉朔嘉平例瞻拜(三)，豫同九有贶②春禔③。

冰床南渡阅冰嬉，行赏多因惠八旗(四)。教射习劳意两寓(五)，岂徒悦目慢观之。

正是雄兵围贼时(六)，西南叩望捷音驰。忽忽孟仲冬虚度，日月疾偏露布④迟。

忽阴忽霁度终朝，望雪亦知时尚遥(七)。咄此言增失之矣，自惭自责益心焦(八)。

【原注】

（一）西苑蕉园之南稍折而西为万善殿，乃世祖章皇帝创建，计至今已百五十年，可称古制。

（二）殿正中佛龛恭悬世祖御笔"敬佛"二字匾额，宝翰留贻，长辉梵宇。

（三）每岁腊八吉辰例至万善殿瞻礼以迓新岁蕃禧。

（四）向年于冬至后阅视冰嬉，按照八旗及内府三旗，以次轮阅，率至腊八而遍。因以校艺颁赏，用示颁赏旗兵至意。

（五）冰嬉为国制所重，以革鞋荐铁如刀，驰骤冰上，来往如飞。复抛圆鞠，令众捷前争取，得者为隽。又于旌门悬球试射，用第甲乙行赏，以肄武习劳，隐寓练戎之意，不徒供岁时娱玩也。详向所作《冰嬉赋》中。

（六）日昨接据明亮等奏报，将陕境汉中一带贼匪分路兜擒，适黑龙江劲兵齐至，正遇贼匪于水浅处偷渡，各劲兵驰马急赴河心，将贼匪千余人悉行截杀无遗。贼势大挫，遂不敢复思北渡，亦不能闯入栈道，现俱遁入川境通江地方。明亮带兵跟踪紧蹑，与惠龄、恒瑞、庆成等四面攻围擒渠，捷音当在旦夕。予每日惟敬向西南叩观山川神祇，默佑以期迅速蒇功。

（七）今岁夏秋雨水霑足，自入冬以来，频值阴雨，作雪未果。地土虽未形干燥，现届腊月上旬，计此月中下雨旬及新年正二，雨月尚可叠沛，祥霙时日正长。日前虽非迫切，待泽之候而企望不能稍释。

（八）现在虽非亟望雪泽之期，但此一言，或即予盼雪未诚，以致上稽甘泽，亦未可知。予惟有内省滋惭，益殷祈望宵旰焦劳刻难自已。

【注释】

① 该诗收录在《清高宗御制诗余集》卷十六。作于嘉庆二年丁巳（1797 年）。

② 迓（yà）：迎接。

③ 禔（tí）：福。

④ 露布：捷报。

清仁宗御制诗

观冰嬉①

万顷液池玉鉴凭，八旗劲旅竞超腾。雷轰三叠齐呈技，电掣千夫各奏能。飞矢射时全命中，彩毬抛处又分棚。嘉平行赏羽林遍，习武昆明例事仍。

【注释】

① 该诗收录在《清仁宗御制诗初集》卷八，作于嘉庆元年丙辰（1796 年）。

腊日用杜甫韵①

一月春来候不遥（一），上林积雪未齐消。阶前旭影浮金海（二），窗下梅芬漾玉条。

禁旅冰嬉邀懋赏（三），名藩星拱早趋朝。嘉平应律祥和集，露布飙驰达绛霄。

【原注】

（一）来年正月初七日立春。

（二）各宫阶下所设铜缸又名金海。

（三）是日例陈冰嬉。

【注释】

① 该诗收录在《清仁宗御制诗初集》卷八，作于嘉庆元年丙辰（1796年）。

冰嬉①

液池练武迈昆明，禁旅腾骧选俊英。行赏欢心同挟纩，习劳健足竟登瀛。雷鸣电掣回旋疾，星转飙驰蹴踏轻。发矢千军龙戏绕，夺毬一月掌先擎。光含玉沼凝璿②镜，韵合冰床傍彩旌。五十步休羡百步，普霑帝惠乐嘉平（一）。

【原注】

（一）冰嬉之制，藉习武以行赏，示嘉惠兵丁之至意。每岁冬月，简八旗子弟角艺液池，皇父亲御冰床，第其高下，以次颁赏。勇者特旌，余皆均赐，所以鼓励而激劝之者，即一较技间仰见仁至而义尽焉。

【注释】

① 该诗收录在《清仁宗御制诗初集》卷十六，作于嘉庆二年丁巳（1797年）。

② 璿（xuán）：同"璇"。

嘉平十日悦心殿视事后，雪中观冰嬉即景，用苏轼聚星堂诗韵①

千林素影摇寒叶，应候长空降腊雪。峰巅涧底遍迷漫，俯临阁道光清绝。松钗缀絮舒老枝，缓寻石磴沿曲折。冰床轆轆过岛西，吉爆传声互起灭。礌硠跳荡匝地来，奋迅星驰若电掣。皑皑凤羽舞离奇，飙轮碾碎芳苴纈。依例行赏众情孚，又兆年康沐飞屑。允符农谚祝美穰②，九天挥洒花生蟞。

授时尤愿军务佳，布韵漫向吟坛说。邪氛尽压蝗螟除，布德施仁偃金铁。

【注释】

① 该诗收录在《清仁宗御制诗初集》卷三十二，作于嘉庆六年辛酉（1801年）。《聚星堂雪》是北宋苏轼创作的一首七言古诗，聚星堂是欧阳修任颍州知州时所建。原诗如下：

窗前暗响鸣枯叶，龙公试手行初雪。映空先集疑有无，作态斜飞正愁绝。
众宾起舞风竹乱，老守先醉霜松折。恨无翠袖点横斜，只有微灯照明灭。
归来尚喜更鼓永，晨起不待铃索掣。未嫌长夜作衣棱，却怕初阳生眼缬。
欲浮大白追余赏，幸有回飙惊落屑。模糊桧顶独多时，历乱瓦沟裁一瞥。
汝南先贤有故事，醉翁诗话谁续说。当时号令君听取，白战不许持寸铁。

这首诗咏雪而不使前人所用写雪的文字，即序言中所说"禁体物语，于艰难中特出奇丽"。

② 穰（ráng）：稻、麦等的秆。

观冰嬉①

髬发②寒飚五夜凝，玉壶冻合液池冰。回旋凤翥辉明镜，宛转龙蟠引绮塍。
旅进藏身甘逊让，高才捷足定超腾。非徒游览原行赏，教养仁心永服膺。

【注释】

① 该诗收录在《清仁宗御制诗初集》卷四十，作于嘉庆七年壬戌（1802年）。

② 髬（bì）发：风寒冷。

观冰嬉①

八旗日繁庶，居逸恐厌劳。冰嬉试健步，等级分卑高。
巨絙限众队，贾勇争雄豪。捷若万马走，疾如三峡涛。
玉镜碾素璧，奋迅不暂挠。飞矢能命中，接续随旌旄。

诘戎练精萃，行赏泽遍叨。圣恩永感戴，饯腊敷春膏。

【注释】

① 该诗收录在《清仁宗御制诗二集》卷二十四，作于嘉庆十一年丙寅（1806年）。

冰嬉八韵①

讲武因行赏，朝家旧制仍。腹坚水泽涸，气肃液池凝。

栗烈严飙拂，晶莹明镜凭。映心原朗洁，捷足自超腾。

势若千夫斗，声如万鼓鼟②。夺毬还布翼，射的复分棚。

挟纩期温饱，习勤益奋兴。抚绥非逸乐，宵旰凛渊冰。

【注释】

① 该诗收录在《清仁宗御制诗二集》卷五十六，作于嘉庆十五年庚午（1810年）。

② 鼟（tēng）：鼓声。

腊日观冰嬉①

嘉平迎新春，星回珠斗运。应节陈冰嬉，漫讥与戏近。

长绳界中权，鸣爆众咸奋。盈沼迅电流，殷地驰雄韵。

捷足自超腾，迟速岂能紊。行赏兼习勤，警怠武备训。

【注释】

① 该诗收录在《清仁宗御制诗二集》卷六十四，作于嘉庆十六年辛未（1811年）。

腊日瀛台①

向晨莅西苑，例事阅冰嬉。行赏八旗边，敷恩奕禩②知。

守成勉教养，念典固纲维。为政首勤敬，躬行警怠疲。

【注释】

① 该诗收录在《清仁宗御制诗三集》卷三十二,作于嘉庆二十年乙亥(1815年)。

② 奕禩(sì):世代,代代,一代又一代。

观冰嬉①

玉镜平开太液池,八旗分队试冰嬉。蟠龙夭矫②如绳贯,奔骥腾骧若电驰。

行赏岂因供悦豫,敷慈悠久沐恩施。士怀挟纩度丰岁,本固邦宁时惕思。

【注释】

① 该诗收录在《清仁宗御制诗三集》卷四十,作于嘉庆二十一年丙子(1816年)。

② 夭矫:姿态屈伸而有气势。

腊日未观冰嬉仍命颁赏诗以即事①

年前例行赏,普及八旗兵。候暖冰难结,池宽冻未平。

习劳练勇力,较射振威声。罢阅仍颁赐,宏敷教养诚(一)。

【原注】

(一)每岁仲冬、季冬于西苑太液池分日观八旗冰嬉,约至腊日而毕。其制护膝以帛,牢鞋以韦,或底含双齿,或荐铁如刀。于冰上疾趋竞进,夺毬较射,盖国俗相沿。所以习劳肄武,不可阙也。今岁气候较迟,冰未坚固,未能临阅,仍命颁赏,先养后教,敬承考泽于奕禩,永志弗忘旧典云尔。

【注释】

① 该诗收录在《清仁宗御制诗三集》卷五十六,作于嘉庆二十三年戊寅(1818年)。

清宣宗御制诗

观冰嬉[①]（应制）

太液开冬景，风光入望清。推恩绳祖武，敕政廑皇情。
竹爆如雷殷，池水若砥平。八旗分整暇，千队竞纵横。
瞥睹奔腾亟，欣看组练成。彩毬连命中，羽笴叠相鸣。
临阅因时举，趋随沐泽荣。帝诚通帝谓，瑞雪即飞琼。

【注释】

① 该诗为道光帝旻宁在藩邸时期所作。收录在《养正书屋全集定本》卷二（《清代诗文集汇编》第538册，上海古籍出版社2010年版）。

观冰嬉[①]（应制）

冰坚太液镜中边，翠辇行时爆竹宣。距跃翩然齐贾勇，超腾倏尔竞争先。
鸟翔旗色初分队，鱼贯鞴声每应弦。训饬貔貅兼沛泽，丕承家法亿龄延。

【注释】

① 该诗为旻宁在藩邸时期所作。收录在《养正书屋全集定本》卷二（《清代诗文集汇编》第538册，上海古籍出版社2010年版）。

冰床[①]

太液冻初坚，冰床胜画船。随风疑解缆，趺坐俨成仙。
镜面频回复，湖心任引牵。澄清真可鉴，致远达前川。

【注释】

① 该诗为旻宁在藩邸时期所作。收录在《养正书屋全集定本》卷十九（《清代诗文集汇编》第538册，上海古籍出版社2010年版）。

冰床[①]

形拟匡床用代舟，相呼也泊大隄头。粼粼素彩波心映，轧轧寒光眼底浮。

行处晶莹尘不到，牵来迅疾迹难留。更宜雪后游前浦，洞澈平铺冻欲流。

【注释】

① 该诗为旻宁在藩邸时期所作。收录在《养正书屋全集定本》卷二十六（《清代诗文集汇编》第 538 册，上海古籍出版社 2010 年版）。

冬日侍皇太后游瀛台观冰嬉喜成二律①

其一：

竹爆龙旗展，貔貅勇气腾。光含峰影丽，彩映日华澄。
鱼贯行尤速，鹰搏射更能。几闲勤肄武，旧典念丕承。

其二：

水泽初坚候，旌旗镜里看。悦心琼岛映，遐瞩液池宽。
教士兼施惠，登楼喜问安。更欣冬日暖，不畏朔风寒(一)。

【原注】

（一）冰嬉之举，原以角技行赏寓教士施惠之意焉。本日天气融和，恭奉皇太后登楼阅视，问安之下，慈颜有喜。爰颁赉有差，亦循成例云尔。

【注释】

① 该诗收录在《清宣宗御制诗初集》卷六，作于道光元年辛巳（1821 年）。

雪中观冰嬉作①

（十二月十八日）

迎春快睹雪霏霏(一)，健步驰冰迅若飞。要识承平不忘武，习劳兼以惠京旗。

今冬雪泽庆同霑，太液琼瑶眼底添。凛畏皇清声教远，梯航按部禁门瞻(二)。

【原注】

（一）二十日立春。

(二)是日廓尔喀及内外扎萨克等并暹罗国贡使俱迎觐于西华门外。

【注释】

① 该诗收录在《清宣宗御制诗初集》卷二十一,作于道光七年丁亥(1827年)。

题玉壶天冰床①

绳床欣捷速,运转异舟车。冰沼映云影,空明悟集虚。

春光何处早,试问玉壶天。残雪辉遥岸,林峦万象全。

【注释】

① 该诗收录在《清宣宗御制诗余集》卷十,作于道光十二年壬辰(1832年)。玉壶天:明月夜。

第十节 宫廷冰嬉诗注解

除了皇帝之外,清朝的一些大臣在观看宫廷冰嬉后,也留下了一些诗篇,这些诗篇从另一个角度描绘了不同时代的冰嬉状况。特别是乾隆十年(1745年)以前的诗,对于了解宫廷冰嬉形成制度之前的情况有很高的史料价值。由于这些诗歌散落在不同的作品集之中,如《楝亭诗别集》《紫岘山人诗集》《铜鼓书堂遗稿》《正颐堂诗集》《奏御集》《晚晴簃诗汇》等等,搜集起来更加困难,此处汇集的诗以2010年上海古籍出版社出版的《清代诗文集汇编》所收录的诗歌为主。由于笔者时间和精力有限,难免会有遗漏,甚至会遗漏具有很高史料价值的诗歌,在此特致歉意。

冰上打毬诗三首①

曹寅

其一：

青靴窄窄虎牙②缠，豹脊双分小队圆。整洁一齐偷著眼，彩团飞下白云边。

其二：

万顷龙池一镜平，旗门回出寂无声。争先坐获如风掠，殿后飞迎似燕轻。

其三：

开疆争捷论功多，绿酿葡萄金叵罗。自是勤劳防逸乐，西南兵甲渐消磨。

【注释】

① 三首诗出自《楝亭诗别集》卷一（《清代诗文集汇编》第 201 册，上海古籍出版社 2010 年版）。作者曹寅（1658—1712 年），字子清，号楝亭，汉军旗人，《红楼梦》作者曹雪芹的祖父。康熙二十九年（1690 年）任苏州织造，康熙三十一年（1692 年）转江宁织造。从《楝亭诗别集》分析，该诗作于曹寅年轻之时，约在康熙二十年（1681 年）。

② 虎牙：指冰鞋底部形似虎牙的铁齿。

蹴鞠篇①

张九钺

莲池汇双湖，冰结银宇旷。纵横拓球场，缥缈悬武帐。
虎贲中黄徒，奋勇谁甘让。裤缚黄皮②坚，臂络锦韝③畅。
神珠跳空飞，红星骇流宕。霹雳起鞭驰，将下复群抗。
分行争喧豗，超距迷背向。怒鬣迸蹄翻，倒跃三千丈。
蛟龙踏欲穿，天地为神王。得彩散日斜，瑶岛④但遥望。
当时霍剽姚⑤，穿域事非创。胜戒志饥疲，暇令势颉颃⑥。
岂徒趫捷习，兼令威容壮。赴敌黄法甗⑦，推锋麦铁杖⑧。
石林越岿岿，漆城上光光（一）。此技亦良图，可语防秋⑨将。

【原注】

（一）去声。

【注释】

① 该诗出自《紫岘山人诗集》卷二（《续修四库全书》第 1443 册《集部·别集类》，上海古籍出版社 2002 年版）。该卷收录的是作者在乾隆壬戌（乾隆七年，1742 年）至甲子（乾隆九年，1744 年）三年之中的诗作。该诗作于乾隆十年（1745 年）冰嬉成为制度之前，是研究冰嬉制度初创时期相关情况的重要资料。

② 黄皮：指黄色的护膝。

③ 锦韝（gōu）：武士的皮制袖套。

④ 瑶岛：指北海琼岛。

⑤ 霍剽姚（piāo yáo）：指西汉抗击匈奴的名将霍去病。《史记·卫将军骠骑列传》载其"善骑射，再从大将军，受诏与壮士，为剽姚校尉"，故称。此处借霍去病击溃匈奴打通西域道路的事件，指出获胜要戒除懈怠心理，没有战争的时候要将军队训练得阵势齐整。

⑥ 颉颃（xié háng）：原指鸟上下翻飞，这里指军队的阵势齐整，步调一致。

⑦ 黄法氍（qú）：南朝梁陈时期著名军事将领，字仲昭，巴山新建人。《陈书》记载其"少劲捷有胆力，步行日三百里，距跃三丈"。

⑧ 麦铁杖：南雄百顺人。生活在南朝陈和隋朝，后为隋朝大将军，征讨高句丽请命前锋，力搏战死。《隋书》记载其"骁勇有膂力，日行五百里"。

⑨ 防秋：出自《旧唐书·陆贽传》："又以河陇陷蕃已来，西北边常以重兵守备，谓之防秋。"古代西北各游牧部落往往在秋季南侵，朝廷须调兵遣将加以防卫。

蹴球行[1]

陈景元

十月严霜至月雪，长安[2]城河冻如铁。骐骥空余绝足能，鹰鹯远避阴风烈。羽林健儿不骑马，短后衣裳正轻趶。毳毛[3]白黑各分曹，蹴踏层冰争白打[4]。

来如奔电流光赤，去若飘风走飞石。后羿弯弓九日沈，宜僚运掌双丸掷。奋袂喧呼不自知，断筋折骨何能惜。本是寻常旧相识，一朝攘夺如仇敌。逞雄作气贵持盈，性命此际鸿毛轻。倏尔赵军立汉帜，下风稽首甘输诚。平生未授缚鸡力，龙渊在匣神光匿。白首下帷诚可怜，相对无言三叹息。

【注释】

① 该诗出自《晚晴簃诗汇》卷七十八（徐世昌编《晚晴簃诗汇》，中华书局1990年版）。作者陈景元，字石间，汉军镶红旗人。有《石间诗集》。这首诗描写了在护城河上进行的一场不设球门的冰上抢球比赛，从诗中可以看出比赛进行得非常激烈。

② 长安：一般指古都西安，唐以后常称国都为长安，这里指清朝国都北京。

③ 毳（cuì）毛：鸟兽所生细密的毛。

④ 白打：蹴鞠中不设球门的比赛称为白打。

冰戏行[1]

江权

朔风凛冽吹寒云，长空穰雪如云殷。千峰木落百川静，宇宙霍霍[2]浑难分。

西山泉原自天落，逶迤百里来城郭。宫殿南头御苑西，流觞曲水排空凿。

是时雪霁川泽凝，琉璃万顷堆寒冰。狐听无声磝鼠伏，璆琳珠贝光崚嶒。

锦帆画舸舣③沙屿，绣槛牙樯滞烟渚。夹岸旌旗拂曙来，传呼冰戏陈师旅。

寒光灼灼眩朝暾④，中流双戟⑤开毬门。鸿沟酸枣⑥界南北，谁能瞬息争腾奔。

健儿剽悍自生小，捷于猿猱疾于鸟。才看飙举似星流，瞥见驰回如电绕。

夺标得得矜先鸣，翻身仰射门毬轻。旁观口噤色战栗，往来驰突自纵横。

挟辀投盖⑦史所纪，搴弧拔帜人争齿。羽林健卒天下雄，驰骤层冰如砥矢。

古来百戏咸具陈，拔河蹴鞠徒纷纷。宴安鸩毒恣逸乐，不如超距⑧张吾军。

【注释】

① 该诗出自《正颐堂诗集》卷一（《清代诗文集汇编》第338册，上海古籍出版社2010年版）。作者江权，字越门。乾隆十年（1745年）进士。《正颐堂诗集》载其乾隆十年（1745年）至十九年（1754年）所作诗歌，从诗集编排看，推断该诗作于乾隆十年。其标题及诗句中均使用"冰戏"二字，而非乾隆十年钦定的"冰嬉"，更说明作于"冰嬉"二字广为人知之前。

② 崔崔：崔通鹤，鸟往高处飞，引申为穷高极远。

③ 舣：停船靠岸。

④ 朝暾（zhāo tūn）：刚升起的太阳。

⑤ 双戟：这里指球门的立柱像矗立的双戟。

⑥ 酸枣：参加抢球比赛的两队兵士分伍而立就像酸枣成对的果实左右而分。

⑦ 挟辀投盖：挟辀，夹住车辕。出自《左传·隐公十一年》："公孙

阋与颍考叔争车，颍考叔挟辀以走，子都拔棘以逐之。"投盖：投掷车盖，出自《左传·庄公三十二年》："（囿人）荦有力焉，能投盖于稷门。"挟辀投盖指勇武有力或勇武有力的人。

⑧ 超距：跳跃。古代练习武功的一种活动。

冰嬉曲①

查礼

严寒结水坚如石，太液池冰厚逾尺。宸游②乐与民③同之，万几之暇为冰嬉。

踏冰有履履有铁，冰铁相衔若相啮。履平铁侧走不纡，举趾乃似刀割涂。

分行结队辨旗帜，五彩缤纷琉璃地。绣丝成簇锦成窠，冰人有翼池无波。

一旗忽动一行起，一行方趋一队止。已夸群出直于绳，更讶飞追捷于矢。

复听喧呼竞夺标，圆毬鹘上中天抛。两眼疾视四肢劳，失势一跌齐讥嘲。

忽俯忽仰宛桔槔④，弄簺胜玩秋江涛。重排高架悬孤注，臂挽雕弓腰白羽。

髇⑤鸣镝响毬乱舞，后者欲前前者去。以身为帆足为橹，旋转乘风那得住。

我皇莅政间且勤，奏事不废东西门。小臣寓目躬幸亲，归家传述犹津津。

何人闭户抱束薪，彼哉夏虫难与论。

【注释】

① 该诗出自《铜鼓书堂遗稿》卷八（《清代诗文集汇编》第338册，上海古籍出版社2010年版），作于乾隆十三年（1748年）。作者查礼

（1716—1783），字恂叔，号俭堂，顺天宛平（今北京市丰台区）人。

② 宸游：帝王的巡游。

③ 民：指的是臣僚，并非是老百姓。乾隆时的冰嬉盛典并不允许老百姓观看。

④ 桔槔（jié gāo）：一种从井里汲水的工具，在一根竖立的架子上加上一根细长的杠杆，当中是支点，一端挂水桶，另一端绑石块等重物，汲水时两端一起一落。滑冰时的姿态就像桔槔一样忽俯忽仰。

⑤ 髐（xiāo）：响箭。髐鸣镝响说明冰嬉中射天球项目使用的是响箭。

冰嬉①

石韫玉

北风吹水成琉璃，寒生天上濯龙池。南海北海两镜披，金鳌玉蛛中间之。

丹唇皓齿邯郸儿，后执弓矢前摩旗。身衣绣衣蟠蛟螭，帽檐②覆额元貂③皮。

远游文履五色丝，承以炼铁铣如锥。疾行冰上争驱驰，纵横周折无不宜。

枯杨夹岸风参差，锦棚彩毬飞带垂。射夫绝技穿杨枝，再发再中无高卑。

五华队合云逶迤，当中御幄行运迟。双龙夹辅撑之而，金枪豹尾相追随。

天颜喜兮近臣知，作歌不让卷阿④词。

【注释】

① 该诗出自《独学庐初稿》卷二《江湖集上》（《清代诗文集汇编》第 428 册，上海古籍出版社 2010 年版）。推测作于乾隆五十年（1785 年）前后。

② 帽檐：清代王公大臣和各级品官的冬季暖帽以貂、狐等皮制成。

③ 元貂：玄貂，避康熙玄烨讳。

④《卷阿》：是《诗经》中对周王歌功颂德的诗篇，最后二句"矢诗不多，维以遂歌"，写群臣献诗，故推测这是一首应制诗。

恭和御制嘉平十日悦心殿视事后，雪中观冰嬉即景，用东坡聚星堂诗韵①
黄钺

天风散花云剪叶，鼓一中时霏稷雪。朝来蓬岛琢琼瑶，银海漫汗步能绝。冰床安稳胜飞舆，壶峤延缘中周折。春雷一震冰嬉陈，旄旌翠罕光明灭。漫空龙凤正横飞，得水蛟螭竞奔掣。不愆立步七步齐，交舞千花万花缬。获隽欢呼万岁三，明年麦熟黄堪屑。玄冥赋瑞悦皇心，滕六呈才供一瞥。此诚习战非为剧，韩愈诗篇②昔曾说。会看新年贺太平，马卸金羁③甲褫④铁。

【注释】

① 该诗出自《奏御集》卷一（《清代诗文集汇编》第428册，上海古籍出版社2010年版）。作者黄钺（1750—1841年），字左田，号壹斋，安徽芜湖人，历仕乾隆、嘉庆、道光三朝。该诗是嘉庆六年（1801年）御制《嘉平十日悦心殿视事后，雪中观冰嬉即景，用苏轼聚星堂诗韵》的和诗。

② 韩愈诗篇：指韩愈《汴泗交流赠张仆射》，这首诗描写了张仆射（张建封）马球比赛的情景。诗中有"此诚习战非为剧，岂若安坐行良图？当今忠臣不可得，公马莫走须杀贼。"的句子。

③ 羁（jī）：马缰绳。

④ 褫（chǐ）：解下。

京邸感怀三十二韵①（节选）
边浴礼

身世艰虞里，乾坤惨澹时。不才耽薄禄，冷官滞京师。日驭瞻穹朗，云程历险巇。匡君②惭汲黯③，违众慕梁噫。

帝载高元默，民生怆殿呬④。人方游泰宇，祸忽起潢池。
天狗星飞焰，蚩尤雾展旗。负嵎谋尚浅，出枑蔓方滋。
巨险长江失，重城列郡隳。罴无当道卧，士有执冰嬉。
庙略⑤徒中制，援兵总后期。馋蛟狂喋血，哮虎惨舆尸。
上相谋猷拙，司农馈饷疲。九州几兀臬⑥，千里一疮痍。

【注释】

① 该诗出自《晚晴簃诗汇》卷一百四十五（徐世昌编《晚晴簃诗汇》，中华书局1990年版）。作者边浴礼，字夔友，一字袖石，任丘人。道光二十四年（1844年）进士，改庶吉士，授编修，历官河南布政使。著有《健修堂集》。诗中犀利地指责了清军谋划不利，导致"巨险长江失，重城列郡隳"。列强未当道的时候，兵士就有像冰嬉这样的军事训练，但是由于朝廷的谋略徒然从中干预，但援兵总是不能按时到达。虎狼喋血的时候，大臣仍没有好的办法，财力匮乏，军饷不足，最终导致九州动荡，千里疮痍。

该诗应作于道光二十年（1840年）后。第一次鸦片战争爆发后的当年（农历）冬天，冰嬉盛典就停止举办了，之后只在光绪年间回光返照般举办过。

② 匡君：匡辅君主。

③ 汲戆：西汉名臣汲黯。

④ 殿呬（xī）：呻吟声。

⑤ 庙略：朝廷的谋略。

⑥ 兀臬：动荡。

冰鞋①

张恒昌

遨游水面逞英雄，寸木为舟西复东。托足只凭一线铁，昂头快似五花骢。
侧身蹈舞迎残日，斜影飘飞趁晚风。别有一般潇洒趣，冰心全在玉壶中。

【注释】

① 该诗出自光绪二十年（1894年）《益闻录》第1348期。作者张恒昌，字久峰，生平不详。从下文的和诗来看，该诗描写的是光绪十九年（1893年）举办的冰嬉盛典上的滑冰者，他们脚踏冰刀在冰面上潇洒飞驰。

和久峰先生咏冰鞋原韵①

高允复

一著冰鞋心便雄，骋驰冰面任西东。挺身稳若骑仙鹤，展足轻如策玉骢。舞蹈何殊居宝地，回旋不亚御虚风。凤池谁夺锦标去，无限荣华在个中。

【注释】

① 该诗出自光绪二十年（1894年）《益闻录》第1349期。是张久峰《冰鞋》诗的和诗，描写的是光绪十九年（1893年）举办的冰嬉盛典，作者高允复生平不详。该诗作者将太液池称为"凤池"，是对慈禧的阿谀之词，从一个侧面表现了慈禧对本次冰嬉盛典的主导作用。

和张久峰冰鞋原韵①

福秀珊

履坚疾步健为雄，睿鉴冰嬉上苑东。奋臂浑疑扬翅凤，耸身不让卷毛骢。铁鞋旋转怀衔月，木屐驰驱俨御风。五色旗幡亭外飐，锦标夺取玉壶中。

【原注】

皇太后于中海太液秋风亭看演冰嬉，亭外冰上插旗数面，先拔取者有赏。是日获隽者数人。

【注释】

① 该诗出自光绪二十年（1894年）《益闻录》第1350期。是张久峰《冰鞋》诗的和诗，描写的是光绪十九年（1893年）举办的冰嬉盛典，作者福秀珊生平不详。太液秋风亭即中海水云榭，因有乾隆御题"太液清风"四字得名。木屐指冰鞋，由此可见，这个时期的冰鞋还是"缚式"冰鞋。

清宫词①（节选）

吴士鉴

拖床碾出阅冰嬉，走队橐弓②五色旗。黄幄居中奉慈辇，罽帱貂座日舒迟。

【原注】

每岁十二月，于西苑三海阅冰嬉，所以习武行赏。御前侍卫率八旗兵队，奔驰迅疾如飞，张弓挟矢、分树五色旗，以为次第。乾隆间，高宗岁奉孝圣皇后阅视三海中。冬令乘坐冰床，亦谓之拖床。上用者，以黄缎为幄，如轿式然，以八人推挽之。罽帱貂座，见高宗御制冰床联句诗。

【注释】

① 该诗出自吴士鉴著《清宫词》（吴士鉴等著《清宫词》，北京古籍出版社1986年版）。吴士鉴（1868—1934年），近代金石学家、藏书家。字公詧，号绹斋士。钱塘（今浙江杭州）人，吴振棫曾孙，光绪十八年（1892年）翰林。

② 橐（tuó）弓：把弓矢收藏起来。表示停息战事。出自《诗经·周颂·时迈》："载戢干戈，载橐弓矢。"

魏息园清宫词①（节选）

魏程搏

罽帱貂座小行窝，一溜流星掣电过。两岸旌旗分五色，羽林十万尽雕戈②。

【原注】

每岁十二月，于西苑三海阅冰嬉，所以习武行赏。御前侍卫率八旗兵队，奔驰迅疾如飞，张弓挟矢、分树五色旗，以为次第。乾隆间，高宗岁奉孝圣皇后阅视三海中。冬令乘坐冰床，亦谓之拖床。上用者，以黄缎为幄，如轿式然，以八人推挽之。罽帱貂座，见高宗御制冰床联句诗。

【注释】

① 该诗出自魏程搏著《魏息园清宫词》，1915年李珍序并注（吴士鉴等著《清宫词》，北京古籍出版社1986年版）。作者魏程搏，字莲裳，号息园，湖南湘乡人。该诗注释和吴士鉴《清宫词》雷同，为李珍转注，非魏程搏抄袭吴士鉴之作。

② 雕戈：镌有花纹的戈，泛指戈。

第十一节　民间冰嬉诗词注解

清代描写民间冰嬉的诗歌不多，主要集中在诗作者乘坐冰床时的一些描写，关于滑冰的描写多在竹枝词之中。晚清诗人宝廷所作《冰鞋》诗，是为数不多的描写滑冰的诗歌，已在前文进行了比较详细的解读。这些诗篇大多朗朗上口，通俗易懂，因此仅作了很少的注解。

赵北口坐冰床①

查慎行

老涉惊波足可怜，平生履薄怕临渊。阿谁与唱《公无渡》，三尺冰床稳胜船。

【注释】

① 该诗出自《敬业堂诗集》续集卷五（《清代诗文集汇编》第178册，上海古籍出版社2010年版）。作于康熙五年丙午（1666年）。作者查慎行（1650—1727），字悔余，号他山，赐号烟波钓徒，浙江杭州府海宁县人，当代著名作家金庸先祖。

重过赵北口[1]

查慎行

记得冰床冰面行,一堤两淀喜重经。浓阴得气涵晴露,残月收光避晓星。桥俯碧流知马渴,人归近市觉鱼腥。今来古往成何事,输与眠鸥占此汀。

【注释】

[1] 该诗出自《敬业堂诗集》续集卷六(《清代诗文集汇编》第178册,上海古籍出版社2010年版)。作于康熙五年丁未(1666年)。作者康熙五年冬天坐冰床过赵北口,又于第二年的五六月份重过赵北口,此时的赵北口已经不是"三尺冰床"的光景,而是"人归近市觉鱼腥"的夏日了。作者因此感慨人生走南闯北,忙忙碌碌,还不如占据了这片小洲的眠鸥。

赵北口坐冰床[1]

查慎行

古堤老柳一时僵,水腹初坚黑白洋,稍与长途休马力,冒寒半日坐冰床。

【注释】

[1] 该诗出自《敬业堂诗集》卷十九(《清代诗文集汇编》第178册,上海古籍出版社2010年版)。作于康熙三十三年甲戌(1694)。

冰床[1](良乡道中)

爱新觉罗·弘旿

不踏红尘竟履冰,一床兀坐胜车乘。长途骞劣追难及,彼岸人喧继已登。冻后帆樯休较速,暗中鱼鳖漫争能。凭谁写入盐沟志,捷径如斯大可称。

【注释】

[1] 本诗出自《石琴室稿》(《清代诗文集汇编》第332册,上海古籍出版社2010年版)。作者爱新觉罗·弘旿(1712—1750),字思敬,号石琴道人。皇族成员,雍正、乾隆时期书画家。

城南冰泛歌①

查礼

陆行利用车,水行利用舟。各适其用利其利,帆樯牛马不相谋。

朔风一夜关南至,河水吹高等平地。处处牵船岸上居,家家尽法张融智。

漂榆②城南寒月明,石田万顷何晶莹。浮光倒射天影白,七十二沽无水声。

舟师渔师并颖悟,伐木丁丁作床渡。非艑③非舲④浅不浮,以冰为陆轻奡⑤步。

历坦既绝风波虑,乘坚且似推殷辂。独行可学敲脚眠,并坐何妨交臂遇。

绿蚁时已篘⑥,招我同心俦。缓步出城关,共作南郊游。

冰床鹿鹿觯湖侧,凌风卧看玻璃色。疾发群惊铁箭飞,往来更似金梭织。

须臾忽近招提境,楼阁岩峣妙思骋。怪我初从鲛室来,满身犹带珠光冷。

觥筹杂沓催,谈笑声喧阗。不知银汉浅,惟见玉山颓。

八蜡祠前击社鼓,耸身直入清虚府。翻喜今年腊日长,不须早唤春风舞。

暮讶轻雷鸣涧壑,霜星摇动银花落。侍晨执盖影参差,仙佐冯夷奏嘉乐。

无辞秉烛极欢娱,醉却寒威抵万夫。归时更踏坚冰去,记取城南旧酒垆⑦。

【注释】

① 该诗出自《铜鼓书堂遗稿》卷二(《清代诗文集汇编》第338册,上海古籍出版社2010年版),作于乾隆二年(1737年)。

② 漂榆:指漂榆邑,大约在今天津市东丽区军粮城一带。

③ 艑(biàn):大船。

④ 舲(líng):小船。

⑤ 奡(ào):上古人名,相传力大,并能陆地行舟。

⑥ 篘(chōu):一种竹制的滤酒的器具。

⑦ 酒垆:卖酒处安置酒瓮的砌台。借指酒肆、酒店。

冰床①

汪由敦

陆行莫如车，水行莫如舟。而此六尺床，致用乃更优。

严冬泽坚腹，冻合琉璃瓯。岂无青雀舫，有篙不得投。

谁从镜中度，下瞰蛟宫幽。巧匠创新制，斫木非涂髹②。

谓车无两轮，前不参华辀。谓舟无双桨，后不起舵楼。

名虽借几榻，而不施衾裯。底若仰瓦楄，面平体微修。

恰受两三人，平移类凫鸥。才容一人挽，足缩躬伛偻③。

湾湾曲能赴，滑滑行不留。过桥望云阙，傍崖数星邮。

稳于天上坐，安于下泽游。幻若杯里度，轻从斗边浮。

何须五两候，不载百斛愁。坐得大自在，更免倾覆忧。

北客喜相诧，吴儿④曾见不？大哉六合内，知岂万物周。

凭河皮为囊，逾岭竹作兜。引绳陟悬度，潜螺出重湫。

放言山海外，那可穷冥搜⑤。东风动流澌，新波碧于油。

轻帆将弱缆，卧听傍人讴。斯时牵着岸，略同役车休。

用舍各有适，逢时斯见售。请待岁寒日，济川行相求。

【注释】

① 本诗出自《松泉诗集》卷十一（《景印文渊阁四库全书》第1328册《集部·别集类》，台湾商务印书馆1986年版），约作于乾隆八年（1743年）。作者汪由敦，字师苕，号谨堂，又号松泉居士，安徽休宁人，雍正二年甲辰（1724年）进士，曾任吏部尚书。

② 髹（xiū）：用漆涂在器物上。

③ 伛偻（yǔ lóu）：弯腰曲背。

④ 吴儿：吴地少年，代指南方人。

⑤ 冥搜：苦思冥想。

无题①

查礼

腊八日同朱仑仲、周月东、戴暗成、潘廷筠、吴骥调、陈江皋、陈东麓、杨涵远、万循初、高季冶游海光寺,酒后以冰床代马较射为戏,予因作歌自哂。

严风栗烈嘉平月,朔朏②才过俄八日。灶觚豆粥似饧③稠,古寺焚香齐拜佛。

约我同心俦,牵拂城南头。不蹄不轮亦不舟,连翩共坐冰床游。

冰河一片如明镜,却隔天光不倒映。虽非平地无风波,烹羊炙酒乐事多。

酒酣兴发为诗魔,忽思观德示正鹄。将床作马冰作陆,一篙反比四蹄速。

三矢递发手眼忙,我矢既直我御良。胜者持觞负者饮,醉看日落烟苍苍。

子虚乌有公无是,万事回头均等耳。来春冰解床何用追风逐电?

自古皆有死,吾生不如祖逖鸣先鞭④,又不能短衣匹马看射猛虎终残年⑤。

夏虫语冰剧可怜。笑问坐中客,谓吾然不然?

【注释】

① 本诗出自《铜鼓书堂遗稿》卷六(《清代诗文集汇编》第338册,上海古籍出版社2010年版),作于乾隆十年(1745年)。

天津海光寺始建于清康熙四十四年(1705年),为津门名刹,香火不断。这里距天津老城南门三里,水面开阔,似江南水乡。冬天结冰后,有冰床陈于冰面,供人乘坐。

② 朔朏(fěi):腊月初三日。

③ 饧:糖。

④ 先鞭:成语先我着鞭的缩写,争先,先行一步。典出《晋书·刘琨传》:"琨少负志气,有纵横之才,善交胜己,而颇浮夸。与范阳祖逖为友,闻逖被用,与亲故书曰:'吾枕戈待旦,志枭逆虏,常恐祖生先吾

著鞭。'"

⑤ 短衣匹马看射猛虎终残年：典自杜甫《曲江三章章五句》："短衣匹马随李广，看射猛虎终残年。"

冰床①

宝廷

玄冥秉权严寒凝，大河小河胥坚冰。帆收楫卸舟不行，深临薄履同兢兢。
伊谁造车床假名，长方四尺象厥形。伏羲未作禹未乘，泥樏山橇堪并称。
木躯金趾坚而轻，一人背挽牵以绳。琉璃一片如镜明，一碧澈底寒且清。
残荷败荇萦苍青，伏流足下时有声，冒寒遒走游兴增。
我闻夷人穷北溟，放舟万里寒门经。烛龙②口噀烟不腾，大鲲鳞僵难化鹏。
十往九死或一生，今岁路阻明年仍，心肝冻碎悍不停。
艰难卒得通东瀛，从此天外开新程。人生万事须专精，畏难中止终无成。
华夷人同岂异情，何事甘让他族能？自古勤惰判废兴。

【注释】

① 本诗出自《偶斋诗草》内次集卷九（宝廷著《偶斋诗草》，上海世纪出版股份有限公司、上海古籍出版社2005年版）。

② 烛龙：别名烛九阴。传说中人脸蛇身的怪物，住在北方极寒之地，吹气为冬天，呼气为夏天。

无题①

宝廷

廿四日仍雪，同镜寰、芷亭、静山伯从小饮净业湖②酒楼，醉后遂同出德胜门乘冰车入阜城门，戏成长句，示同游诸君。

诗人喜雪过农夫，连朝践踏忘泥涂。西郊昨日已纵览，兴来今又游北湖。

北湖酒楼临岸孤，登高痛饮老眼舒。旧景厌看忽新易，近山变色遥山无。

平湖雪满湖难寻，皎然百顷迷浅深。凿开玉镜一方小，墨泉染出瑶池心。

酒酣张盖北门出，醉卧冰车轻栗冽。银花碾碎涩有声，伏溜迸冰雪横裂。

朔风斜卷花飞疾，草木泥沙共清洁。两闲不许一尘留，仰见白云俯见雪。

仙人鹤氅拥羊袭，佛子渡人牵白牛(一)③。世间诸法尽平等，苦乐当前良不侔。

君不见河边乞食妇，怀抱婴儿寒缩首。又不闻海上长征兵，铁衣束体坚如冰。

对雪难免同泪倾，岂暇冒雪闲游行。灾荒兵燹④久未息，四方何日歌升平。

偷闲宽乐足惭愧，欢笑未已愁怀增。方外亦难逃海内，可能绝俗长独生？

【原注】

（一）牵冰床者，乃某寺番僧。

【注释】

① 本诗出自《偶斋诗草》外集卷五（宝廷著《偶斋诗草》，上海世纪出版股份有限公司、上海古籍出版社2005年版）。作于光绪十年甲申（1884年）。作者雪后和好友在积水潭净业湖酒楼饮酒，醉意惺忪之后，一起出德胜门，乘坐冰床到阜成门，一路上寒风吹雪。作者坐在某寺僧人拉的冰床上，顿感世态炎凉。又联想到因外侮入侵导致连年战火不断、民不聊生，不禁眼泪纵横。

② 净业湖：即积水潭。《帝京岁时纪胜》载："帝京莲花盛处，内则太液池金海，外则城北西北隅之积水潭，植莲极多，名莲花池。或因水阳处有净业寺，名为净业湖。"

③ 白牛：原指白牛车，佛教语，比喻大乘佛法。这里作者将冰床比喻成白牛，一语双关。

④ 燹（xiǎn）：原指野火，后专指兵火、战火。

无题①（节选）

宝廷

季冬望后二日，快雪晚晴，二更携大儿步至金鳌玉𬟽看月，三更始归，成七古一章，以志胜景。

忽忆当初全盛时，冬宫春园岁迁移。隆冬雪霁每巡幸，液池冻合呈冰嬉。

我生也晚觏②寇乱，宵旰无暇游观稀。蓬瀛不禁俗人到，胜景幸遇惊清奇。

闲身又值太平日，游归纪胜姑成诗。昆明③雪月应更好，可惜荒远无人知。

【注释】

① 本诗出自《偶斋诗草》外集卷五（宝廷著《偶斋诗草》，上海世纪出版股份有限公司、上海古籍出版社2005年版），作于光绪十一年乙酉（1885年）腊月十七。

② 觏（gòu）：遭遇。

③ 昆明：指昆明湖。

第十二节　冰嬉竹枝词注解

唐代刘禹锡把巴蜀民歌变成诗体，开创了"竹枝词"这一新的诗体，"杨柳青青江水平，闻郎江上唱歌声。东边日出西边雨，道是无晴却有晴"，就是其中的代表作品。竹枝词的形式为七言绝句，风格明快活泼，后人屡有效仿。竹枝词以吟咏乡土风俗为主要特色，具有典型的地域文化特征，因此收集清代文人写的竹枝词中有关冰嬉的诗句，对于我们了解这个时期的冰嬉特别是民间冰嬉，具有积极的意义。本节收集的竹枝词主要来源有二，其一为1982年北京古籍出版社出版的杨米人等著、路工编选的《清代北京竹枝词（十三种）》。其二为2007年北京出版社出版的《中华竹枝词全编》，丘良任、潘超、孙忠铨、丘进编。由于竹枝词朗朗上口，通俗易懂，且有的竹枝词作者当时就加了注解，因此笔者仅做了很少量的注解，并以时间为顺序进行了排列。

燕山竹枝[①]（节选）

郭士璟

汉水凝寒少石梁，行人趺坐走冰床。白绳索索过湖去，不辨冰光与日光。

【原注】

冬至以后，天寒冰坚，什刹海、护城河、二闸等处皆有冰床，可坐三四人，一人拖之，其行甚速。见《燕京岁时记》。评：写得冰床竟如大堤连桲矣。

【注释】

① 作者郭士璟（1621—1699年），字眉枢，明末清初江都（今江苏扬州）人。顺治十二年乙未（1655年）进士。《燕山竹枝》中每一首都有作者同学诸子的点评。

百戏竹枝词[①]（节选）

李声振

其一：

走冰鞋

捷足行看健步纷，寒流趁冻雪花春。铁鞋踏破奔驰甚，悔作银河冰上人。

【原注】

足着铁底鞋，一步恒数丈，行冰上，兼有能格斗、舞跳者，都门入冬，城河最多。

其二：

蹋鞠

蹋鞠场中浪荡争，一时捷足趁坚冰。铁球多似皮球踢，何不金丸逐九陵。

【原注】

俗名"踢毬"。置两铁丸，更相踏蹴，以能互击为胜，无赖戏也。恒于冬月，冰上逐之。

【注释】

① 摘自《百戏竹枝词》，作于清乾隆年间。作者李声振，号鹤皋，河北清苑（保定）人。

京师竹枝词① （节选）

紫幢主人

寒入长河冻已坚，冰床仍著锦绳牵。翩然倒曳飞鸢去，稳似江南鸭嘴船。

【注释】

① 诗句摘自《中华竹枝词全编》，编者称选自《十朝诗乘》卷十四，紫幢主人"生卒不详"，且将描写七月的竹枝词另外摘出，这是不准确的。作者紫幢主人即清初文人文昭（1680—1732），清宗室，字子晋，号芗婴居士、紫幢轩主人。清末震钧著《天咫偶闻》引《紫幢轩集·京师竹枝词》与此稍有出入，其文："城下长河冻已坚，冰床仍著缆绳牵。浑如倒拽飞鸢去，稳便江南鸭嘴船。"

直沽竹枝词① （节选）

梁机

冰床五尺下西沽，稳坐东风日欲晡。临上岸时行步滑，人前未肯倩郎扶。

【原注】

河冻时，土人刳木为舟，形方，径五尺许，编秫秸覆其上，绳引而趋，其疾如驶，名曰冰床。

【注释】

① 出自《三华集》。作者梁机，字仙来，江西泰和人。康熙六十年辛丑（1721年）进士。著有《北游草》《三华集》等。直沽：天津。

都门竹枝词[①]（节选）
杨米人

其一：

金鳌玉蛛画图开，猎猎风声卷地回。冻合琉璃明似镜，万人[②]围看跑冰来。

其二：

宣武门前看象房，慈云寺外坐冰床。逛来二闸无多日，丫髻山头又进香。

【注释】

① 作者杨米人，别号净香居主人，安徽桐城人，乾隆、嘉庆年间曾居住北京。乾隆六十年（1795年）写下《都门竹枝词》，共一百首，这是其中一首。

② 万人：虚指，言其盛况。宫廷内的冰嬉盛典是不允许百姓观看的。

日下新讴[①]（节选）
前因居士

其一：

习劳戒逸励群材，彩鹄旗门镜面排。为趁严寒操士劲，瀛台行赏看冰鞋。

【原注】

冰鞋者，底衔铁齿一条，用以啮凌，撒其两手，参差鼓势而行，迅若飞鸟。皆八旗兵丁演习承应。每冬至后，太液冰坚，于瀛台、琼华岛等处宽旷池面,竖立旗门,上悬彩鹄。跑冰之旅,各挟弓矢,鱼贯飞驰。过其下,辄仰发一矢,以取中。又抛掷鞠球,高下跳跃,争先攫攫。得者倍赏,余众亦得普邀赐赍。上每于瀛台办事之日,膳后御冰床看一旗或看两旗不等。俱隔日传旨预备,至腊月初八日为止,谓之"冰嬉"。

其二:
凌床宛转致偏多,稳向琉璃世界拖。车不轮辕舟不楫,陆无尘堁水无波。

【原注】
河道冰坚,则有凌床趁时出谋生理。其制有类行床,大于桌面,用绳挽拽而行,涉于大川之上,安如磐石之间。偶一登乘,颇有佳致。

【注释】
① 作者前因居士生平不详。据《日下新讴》所载《自跋》推断,《日下新讴》成稿于嘉庆三年(1798年),记录的是作者于乾隆三十四年己丑(1769年)居住在京师后的所见所闻。

燕台口号一百首①(节选)
查揆(传)

河头冻合坐冰床,偷得舟行陆地方。更有抛球人夺彩,一双飞舄欲生芒。

【原注】
冬月冰坚,以平板作床状,下用二足裹以铁,一人引绳,名"冰床",亦曰"拖床"。又尝于冰上弄球掷彩,为冰嬉。

【注释】
① 作者不详,但其引言指出为清代查浦的同族人,《清代北京竹枝词(十三种)》的编选者路工认为《燕台口号一百首》系查揆所作,反映的是嘉庆初年的北京风情。查揆(1770—1834),嘉庆九年(1804年)

举人。

都门杂咏①（节选）
方元鹍

其一：

鞿辘双轮颠不休，天街地冻滑于油。爱他数里冰床坐，稳似春江一叶舟。

其二：

泽腹严冬到底凝，招邀童伴兴飞腾。儿嬉不道凭河险，滑汰青鞋好溜冰。

【注释】

① 出自《铁船诗钞》，作者方元鹍（1753—1817），字震旸，号海槎，一号铁船。浙江金华人。嘉庆六年（1801年）进士，官工部主事，性孤洁，不擅官场。

草珠一串·游览①（节选）
得硕亭

一番风雪一番凉，徒步行人渐履霜。诗思不须驴子背，沿河处处有冰床。

【注释】

① 《草珠一串》共一百零八首。作者得硕亭，刊行于嘉庆二十二年（1817年）。

冰床①
杨静亭

十月冰床遍九城，游人曳去一毛轻。风和日丽时端坐，疑在琉璃世界行。

【注释】

① 摘自《都门杂咏》。作者杨静亭,曾著《都门纪略》,与《都门杂咏》同时在道光二十五年(1845年)刊行。

冰床①

何耳

玉虹一道縠纹②平,过处皆闻细碎声。短绳独牵停不住,往来宛在镜中行。

【注释】

① 摘自《燕台竹枝词》,共二十首,作于咸丰年间(约1855年)。作者何耳,号易山,安徽歙县人。

② 縠(hú)纹:绉纱似的皱纹。常用来比喻水的波纹。

燕京杂咏①(节选)

褚维垲

引河一道冻城根,寒玉能坚沏底痕。唤坐冰床载人去,顺成门②外到前门。

【原注】

城河冰冻,俱设冰床,由顺成门拉至正阳门,约三四里,价以三四钱。

【注释】

① 摘自《人境结庐诗稿》。作者褚维垲,字爽斋,浙江余杭人,咸丰元年辛亥(1851年)举人。

② 顺成门与正阳门均为北京古城门。顺成门为元大都城门,今宣武门附近。正阳门为内城正门,即前门。顺成门与正阳门相距三里,当时两门之间有护城河相连,冬天河水结冰,有冰床载客。

冰鞋[1]

李静山

往来冰上走如风,鞋底钢条制造工。跌倒人前成一笑,头南脚北手西东。

【注释】

[1] 摘自《都门汇纂》附刊。作者李静山,江苏绣谷(今南京)人。刊行于同治十一年(1872年)。光绪十年(1884年)张焘《津门杂记》以《跑凌鞋》为题刊出。

燕台竹枝词[1](节选)

彭祖润

城濠数里冰床快,风雪披裘唤渡时。三板棱棱轮铁利,一绳牵挽去如飞。

【注释】

[1] 摘自《玉屏山馆诗草》。作者彭祖润,字岱霖,长洲(今江苏苏州市)人,同治十二年(1873年)举人。

中篇／诗文绘画篇  219

第二章　赋

第一节　乾隆《御制冰嬉赋有序》译注

《御制冰嬉赋有序》成文于清乾隆十年（1745年），序言122字，正文1000字。该赋为乾隆皇帝亲撰，记录"国俗"冰嬉的时令、盛况、要旨等内容，是描述由其亲手创办的冰嬉盛典的纲领性文章，曾记载于《清朝通典》之中："以示旌勇，均赐而归，本于观德之义。"对于了解乾隆时期冰嬉盛典的状况乃至乾隆关于举行冰嬉的想法有很高的价值。全赋具有汉大赋的特征，辞藻华丽，结构谨严，立意高远，气势恢宏，但用典过多，且有不少生僻字，影响了可读性。为便于理解本赋，笔者对全文进行了注释和翻译。

此赋写成后，曾传示内廷诸臣，并令各作一篇赋应制（相关内容见本书中篇《十三大臣〈瀛台冰嬉恭赋〉笺注》）。

乾隆十年（1745年），武英殿刻有朱墨套印本《御制冰嬉赋有序》。文字为墨色，朱笔圈点，小字注释，红线标示。倘若以此刊本的注释加以校正，势必更加准确。笔者曾四处打听，但直到目前也没有得到该刊本的全文资料，仅在故宫博物院官网上看到两页，其中的部分内容已标注在注释之中。

　　本书所使用的《御制冰嬉赋有序》原文来自乾隆年间徐扬绘《御制冰嬉赋图》上部的乾隆御笔。为便于阅读，将其中的繁体字和异体字转化为简体字，如将"鞾"改为"靴"、将"鞵"改为"鞋"、将"憎"改为"慢"。同时，将避玄烨讳的字改回"玄"字，即将"元冥"改为"玄冥"、"元武"改为"玄武"、"悬圃"改为"玄圃"。

　　文中的句读是在1983年北京古籍出版社出版的《日下旧闻考》第二册第272—274页载《御制冰嬉赋有序》基础上略做调整所加。

　　陆行之疾者，吾知其为马；水行之疾者，吾知其为舟、为鱼；云行之疾者，吾知其为鹓、鹏、雕、鹗①。

【注释】

该赋以陆上、水中和空中行动之快者开篇，称其行动虽快但不能与滑冰相比，冰上行动之快还要看冰嬉表演的士兵的技能。

① 此处乾隆罗列的是四种善飞的大鸟。鹓：民间传说中像鹤的一种鸟。鹏：鹏为鲲所化，典出《庄子·逍遥游》："北冥有鱼，其名曰鲲。鲲之大，不知其几千里也，化而为鸟，其名为鹏。鹏之背，不知其几千里也，怒而飞，其翼若垂天之云。"鹗：俗称鱼鹰。

【译文】在陆地上行动快速的，我知道是马；在水中行动快速的，我知道是船、是鱼；在云中行动快速的，我知道是鹓、鹏、雕、鹗。

　　至于冰，则向之族莫不躄躠①、胶滞②、滑擦③而莫能施其技。

【注释】

① 躄躠（bì xiè）：脚步歪斜跌撞貌。

② 胶滞：胶着难行。

③ 滑擦：打滑。

【译文】至于在冰上行动，那么上面那些东西无不歪歪扭扭、跌跌撞撞，行动艰难，足下打滑而不能施展它们的技能。

国俗①有冰嬉者，护膝以芾②，牢鞋以韦③。或底合双齿，使啮凌而人不踣焉④；或荐铁如刀，使践冰而步逾疾焉⑤。较《东坡志林》所称⑥更为轻利便捷。

惜自古无赋者，故为赋之。

其辞云⑦：

【注释】

① 国俗：清朝统治者称其本族风俗为国俗，如满语、摔跤、骑射，以别于汉人风俗。本书《上篇：历史沿革篇》所提到的天命十年正月初二（1625年2月8日）努尔哈赤在辽阳城外太子河冰面上的活动、崇德七年（1642年）皇太极在浑河河畔举办的冰上蹴鞠，以及康熙年间太液池上的"掷球之戏"都是乾隆将冰嬉称为"国俗"的历史依据。冰嬉一词，是由乾隆命名的，就起源于乾隆的这篇赋。

② 芾：蔽膝，古代一种遮蔽在身前的皮制服饰。

③ 韦：熟牛皮。

④ 这里描写的是用于冰上抢球的冰鞋。据高士奇《金鳌退食笔记》记载："本朝习武所著之履，皆有铁齿，行冰上不滑也。"这种冰鞋是在木板底部安装两个铁齿，以咬住冰面。抢球项目是重视手上动作的，有激烈的身体对抗，需要增加鞋的抓地性，以防止滑倒。啮（niè）凌：咬住冰面；踣（bó）：跌倒。

⑤ 这里描写的是带有冰刀的冰鞋，用于冰上滑行。

⑥ 《东坡志林》所称：北宋诗人苏轼的笔记。乾隆十年武英殿刻本《御制冰嬉赋有序》在此处的注解是："吾尝在湖北，见农夫用秧马行泥中，极便。顷来江西，作《秧马歌》以教人，罕有从者。近读《唐书·回鹘部族黠戛斯传》云：其人以竹马行冰上，以板荐之，以曲木支腋下，一蹴百余步。意殆与秧马类欤？聊复记之，异日详问其状，以告江南人也。"由此可见，苏东坡当时未搞清楚《唐书》里的"竹马"是什么，他还猜测

"竹马"或许和"秧马"类似,其实搞错了。《新唐书》卷二百一十七《回鹘下》记载:"俗乘木马驰冰上,以板藉足,屈木支腋,蹴辄百步,势迅激。"是指当地人善于脚踏雪板、手持雪杖飞驰在冰雪之上。原文"木马"并非苏东坡所说的"竹马",木马也并非他想象中类似"秧马"的劳作工具,而是一种类似滑雪板的冰上滑行器。乾隆二十九年(1764年)《御制冰嬉联句》里有"坡翁故事嗤秧马"的诗句,说的也是这件事。

⑦ 以上是赋的序。

【译文】大清有冰嬉这项国俗,参加的人以皮制护膝保护膝盖,以皮条绑牢冰鞋。有的冰鞋在鞋底安装两个铁齿,使冰鞋咬住冰面,人不会滑倒。有的冰鞋在鞋底安装铁制的冰刀,使在冰上滑动时更加快速。这比《东坡志林》所说的能够飞驰在冰上的竹马更加轻快便捷。

岁暮星穷,和叔①告冬。阴凝北陆②,律中黄钟③。

【注释】

① 和叔:传说中执掌北方的官,尧之子。

乾隆十年(1745年)武英殿刻本《御制冰嬉赋有序》注解如下:《诗·唐风》:"蟋蟀在堂,岁聿云暮。"《礼记·月令》:"日穷于次,月穷于纪,星回于天。"萧昕《仲冬赋》:"岁杪星穷。"《书·尧典》:"由命和叔,又以正仲冬。"

② 北陆:北方之地。北周庾信《枯树赋》:"东海有白木之庙,西河有枯桑之社,北陆以杨叶为关,南陵以梅根作冶。"倪璠注:"北陆,北方之地也。"

③ 黄钟:古代音乐十二律之一。古人将十二律与十二地支、十二月份一一对应,黄钟对应地支"子",十一月(仲冬)。乾隆十年武英殿刻本《御制冰嬉赋有序》注解如下:《易》:"履霜坚冰,阴始凝也。"《后汉书·律历志》:"日行北陆谓之冬。"萧昕《仲冬赋》:"北陆阴凝。"《礼记·月令》:"仲冬之月,律中黄钟。"《汉书·律历志》:"十一

月乾之初九，阳气伏于地下，始著为一。万物萌动，钟于太阴。故黄钟为天统。"

【译文】赋辞是：岁末星穷，和叔宣告冬天来临。寒气凝结在北方大地，天寒地冻，仲冬时节来临了。

景①长而土圭②可测，瑞兆③而云物皆同。抚序④兮群辟殷聘⑤，考时兮三农崀⑥功。

【注释】

① 景：通"影"。

② 土圭：最古老的计时仪器，是一种构造简单，直立在地上的竿子，用以观察太阳光投射的竿影，通过竿影移动规律、影的长短，以定冬至、夏至。冬季太阳的影子长，冬至日最长。

乾隆十年（1745年）武英殿刻本《御制冰嬉赋有序》注解如下：《周礼·大司徒》："以土圭之法测土深，正日景以求地中。"又："日北则景长多寒。"《月令章句》："冬至为极。"又："暑景极长。"

③ 瑞兆：祥瑞的预兆，这里指瑞雪。

④ 抚序：推察时序。

⑤ 群辟殷聘：群辟，四方诸侯。群辟殷聘，出自萧昕《仲冬赋》："万人以之休息，群辟以之殷聘。一以明国家之盛，再以诵昭事之令。"是指诸侯之间在这个时节进行互访。

⑥ 崀（chǎn）：解决。

【译文】土圭上竿影显示太阳的影子拉长了，瑞雪降临，天地间万物皆白。推察时序，诸侯之间在此时进行互访。考察时令，各种农事在此时已经完成。

有厉疾之征鸟①，鲜求信②之蛰虫③。叫严飙④兮栗烈⑤，凛肃气⑥兮穹窿。

【注释】

① 有厉疾之征鸟：厉疾，迅猛善击。征鸟，指鹰隼等猛禽，这种鸟在大寒节气杀气极盛。征鸟厉疾，鹰隼等猛禽迅猛善击。大寒节气有三候：鸡始乳、征鸟厉疾、水泽腹坚。

② 信：信通伸，伸展。

③ 蛰虫：冬眠的昆虫。

④ 严飙：狂风。

⑤ 栗烈：凛冽。

⑥ 肃气：肃杀之气。

【译文】有迅猛善击的猛禽，很少见到冬眠的昆虫。凛冽的狂风怒吼，天空中一片肃杀之气。

于斯时也，火井①无燠②，温泉不热。何水不凝？何波不结？

【注释】

① 火井：产可燃天然气的井。古代多用以煮盐。晋左思《蜀都赋》："火井沉荧于幽泉，高爓飞煽于天垂。"刘逵注："蜀郡有火井，在临邛县西南。火井，盐井也。"明宋应星《天工开物·井盐》："西川有火井，事奇甚，其井居然冷水，绝无火气。但以竹剖开去节，合缝漆布，一头插入井底，其上曲接，以口紧对釜脐，注卤水釜中，只见火意烘烘，水即滚沸。"

② 燠（yù）：热。

【译文】到这个时候，连火井都没了温度，温泉也不热了。哪里的水会不凝固，哪里的波浪会不结冰呢？

阻平川之会海，徒望蠲潆①；勒奔峡之倾流，惟闻幽咽。澌②盈九曲，谢神禹③之剺鬣④；冻合三山，驻王乔⑤之旌节⑥。

【注释】

① 窀漻（yūn wān）：水回旋貌。晋左思《吴都赋》："泓澄窀漻，㴑溶沅㴒。"

② 澌：河水中的冰块。

③ 神禹：大禹，相传曾成功治理洪水。

④ 鬟（huán）：古时妇女梳成环形的发卷，这里指鬟状的冰堆。

⑤ 王乔：古代传说中的仙人。

⑥ 旌节：古代使者所持的节，以为凭信。

【译文】大地冰冻，阻碍了百川入海，河水只见回旋不见流动；束缚了奔腾于峡谷的急流，只听到低沉的水声。冰块塞满了九曲黄河，感谢大禹进行了疏通。仙山也被冰冻住了，手持旌节的仙人王乔也只好停下不得飞升。

跃鱼之表孝曾传①，覆鸟之昭祥见说②。则有镜呈太液③，璧写龙池④。

【注释】

① 跃鱼之表孝曾传：指被奉为孝道经典的卧冰求鱼的故事。典出晋干宝《搜神记》。该书记载了王祥、王延和楚僚求鱼的故事，但其细节不尽相同，王祥为剖冰求鱼、王延为叩凌求鱼、楚僚为卧冰求鱼。后"王祥卧冰"的故事广为流传，王延和楚僚的故事鲜为人知。

② 覆鸟之昭祥见说：典出《诗·大雅·生民》："诞置之寒冰，鸟覆翼之。鸟乃去矣，后稷呱矣！"传说周族的祖先后稷为其母姜嫄踏巨人脚印后所怀，诞生之后，其母以为是妖，便将其抛弃。当把他抛弃到冰面上的时候，飞来一只大鸟用丰满的羽毛将其遮盖，给他取暖。鸟飞走之后，他哭出了声。其母认为这是神的指示，便将其抱回精心抚养。

此处用这两个发生在冰面上的传说引到太液池的冰面。

③ 太液：指西苑太液池，包含今中南海和北海。

④ 龙池：太液池。

【译文】冰面上曾经发生过卧冰求鱼的孝道传说，也有大鸟覆翼的祥瑞传说。现在看到太液池晶莹如镜，洁白如璧。

占昏危①之应宿，值颛顼②之司时。

【注释】

① 危：危宿，古代天文二十八宿中北方七宿之一。为北方第五宿，居龟蛇尾部之处，故此而得名"危"（战斗中，断后者常常有危险）。

② 颛顼（zhuān xū）：主管冬季的神，相传为黄帝之孙。《礼·月令》记载："孟冬之月，日在尾，昏危中，旦七星中。其日壬癸，其帝颛顼，其神玄冥，其虫介，其音羽，律中应钟。"古人用昏危应宿、颛顼司时、玄冥应节、律中黄钟等借指冬天到了。

【译文】观测星象，黄昏时危星居中，轮到冬神颛顼执掌时令。

冱①而不流兮，碍矜鳞②之鲤；凝而原③澈兮，疏倒影之梅。皓皓皑皑兮，映白塔之孤矗；潋潋④泠泠⑤兮，隔玉蛛⑥之横欹。载取载藏⑦兮，顺彼月令；以训以赉⑧兮，陈我冰嬉。

【注释】

① 冱（hù）：冻结。

② 矜鳞：鱼因为寒冷而耸其鳞。出自张衡《思玄赋》："鱼矜鳞而并凌。"

③ 原：通"源"。

④ 潋潋（lián）：薄冰貌。

⑤ 泠泠（líng）：清凉，冷清。晋潘安《寡妇赋》："溜泠泠而夜下兮，水潋潋以微凝。"

⑥ 玉蛛（dōng）：全称金鳌玉蛛桥，即现北海大桥，桥的东西两端原有两个牌坊，西坊题"金鳌"，东坊题"玉蛛"，故名。

⑦ 载取载藏：指冬日里取冰、藏冰，以待来年使用。

⑧ 以训以赉：指出了举办冰嬉盛典的两大功能"训"和"赉"，即军事训练和行赏。序言中将冰嬉称为"国俗"，由此可以看出乾隆开创的冰嬉盛典有三大主要功能：修国俗、阅武事、行赏赉。

【译文】池水冻结而不流淌，因怕冷而耸起鳞的鲤鱼也游动不了；冰面清澈，稀疏散落着梅花的倒影。洁白光滑的冰面上，倒映出高高挺立的白塔的影子。清冷的冰面，由横跨的金鳌玉𬇞桥隔开。取冰和藏冰，是顺应月令的事。开展冰嬉活动，用于军事训练和犒赏将士。

爰①答岁华②，率③循旧典。陈旅集众，既雷动而风行；结部整行，埒④春搜而秋狝⑤；玄冥⑥受律，戢⑦水族与波臣⑧；蚩尤⑨秉旗，乃暴御而祟遣。于是戎士凭怒⑩，武卒振拳。渴思一试，遑虑谁先！

【注释】

① 爰：于是。

② 岁华：岁时，每年一定的季节或时间。

③ 率：顺着，随着。

④ 埒（liè）：等同。

⑤ 春搜而秋狝：古代帝王四季畋猎有不同的称谓，分别是春搜、夏苗、秋狝、冬狩。乾隆将冰嬉与春搜、秋狝并列，进一步说明其举办冰嬉盛典是为了冬季的军事训练。

⑥ 玄冥：神话传说中的冬神、水神。

⑦ 戢：收敛，收藏。

⑧ 波臣：水族拟人化的说法。

⑨ 蚩尤：古代的部族首领，曾与黄帝大战。古代将一种奇特的彗星称为蚩尤旗，它的出现预示着人间将有兵乱。

⑩ 凭怒：盛怒。

【译文】于是顺应岁时，遵循传统典制举行冰嬉盛典。陈设军旅，集合队伍，各队雷厉风行。分部列队，如同春搜与秋狝的列阵一样。冬神也顺应时节，收起虾兵蟹将，以免妨碍冰嬉活动。（举行冰嬉比赛）就像蚩尤旗出现，发生了不顺应天意的叛乱，将士们出来抵御强暴，驱逐祸乱。于是众将士勃然大怒，个个摩拳擦掌，人人渴望登场比试，不考虑谁胜谁负。

齐撙撙①其镠轕②兮，旿③陆离④以属联⑤；骇营营⑥其佖路⑦兮，纷傞傂⑧以罗骈⑨。袒刘吕之左右兮⑩，各殊事以布班；倏阴阳之闭阖兮，期奏绩以勤宣。

【注释】

① 撙撙（zǔn zǔn）：聚集在一起。

② 镠轕（jiāo gé）：交错、杂乱。扬雄《甘泉赋》："齐总总以撙撙，其相镠轕兮。"

③ 旿（hù）：分明。

④ 陆离：参差错综。

⑤ 属联：相连。

⑥ 营营：往来盘旋貌。

⑦ 佖（bì）路：满路。扬雄《羽猎赋》："鲜扁陆离，骈衍佖路。"

⑧ 傞傂（cī chí）：参差不齐。

⑨ 罗骈：同骈罗，罗列、并列。

⑩ 袒刘吕之左右：典出《汉书·吕后纪》："勃入军门，行令军中曰：'为吕氏右袒，为刘氏左袒。'军皆左袒。勃遂将北军。"大意是吕后死后，刘氏皇族集团与吕氏外戚集团发生了一场流血斗争，太尉周勃直入北军大营，行令军中说："拥护吕氏的脱掉右袖露出右臂，拥护刘氏的脱掉左袖露出左臂。"结果兵士们都脱掉左袖露出左臂，周勃于是得以统率北军。殊事：不同的职守。

【译文】冰嬉表演的队伍聚集在一起，纵横交错，却归属分明。往来盘旋布满整个冰面，气势令人吃惊，看似杂乱纷纷参差不齐其实各队整齐有序。如同刘、吕之争时有的袒露左肩有的袒露右肩以示区别，各司其职，阵营分明。忽然形势发生变化，进入比赛状态的人们都期待着能够取得好成绩而捷报频传。

衣短后①，膝蔽前。靴齿双利，鞋刀两儇②。编伍森列，齐队便旋。于斯少息，以待号令之传焉。

【注释】

① 衣短后：短后衣的倒装，指后幅较短的上衣，便于活动，多为武士之衣。

② 靴齿双利，鞋刀两儇（xuān）：此处很容易产生误读，这里说的是两种冰鞋，而不是一种冰鞋同时带有铁齿和冰刀。"靴齿双利"是指抢球项目所穿的冰鞋带有锋利的铁齿，"鞋刀两儇"说的滑行项目（主要是竞速项目和射球项目）的冰鞋带有冰刀。儇：轻捷灵便。

【译文】身穿练武的衣服，膝前缚好护膝。（抢球项目的）冰鞋带有锋利的铁齿，（滑行项目）带有冰刀的冰鞋轻捷灵便。编队排列整齐，行动时整队移动很快。在原地稍稍休息，等待传来表演开始的号令。

尔其屯万人于中坚兮，属①堪舆②以壁垒；奔八神③以周卫④兮，招丁甲⑤而发指⑥。亘⑦长缅⑧以节止兮，群总总⑨而切儗⑩；驿⑪彩旌以传符兮，看纵纵之立俟⑫。心无别营，目不他视。

【注释】

① 属（zhǔ）：连接。

② 堪舆：指天地。出自扬雄《甘泉赋》："属堪舆以壁垒兮，梢夔魖而抶獝狂。八神奔而警跸兮，振殷辚而军装。"原意是连接天地设置壁垒，以击打各种鬼怪。八方之神齐奔为帝王清道，按军事标准装饰的盛大车驾令人振奋。作者引此，大意是说精锐的冰嬉表演队伍在冰面列阵以后，天子在侍卫的护卫之下，下令起驾。

③ 八神：八方之神。

④周卫：帝王居所四周的侍卫。

⑤丁甲：道教的六丁六甲武神。

⑥发指：发出起驾指令。

⑦亘：横贯。

⑧绠（gēng）：粗绳子。

⑨总总：众多貌。

⑩切儗（nǐ）：原指舞者摩肩擦膀而动作皆有所比拟。此处指抢等的士兵在起点处摩肩擦膀，做出发准备。

⑪驿：传递。

⑫俟：等待。

【译文】成千上万精锐的冰嬉表演队伍在冰面列阵，就像连接天地设置壁垒。八方之神护卫着天子并为其清道，天子召唤护卫发出起驾的命令。横一根粗长绳来节制准备比赛的兵士，兵士们各个摩肩擦膀，站在那里等候彩旗摇动发出比赛开始的号令。心无杂念，目不旁视。

遂乃朱旗颭，捷步腾。缇衣①扬，轻武䟘②。耸擢③布濩④，㧑⑤逐趡趡⑥。跐汩波流，蠡轶猋骇⑦。闪如曳电，疾若奔星。蹂蹈⑧云衢⑨，扬挥⑩玉京⑪。

【注释】

①缇（tí）衣：武士的服装。

②䟘（qīng）：一条腿行走，竞速滑冰时是一条腿支撑，两腿交替滑行。

③耸擢（zhuó）：跳跃。

④濩（huò）：通"蠖"，尺蠖，爬行时一起一伏。南朝宋颜延之《赭白马赋》："欻耸擢以鸿惊，时濩略而龙蚵。"意思是忽然像惊鸿一样跃起，时而像龙一样蜿蜒飞行。此处是指滑行的姿势一起一伏。

⑤㧑（huī）：撞击。

⑥ 趠趒（zhāo tāng）：《康熙字典》谓，"趠：《集韵》陟教切，音罩。趒：《广韵》竹盲切，音撑。《广韵》趠趒，跳跃貌"。《康熙字典》里的"趒"注音为竹盲切，这里的盲，眉庚切，发音类似于 méng，则竹盲切应读为 zhēng，与"音撑"相矛盾。此处还是以现代汉语习惯读为 tāng 比较好。

⑦ 踧沑（cù nǜ）波流，蠢轶猋惊：该句出自扬雄《长杨赋》，"猋腾波流，机骇蠢轶"。踧沑，水纹集聚。踧，通蹙。蠢，通蜂。

⑧ 踩蹈：践踏。

⑨ 云衢：云中的道路。

⑩ 挥：通"徽"，旗幡。

⑪ 玉京：天上的仙都。

【译文】红旗摇动，比赛开始，将士们迈着轻捷的步伐飞驰而去。他们的战衣飘扬，两腿交替轻快地滑行。滑行时如尺蠖一起一伏，追逐时会撞在一起，其他的人跳跃着躲避。滑行的将士们一个接一个，就像一股水流。其滑行如一团蜂在飞翔，其快速如受惊的奔犬。速度似闪电，疾驰如流星。就像在云中奔跑，旗帜飘扬在天宫。

故其为声也，軯磕隐訇①，礧硠②激越③。硠砰④殷粼⑤，杂沓震叠⑥。謦⑦振天枨⑧，响匉⑨地臬⑩。慴波底之嫩隅⑪，堕林间之巢鹘。玄武⑫缩壳而屏气，烛龙⑬守珠而闭阙。起涌泉，会奔物。虽天籁之号窍，比千钧于一发。

【注释】

① 軯磕（pēng kē）隐訇：象声词，声音很大的钟鼓声。出自张衡《东京赋》："撞洪钟，伐灵鼓，旁震八鄙，軯磕隐訇。"

② 礧硠（léi láng）：象声词，声音很大的巨石撞击声。此处是指冰刀与冰面的刮擦声。

③ 激越：高亢清越。

④ 硡砰（hōng pēng）：象声词，声音很大的鼓声。

⑤ 殷辚：象声词，车行走时的声音。

⑥ 震叠：震惊，恐惧。出自《诗经·时迈》："薄言震之，莫不震叠。"

⑦ 蝾（yíng）：象声字，成群的苍蝇、蜜蜂等发出的声音。

⑧ 天枨（chéng）：天门。

⑨ 匉（pēng）：大声。

⑩ 臬（niè）：门槛，《康熙字典》，"《广韵》门橜"。

⑪ 娵（jū）隅：即鱼，古时西南少数民族称鱼为娵隅。

⑫ 玄武：传统文化的四象之一，形象是黑色的龟蛇，北方之神。

⑬ 烛龙：古代神话中的神兽，住在北方极寒之地，《山海经》中记载，"视为昼，瞑为夜，吹为冬，呼为夏"。

【译文】所以赛场上的声响，有喧天的钟鼓之声，有高亢清越的冰刀与冰面的刮擦声。响声轰鸣，此起彼伏，动人心魄。声振天门，响彻地户。震慑了水底的游鱼，惊落了林间的飞鸟。玄武将头缩进壳中，屏住呼吸；烛龙看守明珠，紧闭门户。各种声音如泉水奔涌，如群兽齐奔。即使是这些自然界的骇人声响，也使人生出千钧系于一发的紧张之感。

其为状也，似东皇①整驾于若木②之墟，羲帝③弭节④于扶桑⑤之津。

【注释】

此处描写的是冰嬉抢等比赛蓄势待发的状况。

① 东皇：即东皇太一，传说中至高无上的天神。

② 若木：古代神话中生长在日落处的神树。

③ 羲帝：即羲和，传说中太阳神的御者。

④ 弭（mǐ）节：驻节，停车。屈原《楚辞·离骚》："吾令羲和弭节兮，望崦嵫而勿迫。"

⑤ 扶桑：古代传说中的地名，太阳出来的地方。

【译文】冰嬉抢等比赛蓄势待发时的状况，就像东皇太一在日落处整理车驾，又像羲和驾驭太阳神车停在太阳升起来的地方。

应真①挂锡②以凌虚，茅君③骖龙④以矼⑤天。过骥群而骏足抢捍⑥，上扶摇⑦而鹏翼图南⑧。蠖略⑨回翔，演迤⑩纠纷。

【注释】
此处描写的是抢等比赛开始时的状况。
① 应真：佛教用语，罗汉的别名。
② 挂锡：悬挂锡杖。佛教中称罗汉到修行道场住宿或任寺庙的住持为挂锡。
③ 茅君：传说中修道成仙的茅氏兄弟。
④ 骖（cān）龙：驾龙拉的车。
⑤ 矼（gòng）：到。
⑥ 抢捍：骏马疾驰貌。东汉傅毅《舞赋》："良骏逸足，抢捍凌越。"
⑦ 扶摇：盘旋而上，出自《庄子·逍遥游》："鹏之徙于南冥也，水击三千里，抟扶摇而上者九万里。"
⑧ 图南：南飞，南征。出自《庄子·逍遥游》："（鹏）背负青天，而莫之夭阏者，而后乃今将图南。"比喻人的志向远大。
⑨ 蠖（huò）略：像尺蠖一起一伏前进。
⑩ 演迤：即演迤，绵延不绝。

【译文】抢等比赛开始，好似佛家的罗汉升向高空，又像道家的神仙驾着龙车冲向天空。奔驰的马群之中善跑的骏马冲到前头，冲上天际的鸟儿之中大鹏志在万里。滑冰的姿势像尺蠖一样一起一伏，将士们重叠交错，绵延不绝。

镜大圆而晶晶晁晁①，珠万琲②而烂烂③璘璘④。交差曼衍⑤，历落⑥皴鳞⑦。突都卢⑧兮轻趠⑨，迅龙骧⑩兮麟振。奕六虬⑪兮沛艾⑫，御八风兮穆眣⑬。首进者却视而小憩，继至者错履而蹴跟。虞⑭后来之比肩，更前往而攉身⑮。杰者得帜，畴与比伦⑯？遗者失志，第如逡巡⑰。

【注释】

① 皛皛（xiǎo xiǎo）：洁净明亮。

② 琲（bèi）：成串的珍珠。

③ 烂烂：色彩鲜艳。

④ 璘璘：明亮闪烁貌。

⑤ 曼衍：连绵不断。

⑥ 历落：参差不齐。

⑦ 皴（cūn）鳞：皱纹如鱼鳞。

⑧ 都卢：古国名，其民动作轻捷，善爬杆。张衡《西京赋》："非都卢之轻趫，孰能超而究升。"

⑨ 轻趫（qiáo）：轻便敏捷。

⑩ 龙骧：龙拉的战车。

⑪ 虬（qiú）：古代传说中有角的龙。

⑫ 沛艾：马头摇动的样子。

⑬ 穆眣（mǐn）：即穆忞，杳然无形。

⑭ 虞（yú）：忧虑。

⑮ 攉身：耸身。

⑯ 杰者得帜，畴与比伦：一些史料中显示，有的抢等比赛在终点处插有旗帜，先到者可夺走，以判定名次；有的在终点处由御前侍卫依次拦下，分定名次。

⑰ 逡（qūn）巡：徘徊不进。

【译文】太液池冰面如硕大的镜子洁净明亮，阳光照射下如千万颗明珠闪闪发亮，光怪陆离。交错连绵，如鱼鳞般层层叠叠。冰嬉的将士身姿比都卢人还要轻便敏捷，速度比振鳞的龙拉的战车还要迅速。好像驾车的骏马一般昂首摇动，速度之快好像御风一般来去无形。跑在前面的回头看看而稍稍歇息，随后而至的两脚交错着蹬冰而急速跟上。担心后面的滑过来超过自己，更加用力地耸身向前滑行。优胜的兵士夺走旗帜，谁能和他的技艺相比呢？未获优胜的失去了志气，徘徊不进。

复有革戏，其名圆鞠①。汉家有执机之譬②，黄帝作练戎之俗③。武由是习兮，其争也君子④；好谋而成兮，如祭则受福⑤。

【注释】

这一段开始描写冰上抢球。

① 鞠（jū）：以皮革做成的球，内充气，可以踢，古代称踢球为蹴鞠。

② 汉家有执机之譬：东汉李尤《鞠城铭》记载，"圆鞠方墙，仿象阴阳。法月衡对，二六相当。建长立平，其列有常。不以亲疏，不有阿私。端心平意，莫怨其非。鞠政由然，况乎执机"。李尤认为，蹴鞠"建长立平，其列有常。不以亲疏，不有阿私。端心平意，莫怨其非"，国家治理也应如此。

③ 黄帝作练戎之俗：《黄帝四经·正乱》记载，"充其胃以为鞠。使人执之，多中者赏"。这里是执球，并非蹴球。但汉代已有黄帝用蹴鞠练武的记载了，并形成了被后代认可的观点。

④ 其争也君子：出自《论语·八佾》，"子曰：君子无所争。必也射乎！揖让而升，下而饮。其争也君子"。意思是说比赛前先相互作揖谦让，然后上场。比赛后相互作揖退下，然后登堂喝酒，这就是君子之争。作者认为冰上抢球完全合乎孔子君子之争的思想。

⑤ 如祭则受福：出自《礼记·祭统》，"贤者之祭也，必受其福。非世所谓福也。福者，备也；备者，百顺之名也。无所不顺者，谓之备。言：内尽于己，而外顺于道也。忠臣以事其君，孝子以事其亲，其本一也"。意思是说贤者的祭祀，一定会得到祭祀对象所赐的福。但这个福，不是世俗所说的福。贤者的福，是备的意思。所谓备，就是一切事情都顺着理去办。无所不顺，这就叫备。就是说：对自己按着内心良知，对外按着道理

行事。忠臣以此事君，孝子以此事亲，其本源都是一个顺字。作者认为冰上抢球献技时一定要诚心诚意，以谋略取胜，而不搞歪门邪道，这和贤者的祭祀是一个道理，这么做必能得到好报。

【译文】 接下来进行的是革戏，球的名字叫圆鞠。汉代曾以蹴鞠来譬喻国家治理，黄帝有用蹴鞠来练武的习俗。武力因此得以修习，这就是孔子所说的君子之争；善于谋略的才能获胜，这种人如果祭祀神灵，则能获得神灵的赐福。

申明誓兮众听无哗，陈广场兮各司其局[①]。乃其冰床[②]驻于琉璃之界，豹尾[③]亹于鹫鷟[④]之隈[⑤]。千官俨[⑥]立于玄圃[⑦]，万队伫[⑧]待乎瑶阶[⑨]。历天之旗，影捎朵殿[⑩]；昭云之盖，光熠趡台[⑪]。殆[⑫]而容与[⑬]，憨[⑭]若亶亶[⑮]。执事者[⑯]中立而不倚，争捷者有前而无回。

【注释】

① 申明誓兮众听无哗，陈广场兮各司其局：冰上抢球比赛设有裁判，比赛开始前由其宣布比赛的规定和纪律。参加抢球比赛的各支队伍事先都列队站好，轮到哪个队上场的时候，则进场比赛，其他的队伍仍在原地站好。

② 冰床：指皇帝乘坐的冰床。清吴士鉴《清宫词》记载，皇帝的冰床"以黄缎为幄，如轿式然，以八人推挽之，罽幪貂坐"。皇帝往往乘坐华丽的冰床观看冰上抢球比赛。

③ 豹尾：豹尾班执枪卫士。

④ 鹫鷟（yuè zhuó）：凤凰神鸟的一种。

⑤ 隈（wēi）：角落，犹指拐弯处。

⑥ 俨（yǎn）：恭敬、庄重。

⑦ 玄圃：神话传说中昆仑山顶神仙的居处。

⑧ 伫（zhù）：长时间站立。

⑨ 瑶阶：积雪的石阶。

⑩ 朵殿：指瀛台的宫殿。

⑪ 趯台：瀛台的旧称。

⑫ 殆：陷入困境。

⑬ 容与：悠闲自得的样子。

⑭ 恕（ní）：忧郁。

⑮ 儃佪（zhān huái）：同"邅佪"，艰行不进貌。

⑯ 执事者：主持比赛者，类似今天的裁判员。

【译文】公布比赛规定和纪律的时候大家都洗耳恭听，在赛场上列队站好，都各自留心自己负责的球局。等到天子乘坐的冰床停在冰面上，豹尾班执枪卫士扈从站在华丽的冰床之后。文武百官恭敬地站在冰面上，各队伫立以待比赛开始。遮天的旗帜飘扬，影子拂及瀛台的宫殿。照亮云朵的天子伞盖，光芒温暖了瀛台。临阵时有的胸有成竹，悠然自得，有的显得心事重重左右徘徊。裁判员保持中立，不偏不倚；参赛者争先恐后，勇往直前。

珠球一掷，虎旅纷来①。思摘月兮广寒之窟，齐趁②星兮白榆③之街。未拂地兮上起，忽从空兮下回。突神龙之变化，蕤④翔凤之紑鬣⑤。䴊鹣⑥燕居⑦，姌嫋⑧鸿猜。怡情悦目，有如是哉！

【注释】

① 珠球一掷，虎旅纷来：据《养吉斋丛录》记载："继日抢球。兵分左右队，左衣红，右即衣黄。既成列，御前侍卫以一皮球猛踢之。至中队，众兵争抢。"

② 趁：追赶。

③ 白榆：榆荚形似钱，色白成串，因此以白榆形容繁星，又称星榆。汉乐府《陇西行》有"天上何所有？历历种白榆"的诗句。

④ 蕤（ruí）：羽毛艳丽貌。

⑤ 紑鬣（péi sāi）：同"毰毸"，鸟羽张开的样子。

⑥ 翩䫻（piān piāo）：轻捷。东汉傅毅《舞赋》："翩䫻燕居，拉揩鹄惊。"

⑦ 燕居：出自《论语·述而》，"子之燕居，申申如也，夭夭如也"。原指闲居，此处引申为从容自如。

⑧ 姌嫋（rǎn niǎo）：同"姌袅"，细长柔弱貌。东汉傅毅《舞赋》："蜲蛇姌袅，云转飘曶。"

【译文】圆球一抛，将士们纷纷前来争抢。要想摘取月亮就到广寒之窟，要想追赶星星就到白榆之街。有时球尚未落地又被抛起，有时忽然从空中落下。在冰面上奔跑像神龙飞腾变化无穷，空中争抢像翔凤张开羽毛美妙万分。如燕子般轻捷自如，像飞鸿般动作优美。怡情悦目，哪里有像这样奇妙的啊！

夫其伯仲分，甲乙第。并前行赏，纵后亦逮。勇者特旌，任者均赐。普被曰仁，有差曰义。则岂啻①西苑饰红板之柁②，温泉设锦鞍之戏③而已乎？

【注释】

① 啻（chì）：仅仅。

② 红板之柁：指明熹宗朱由校乘坐的红色冰床。明末秦兰徵撰《天启宫词一百首》ª注中记载："西苑池冰既坚，上命以红板作柁床，四面低栏，亦红色，窄仅容一人。上坐其中，诸珰于两傍用绳及竿，前引后推，往返数里，瞬息而已。"明熹宗整天醉心于制造各种精巧的木制品，荒废了朝政，宦官魏忠贤乘机祸国乱政。冰床又被称为拖床，也写作"扡床""柂床""舵床"等。

③ 温泉设锦鞍之戏：指唐玄宗在华清宫设舞马台，观赏舞马表演。

此处借明熹宗、唐玄宗因游乐而误国的故事，指出举办冰嬉盛典并非是

---

a［明］朱权等：《明宫词》，北京古籍出版社，1987年。

为了游乐，而是有习武、行赏等更深层次的意义。

【译文】比赛最终分出高下，排出名次。参加冰嬉比赛的一并向前接受奖赏，即使落后的参赛者也有奖励。对于勇武优胜者给以特别的奖赏，其他参与者都给以同样的赏赐。普遍给予奖赏这是仁，根据比赛名次先后进行奖赏这是义。这样做难道仅仅是像明熹宗在西苑乘坐红色的冰床游玩，唐玄宗在华清宫观赏舞马戏这么简单吗？还有提倡尚武、行赏将士等更深层次的意义。

重曰①：仲尼有言，射观德兮②。安不忘危，旧是式兮。惟岁之晏，以休以息兮。一日之乐，匪赉曷得兮。敬告后人，无或逾则兮。

【注释】

进一步强调，举办冰嬉盛典是要告诫军队居安思危，加强训练。

① 重曰：赋的一种结束语。

② 仲尼有言，射观德兮：指孔子在《礼记·射义》里所讲的"故曰：射者，所以观盛德也。"就是说射箭绝不只是一种游乐活动，而是通过射箭这件事可以看出人的内在道德品行。

【译文】再说，孔子曾说过："可以通过射箭观察人的品德。""安不忘危"，这是古人留下的道理啊。在岁末，需要休养生息。一天的欢乐，不通过赏赉，如何得到啊。敬告后人，不要超越法则啊！

第二节　乾隆十三大臣《瀛台冰嬉恭赋》笺注

《石渠宝笈续编·御笔〈冰嬉赋〉一卷》记载："《冰嬉赋》乾隆乙丑季冬长春书屋御制并书。"又："乾隆乙丑嘉平月，皇上岁余讲武，集八旗羽林于太液池，修冰嬉之旧典，御制为赋。传示内廷诸臣，并命各赋一篇进呈。复敕画史，绘图成卷。亲书御制于首，令诸臣各书所赋于纸尾。

臣等恭诵圣制，瑰丽奥博，超轶班扬，自惟弇陋不文。以强勉应制之作，辄获副载卷末，揣循涯分，荣与愧并。谨依次备录于左。"这段话明确记载了《御制冰嬉赋》于乾隆十年（1745年）腊月作于长春书屋，赋作成后，御笔书就《冰嬉赋》。乾隆作《御制冰嬉赋》以后，又命内廷诸臣各作赋一篇。最终，有十三位内廷大臣的应制赋由大臣们亲笔题写在沈源所绘《瀛台冰嬉图》之后，形成了这卷《御笔〈冰嬉赋〉》。这十三位内廷大臣分别是：梁诗正、汪由敦、蒋溥、钱陈群、励宗万、张若霭、嵩寿、介福、嵇璜、裘曰修、董邦达、德宝和刘统勋。

十三篇赋没有标题，因是应制赋，本书统一命名为《瀛台冰嬉恭赋》。这些赋从不同角度描写了乾隆十年举办的冰嬉盛典状况，与乾隆《御制冰嬉赋》一起组成了一部完整的冰嬉作品集。从这十三首应制文来看，其主要内容大同小异，全都在乾隆所作《冰嬉赋》框架之内，并异口同声地赞颂了冰嬉之制。其中亦有一些描写，如对冰鞋、项目的描写，对于研究这个时期的冰嬉具有很高的史料价值。笔者认为汪由敦、钱陈群、董邦达三人所作赋具有较高的代表性，因此对这三篇进行了比较详细的注解。其他作品中的一些生僻词汇和关键知识点也进行了注解。

其一：梁诗正

黄官潜兆，黑帝持权。天地之心复见，水泽之腹方坚。饬典论时，允协闭藏之候；讲武角力，仵申号令之传。天子将顺岁纪以运不周之制[①]，庸启元堂右个[②]，而弭节乎太液池边。于时紫澜长凝，清冰始盛。琼楼倒影，含雪月以增辉；琪树交柯，映琉璃而转净。千寻玉海，冻合龙堂。一片屿沙，寒胶仙榜。盖蓬壶员峤之奇观，莫不辐辏环回，而写象于中央之圆镜。

【注释】

① 不周之制：即不周风，西北风，代指冬天。

② 元堂右个：天子居所。《文献通考·郊社考六》："季冬之月，天子居元堂右个。"

练戎旧制,爰有冰嬉。七萃①开而选士,八翼举而分旗。逞轻矫于齐足,超奔溜而迅驰。随部分而云会,候招摇于日麾。夫其短后急装,体便势速,但著两当②,不衣三属③。期投足之无危,懔蹉跌于败斯。缚蔽膝而联韦,仿行山而乘梮④。靴刀则足下新安,屐齿乃水滨竞逐。既腾踔而少欹倾,咸悚踊而听约束。羽林之将,贲育之伦,旷⑤分殊事,旁徼周巡。引长绲而绵汉界,贴高旆⑥而转星陈。地迥场宽,士气矫腾虎步;令严队肃,军容整次鱼鳞。

【注释】

① 七萃:原指周天子的禁卫军,后泛指天子的禁卫军或精锐的部队。

② 两当:也作"两裆",半臂短袖衣。这里指轻便的练武服装。

③ 三属:指士兵上身、髀部、胫部的铠甲相连以掩蔽全身。

④ 梮(jū):上山穿的钉鞋。

⑤ 旷(hù):分明。

⑥ 旆(pèi):同"旆",本意是旌旗的旗饰,引申为旌旗。

黄幄晨张,乘舆乃出。降瑶砌而御冰床,临五璜而迎太乙。水晶宫顶,高拥鸾旗;浮玉山根,俯窥鲛室。阳景曜其光华,严风传夫警跸。闻雷动而起天声,咸欲驰阊阖①之凌竞②。快就瞻于云日,星旒乍拂,电影交催。势排空而直上,倏卷地以齐来。捷弩机之争发,激峡水于初开。闪虹流而光属,惊鳌抃③而山催。驳马④群骧而蹀浪,水咒突怒而咆雷。驭飙轮而瞥转,碾地轴以争回。竞我先之是怵,讵耦俱之无猜。苟铤险而夐⑤出,谅斗捷而为魁。笑指纵于崑圃,留飞辙于霜皑。羌有经而无纬,惟切玉之直裁。

【注释】

这一段着重描绘了当日冰嬉盛典的第一个项目"抢等"的情景。

① 阊阖(chāng hé):传说中西边的天门。

② 凌竞:形容寒凉。《汉书·扬雄传上》:"登椽栾而䎱天门兮,驰阊阖而入凌竞。"

③ 鳌抃（biàn）：欢欣鼓舞。出自《楚辞·天问》："鳌戴山抃，何以安之？"

④ 駁马：毛色斑驳的马。

⑤ 敻（xiòng）：高超。

于是按部分曹，程能角艺。环玉垒之句陈①，画琼田之表畷②。标胜采于星毬，望神珠而决眚。方直搏以无前，忽随旋而横厉③。始雨集以急争，渐雾披而远逝。蹴花则飞燕翩翩，跃水则游鯈潎潎④。喜得隽于同侪，殊自矜其超诣。波旋往复，云迅方攘。骇丸跳而梭掷，纷雉窜与蜩抢。组织五花之队，纵横百戏之场。间冲狭而巧赴，突倒投以扑将。只逐利于挐攫⑤，宁避患乎踣僵。共盘回而绕磨，时竞进以排墙。逼旌门而坌涌，乃制胜乎越疆⑥。金距⑦腾而啮石，类凿齿⑧之披狃⑨。牵间关⑩而雷磅磕，厥声振远以徊徨。缘蹈籍⑪而成镌錾⑫，遂已攒簇磊砢⑬，进珠粒而糁⑭蔗霜⑮。

【注释】

这一段描写的是当日冰嬉盛典的第二个项目"冰上抢球"的情景。

① 句陈：星名。

② 表畷（zhuì）：田间小道。

③ 横厉：横跨。

④ 游鯈（shū）潎（piē）潎：轻快的游鱼。出自《潘岳·秋兴赋》："玩游鯈之潎潎。"鯈：同"鲦"。潎：轻快。

⑤ 挐攫（ná jué）：搏斗。出自汉扬雄《羽猎赋》："犀兕之抵触，熊黑之挐攫。"

⑥ 逼旌门而坌（bèn）涌，乃制胜乎越疆：指出逼近球门时争抢非常激烈，越过球门是制胜的关键。坌涌：奔涌。

⑦ 金距：原指斗鸡爪子上的金属假距。代指斗鸡。

⑧ 凿齿：古代神话人物之一，长着像凿子一样的长牙。

⑨ 披狃：猖獗，猖狂。

⑩ 间关：道路蜿蜒崎岖。

⑪ 蹈籍：践踏。

⑫ 镌錾（zàn）：雕刻的工具。引申为雕刻。

⑬ 磊砢（luǒ）：堆积。

⑭ 糁（sǎn）：洒落。

⑮ 蔗霜：蔗浆熬成的糖霜，白糖。

变合既周，解严静治。天一笑而物皆春，赏第加而恩普被。将展骥以呈才，竟探骊而得志。瞻藻鉴①之空明，戴云天之德施。回淑气于寒泉，播欢声于朔吹②。即清燕之是娱，表化权之攸寄。故知品骁腾于劲序，降烟煴③于元和。月地平开，恰比莱田而教阅；瑶池凤驾，更同刻玉以游河。固宜岁举水行之御，代传金布之科。惬宸游之朗畅，抒天藻以骈罗。岂若凿昆明而勤远略，宴兴庆而进回波。程角抵而开武帐，观竞渡而哂汾歌。打毬而忘戒于衔橜④，拔河而假兆于穰多也哉。臣忝奉荷囊，恭陪彩仗，曾凌室之暂窥，幸夏虫之无恙。龙象蹴踏于宝界之中，鸾凤轩翥⑤于月宫之上。愧体物之未工，徒引领而神王。仰圣制之陆离，乃穷形而尽相。状壮观而倍切履冰，扇仁风而共深挟纩。

【注释】

① 藻鉴：品鉴。

② 朔吹：北风。

③ 烟煴：形容烟气弥漫的样子。

④ 衔橜（jué）：同"衔橛"。原指车马倾覆的危险，比喻意外发生的事故。

⑤ 轩翥（zhù）：鸟向上飞。

遂作颂曰：瀛洲波静兮，空宇无尘，珉涂町町①兮，虎旅跧跧②。翠华临兮绕卿霭③，转日毂兮殷雷室。八神奔属兮高驰翔，天动地岋兮冰夷④伏藏。觌元珠兮谁探得，追流星兮水晶域。涣大号兮隐戎韬，示经武兮回仙豪。愧赓和兮冰雪句，庆先春兮敷雨露。

【注释】

① 町町（tǐng）：平坦的样子。

② 踆踆（qūn）：忽走忽停的样子。

③ 霱（yù）：祥云。

④ 冰夷：即冯夷，古代传说中的河神。

其二：汪由敦

宫阙之环玮有太液之潆濊焉，吞云梦，儗昆阆。承光轮囷以东峙，紫阁岧峣以西敞。玉蛛连蜷而卧波，琼岛欹崟而纳爽。徒观其澄渟①灏漾②之奇，则研京练都③之俦，固已罄，形容而殚物象矣。乃至缇籥④动，泽腹坚，素练韬，景轻谷。收烟含雪，比洁写镜俱圆。布琉璃于西竺，种琅玕于蓝田。牙樯桂楫无所展，黄龙青雀不得前，虽舠鹅与骏袅⑤莫不颠踬而迤遭⑥。伟冰嬉之特创，繄⑦国俗之相沿。匪独因难而见巧，正以鼓勇而争先。武以是肄，惠以是颁，将鞠旅以整众，地莫便于上兰⑧。于是天子出，建章而历鸦鹊⑨，莅西苑而临观。

【注释】

该赋开篇首先指出冰嬉盛典的举办地是在皇宫西苑的太液池，"伟冰嬉之特创，繄国俗之相沿"指出冰嬉盛典是为沿袭国俗而特别创办的，举办的目的是"肄武"和"颁惠"。最后说整队结束，天子亲自莅临西苑检阅。

① 澄渟（chéng tíng）：水清而静。

② 灏漾（hào yǎo）：水无边际的样子。

③ 研京练都：指文思缜密而构思时间长。出自南朝梁刘勰《文心雕龙·神思》："张衡研京以十年，左思练都以一纪，虽有巨文，亦思之缓也。"说的是张衡作《二京赋》构思十年乃成，左思作《三都赋》构思十二年乃成。此处指用较长的时间，精心构建出太液池及其周边的建筑、

景物。所谓"慢工出细活"。

④ 缇籥（tí yuè）：古代一种管乐器，这里代指奏乐，说明冰嬉盛典开始前是鼓乐齐鸣的。

⑤ 騕褭（yǎo niǎo）：古代骏马名。

⑥ 迍邅（zhūn zhān）：难行的样子。

⑦ 繄（yī）：文言助词，是。

⑧ 上兰：汉上兰观，在上林苑中，校猎之所。《汉书·扬雄传》："翼乎徐至上兰。"地莫便于上兰：指便于冰嬉演武之地。

⑨ 鸱鹊（zhī què）：异鸟名，晋王嘉《拾遗记·后汉》："有鸟名鸱鹊，形高七尺，解人语。其国太平，则鸱鹊群翔。"此处取国家太平之意。

斯时也，羽林伀飞①之群，期门七萃之士，摩厉以须，延颈以俟，云合乌集，森列乎瀛台之涘。既乃建彩斿，分部署，鹤翼张，鱼丽布②，飏赤旆而高举，倏策足以惊骛。植如立鹤，纵若脱兔，眇曳练之难追，激流星而急注。或翼驱以骈驰，或摩肩而径度。或乘间以投会，或侧出以诡赴。或复叠以攒促，或泮散而布濩③。或炫奇而贾勇，忽回旋而返顾；或趁势以直前，尚踠足④而拗怒⑤。赫赫烈烈，若周家流火集赤鸟；皓皓皑皑，若曲江奔涛翔白鹭。呈能屡变，周览忘倦，飙飞电迅，波谲云乱。咫尺而利钝殊，瞬息而后先判。信轻矫慓疾之超伦轶群，殆亦如僚丸⑥郢斤⑦之官止神行⑧，而术优于简练也。

【注释】

这一段主要描写的是冰上竞速的场景，亦即冰嬉盛典中"抢等"项目中兵士们奋勇争先的场景。

① 伀（cì）飞：即伀非，春秋楚勇士。后泛指勇士。

② 鹤翼张，鱼丽布：鹤翼、鱼丽，都是阵法名。

③ 布濩（hù）：散布。

④ 踠（wǎn）足：马曲腿举蹄，意欲奔驰。

⑤拗（niù）怒：发怒。

⑥僚丸：用典《庄子·徐无鬼》："市南宜僚弄丸，而两家之难解。"楚国一个叫宜僚的勇士在两军阵前，耍弄弹丸，两军将士看得目瞪口呆，不战而和。比喻精湛的技艺。

⑦郢（yǐng）斤：郢匠挥斤的缩写。用典《庄子·徐无鬼》："郢人垩慢其鼻端，若蝇翼，使匠石斫之。匠石运斤成风，听而斫之，尽垩而鼻不伤，郢人立不失容。"郢地有个人用白色黏土抹在鼻子上，一个叫石的匠人可用快斧削去黏土但不伤鼻子。比喻高超的技艺。

⑧官止神行：指对某一事物有透彻的了解。出自《庄子·庖丁解牛》："方今之时，臣以神遇而不以目视，官知止而神欲行。"

俄而坚壁对垒，别曹分局，圆鞠突起，众目所属。其起也，机骇炮发①而腾掷于当空；其坠也，星陨鹘落而晃耀于晴旭。随所指而争趋，拟所向而竞逐。或仰接以耸跃，或俯拾而跋踬，或觌面②而惚恍③，或入怀而可匊④。或辟易以深入，俨骊珠之在握；或侥得而复失，泄余愤于一蹴。非致果以斗捷，徒怅悯而踯躅。获隽者气盛而若矜，失志者色沮而增恧⑤。

【注释】

这一段主要描写的是冰上抢球项目的比赛场景。从描写中看，抢球项目多数动作是"仰接""俯拾""入怀""在握"等手上动作，只有在得而复失等情况下，才会"泄余愤于一蹴"。

①机骇（hài）炮发：骇同"骇"，震惊。机骇炮发是指圆鞠就像震耳的炮弹发射出去一样腾空而起。

②觌（dí）面：见面。

③惚恍（hū huǎng）：亦作"惚恍"。变幻不定。

④匊（jū）：满握。

⑤恧（nù）：惭愧。

若是者顺乎天时，气则隆烈舰乎地脉，厚蹄数尺，司寒秉权，凌人甫饬。考《豳风》则冲冲未凿①，验《楚辞》则峨峨已积②。虑夫岁晚务闲而士气之或懈也，用习劳于狝狩③之隙。申号令，立赏格，威烨于于冯夷之宫，声震于鲛人之宅。更详其服用，则障膝以韦，荐履以革，藏刀为脊，著齿非屐。夫是以驰不借骑，飞不假翮，行非翔武，踊无留迹。泠然凭虚御风，何其善也，仙乎拊髀爵跃④，又何幻也。鸾凤襹褷⑤瑶池宴⑥也，虎豹股栗昆阳战⑦也。式遵旧典，匪武是炫也，助以豫行大赉涣也。

【注释】

这一段指出举办冰嬉盛典是为了防止岁末士气有所松懈。同时，还介绍了冰嬉盛典的装备："障膝以韦，荐履以革，藏刀为脊，著齿非屐。"意思是说用软皮子护膝，用皮革做成鞋，冰刀嵌在冰鞋底部，底部齿不是木屐的屐齿（而是特制的铁齿）。

① 考《豳风》则冲冲未凿：用典《诗·豳风·七月》，"二之日凿冰冲冲，三之日纳于凌阴"。

② 验《楚辞》则峨峨已积：用典《楚辞·招魂》，"增冰峨峨，飞雪千里些"。意思是层层冰封像高高的山峰，飞舞的雪花千里稠密。

③ 狝（xiǎn）狩：指打猎。古称春猎为蒐，夏猎为苗，秋猎为狝，冬猎为狩。清代的围猎活动是加强武备、进行军事训练的重要手段，特别是木兰秋狝。

④ 拊髀（fǔ bì）爵跃：拊髀，以手拍大腿，表示激动、赞赏。爵，通雀，像雀跳跃，表示欣喜之极。

⑤ 襹褷（lí shī）：也作"离褷"，羽毛初生的样子。

⑥ 瑶池宴：原指王母在瑶池宴请各路神仙。

⑦ 昆阳战：原指刘秀在昆阳击败王莽的关键一战，这里以此典故来形容抢球比赛的激烈程度。

微夫①角觝拔河之为戏，投石超距②之奏伎，徒以壮军容之有奭③，曾何足语乎勇智。而况重之以明赐，广之以仁义。皇哉，我兴朝之垂制也。尔乃回清跸，载鸾旂，弭属玉，御鸊鹈，凝神骋，思援毫而赋之，万斛泉涌九天，云垂班杨熠熳。东马披靡，焜煌盈轴，圭晷未移，将以纪岁华，阐前规，推恩泽，示来兹。非特补艺苑之未备，竞藻采于文辞也。宣示近列瞻诵，睋眸有诏；继作惶汗莫支，敢以萤爝。仰曜朝曦，临文诘屈，鄙拙自嗤。敬为颂。曰：岁既晏兮，重阴凝训材武兮，时亟乘覃恩施④兮，厉威棱⑤天章⑥倬兮，万世是征循令典兮。福履⑦膺。

【注释】

赋的结束部分以近乎阿谀之词赞颂了乾隆亲自撰写的《冰嬉赋》。汪由敦作为臣子，在帝王已亲撰《冰嬉赋》之后，继作此赋，自感惶恐不已。

① 微夫：发语词以微夫领出的四句话来说明冰嬉盛典比角觝、拔河、投石超距等游戏和习武的活动更加讲究智勇并举，更何况冰嬉还注重明赐，讲究仁义。

② 投石超距：古代军中的习武活动。出自西汉司马迁《史记·白起王翦列传》："王翦使人问军中戏乎？对曰：'方投石超距。'"超距，跳跃。

③ 奭（shì）：盛大的样子。出自《诗经·小雅·甫田之什》："赫赫有奭，以作六师。"

④ 覃（tán）恩施：广施恩泽。

⑤ 威棱（léng）：威力。

⑥ 天章：皇帝的诗文。

⑦ 福履：福禄。

其三：蒋溥

臣闻古之习武备而修军容者，陆有甫田①，水有昆明。建旄旍，斗鱼龙。扬厉懿烁，侈②为盛事已。若乃鼓天地之壮气，作军校之先声，合川陆之体势，练步伐之止齐，盖我朝重熙累洽③，典制详明。我皇上顺时而动，经文纬武。兹乙丑岁日南至④，玉河冰实，太液寒凝。爰命翠华，备法驾。

虎贲佽飞，材官校尉，悉率左右，时惟景从。天垒扬，云旗举，踊跃效命，便巧轻疾。天颜有怡，圣藻斯丽。发挥金石之声，曲尽形容之妙。臣惭不文，有诏共赋，拟诸滥音，窃比细壤云尔。其辞曰：惟我皇之御极，合六位以乘时。顺天道而行庆赐，简杰士以表军仪。匪力是角，匪野而驰。宛在水中，连臂而人衣短后；遥从月窟，转波而雪射冰丝。时则日行北陆，节届阳生，履而知至，坚而成凌。初犹壶贮，继若鉴平，与月皆璧，无台不琼。虽有凌人⑤，讵必尽藏于室；呈其妙技，因之各奏尔能。临坚投轻，固嬉焉而不可为戏；应变合节，在冰也而即可观兵。

【注释】

① 甫田：出自《诗经·小雅·甫田之什》，原诗赞美天子整军修武，保卫邦家。

② 侈（chǐ）：夸大。

③ 重熙累洽：国家接连几代太平安乐。

④ 乙丑岁日南至：乙丑年（即乾隆十年）年终，指出这场冰嬉盛典是在乾隆十年腊月举办的。

⑤ 凌人：掌管藏冰之事的人。

若夫扃①蛟宫，蛰龙户，组练似雪，云英若羽。集万校于中坚，方雷屯而云布。涣大号于羽林，总摄虚而翔步。俄轶后而奔前，或蛇行而鹊渡。控骎袅以体迅，又蹁跹而足驻。势将整而忽欹，状欲颠而不仆。何习坎以如夷，试蹂躏乎寒冱。尔其或动或止，或遐或迩，或离或合，或彼或此。泻如川流，屹如岳峙。鸷同苍隼，闪烁乎大贝②之庭；矫若白猿，腾跃于琼瑶之圮③。便嬛④转折，凫竦鹤企，目不谋心，踵错于趾。寒光万顷，织室之瓦屋摇焉；碎影千重，海藏之缯绡裂矣。

【注释】

这一段描写的是抢等项目的盛况。

① 扃（jiōng）：关门。

② 大贝：贝之一种。上古以为宝器。

③ 阤（shì）：台阶。

④ 便嫙：轻盈美好貌。

乃若革戏之巧，应机而跃，一击再击，纷纭挥霍。滚滚相攒，空空善攫。丸跳鸟惊，轮飞月落。射于贝阙，疑掷电以俱流；泛出珠渊，与奔星而共烁。

【注释】

这一段描写的是冰上抢球项目的情况。

于时陛戟千树，云罕①九斿②，皇上霁颜而嘉赉之。文绮以袭，朱提以流。仁于是至，义于是周。逸弗自逸，休弗敢休。放乎中流，击毂汰辀，须臾之间，云敛风收。冯夷效舞，女娲扬讴。兹德威之有耀，习龙骧于上游。且夫圣武善述而典制明，鸿朗应运而大文醇。苞二仪而毓采，固一气之陶甄。鱼鱼雅雅，炳炳麟麟。是将配谟轶典，驰禹骤文。乃我皇犹惕履于薄，戒涉于春。勤三时之服耤，昭耨义③乎冬巡。故斯事不同于嬉水，而军政即寓夫令申。

【注释】

① 云罕：旌旗。

② 九斿（liú）：也作"九旒"，天子旌旗上的九条丝织垂饰。《礼记·乐记》："龙旗九旒，天子之旌也。"

③ 耨（nòu）义：耨是古代锄草的农具，指像除草一样，使人明义。

遂作颂曰：三农既毕乐岁功，灰飞葭管①奏黄钟。凌阴已纳寒晶宫，河洲皑皑一望同。累空素练光冲融，虓头豹尾七萃雄。涉冰讲武陈军容，掣电进月流长虹。鱼龙曼延曷比踪，有倬云汉开鸿蒙。皇帝敬典义则崇，昭示燕翼扬休风。

【注释】

① 灰飞葭(jiā)管：古人将苇膜烧成灰，放置在律管中以占气候。某一节候到，某律管中葭灰即飞出，表示该节候已到。

其四：钱陈群

岁赤奋若①，日行北陆，水泽腹坚。天子临太液池，召羽林军，呈艺角材，行赉有差。谕曰：是冰嬉也，是国俗也。乃援笔为赋②，以记斯典，洋洋千有余言。既曲尽其致，复申之以式旧施惠，而终戒其逾则。一训练之举，以其近于游观也，而箴警寓焉。穆乎焕乎，赋体之极则矣。赋既成，命内廷诸臣各制一篇呈览，诚不遗菅蒯③，不弃蕉萃之深思也。臣陈群，才识浅陋，抱詹詹于圣人之门，犹击瓦缶而答黄钟，悚仄④屏息而作赋曰：

【注释】

这一段大意是说乙丑年（乾隆十年，1745年）冬天，池水冻结，乾隆亲临太液池，召集军队举办冰嬉盛典，指出："这是冰嬉，这是国俗。"亲自写下了洋洋千余字的《冰嬉赋》。写成后，又命内廷诸大臣各撰写一篇《冰嬉赋》呈览。作者自称才识浅陋，惶恐不安地写下了该赋。

① 赤奋若：古代星岁纪年法所用名称，星指"岁星"，岁指"太岁"。太岁所在的十二年有不同的名称，太岁在丑的年份称"赤奋若"。此次冰嬉盛典在乾隆乙丑年，故称"岁赤奋若"。

② 援笔为赋：执笔作赋。指乾隆亲自撰写了《冰嬉赋》。

③ 菅蒯(jiān kuǎi)：比喻微贱的人或物。出自《左传·成公九年》："《诗》曰：'虽有丝麻，无弃菅蒯；虽有姬姜，无弃蕉萃。'"《左传》中说此处引用了《诗经》的句子，但现存的《诗经》中未发现该句。

④ 悚仄(sǒng zè)：惶恐不安。

懿夫我皇之驭物也，因地呈能，顺时布泽。巡方①而朔漠扬威，练众而巧捷奏力。岁功既成，汔可休息。乃行健之法天，自朝至于日中昃②，不遑暇食，恩必遍逮。寓赏于责，斯受之者不诬，而收之者可覈③。昨者分命诸王，陪以列卿，阅射郊外，以厉府兵，犒以第而施，技以赍而精。镱感激以腾跃，披众志而成城。

【注释】

这是赋的正文开篇。皇上因地因时创办冰嬉盛典，不辞辛苦检阅军队，施恩行赏。举办冰嬉盛典和皇上在郊外阅射有很深的渊源，都是以名次行赏，兵士的技艺也因赏赉而得到提升。

① 巡方：指天子出巡四方。

② 自朝至于日中昃（zè）：是说这次冰嬉盛典从清晨一直表演到太阳过午西斜。由此可见这次冰嬉盛典检阅的队伍是比较多的。昃，太阳西斜。

③ 覈（hé）：查核。

乃稽国俗，爰有冰嬉。玉虹之湾，太液之池。风栗烈兮瑟瑟，波凝滞兮皑皑。展积素于蓬岛，琢千顷之琉璃。召期门佽飞①之侣，角蹑虚轶足之奇。衣短后，饰以祎②，取坚致③，牢以韦。行分林立，如屏如帷。咸抱能而欲试，受节制于一麾。

【注释】

这一段描述了冰嬉盛典开始时的情景。太液池上寒风瑟瑟，凝冰皑皑，瀛台仙岛银装素裹，冰面像千顷琉璃雕琢而成。召集八旗勇士，角逐脚步飞腾的奇技。勇士们都穿着练武的短衣，带着护膝，用坚实的熟皮将冰鞋牢牢绑在脚上。像屏障般分队站立，都身怀绝技，跃跃欲试，受挥舞旌旗（发令的方式）的节制。

① 佽飞：即佽非，春秋楚勇士，泛指勇士。

② 祎（huī）：护膝。

③ 坚致：材质坚实细密。

天子于是建云罕①，移左纛②。斫③方床以当舟，设重茵④以为屋。亦缆亦篑,不楫不毂。蝘蜓⑤效顺以前驱,冯夷应蛰而潜伏。瞻五云之暧叇⑥,识六龙之清穆。于斯时也,献捷者争先恐后,超群者汍驾⑦腾空。捆履以铁,其刑则刘⑧,趁趟⑨儇佻⑩,疾若惊鸿。少刞⑪而机以停骇,迅往而气以任忼⑫。翔若奋翼,轻若御风。仿佛乎帆樯之齐发,而舵搋⑬箭激突出乎其中。先登者赏,书某某也。赏不邻滥,格以九也。前遮后要,孰蔽其好也?澶漫⑭不进,又谁之咎也?赏亦及之,以作其起也。

【注释】

这一段着重描写抢等比赛的情景。天子乘坐的冰床来到冰面上,冰嬉盛典的第一个项目抢等比赛开始了。兵士们个个争先恐后,鞋上捆着滑铁,形状就像刀子。飞驰着相互追赶,快若惊鸿。稍微退缩机会就会瞬间失去,迅速前行士气就会心动不止。飞翔就好像鸟儿振翅,身轻就好像御风而行。仿佛竞渡的时候帆船齐发,转舵快的船从其中脱颖而出。而先到达终点的有赏,要记下名字,赏赐的时候不乱赏,而是以九为限。(《清朝文献通考·乐考》记载:"头等三名,赏银十两,二等三名,赏银八两,三等三名,赏银六两,其余兵丁各赏银四两。"可见前九名有特别嘉奖。)拥挤喧闹中,谁遮盖了他的光芒呢?放纵不前又是谁的过失呢?这些没有获胜的兵丁也会得到赏赐,以振作他们的武风。

① 云罕:旌旗。

② 左纛:皇帝乘舆上的饰物。代指皇帝乘坐的冰床。

③ 斫(zhuó):砍,削。

④ 重茵:双层的坐卧垫褥。

⑤ 蝘蜓:一种体形较小的蜥蜴。

⑥ 暧叇(ài dài):浓云遮日。

⑦ 汍驾:不受驾御。

⑧ 其刑则刘:刑通"形",刘原意是小镰刀,这里是说冰鞋下的滑铁就像刀子。

⑨ 趁趟(cān tán):相随追赶。出自晋左思《吴都赋》:"鹰瞵鹗

视，趑趄胅蹂"。

⑩ 儇佻（xuān tiāo）：疾速。

⑪ 忸（nǜ）：畏缩，退缩。

⑫ 忡（chōng）：心动。

⑬ 挒（liè）：转动。

⑭ 澶（chán）漫：放纵。

夫何队合伍开，变换余技。树以两旗，踏以双齿。执事屏立，珠球中起。心注手挥，目不他视。骊龙之睡①何时，夸父之逐徒尔。远之则忽悦②，近之则迁徙。获隽者曾不盈于一掬③，力穷者笑虚张乎十指。若抗若坠④，似合似离。腾腾沓沓，盱盱睢睢⑤。或先迷而后得，或欲迅而反稽。或粘天而不下，或及地而更飞。瞥依襜⑥而傍袂，羌⑦欲挽而成推。任⑧举趾其防蹶，乃长跪而赴之。观夫燕石⑨燕珍，楚弓楚得⑩。划乎分疆而立限，犁然引绳而削墨。奋翮⑪者图南，垂翅者返北。帜既拔而奏功，罟方赢而定局⑫（叶⑬）。邀一觊⑭以自荣，敢云我战其必克。

【注释】

这一段描写的是冰上抢球比赛的情景，其中写到的球门、冰鞋、开球、比赛过程乃至球场，都很有史料价值。开始的时候在场地中树立两面旗帜作为球门，士兵们穿上带有双齿的冰鞋。裁判威严肃立，圆球从两队中间飞起，比赛开始。每个人都专注于手上的动作，目不他视。不会有骊龙打瞌睡这样的良机，就算夸父来追也是徒劳。远离的时候似有似无，靠近的时候会跑掉。获胜的人可能球都未曾占满过他的两只手，力穷的人苦笑无奈张开十指。球在手中似起似落，似合似离。纷至沓来，极娱视听。有的先迷失而后得，有的想加速却反而停滞。有时球直冲云霄，有时落到地上又反弹起来。倏忽衣襟相连，本来想向后拉反而变成了向前推。纵使举起脚来以防止跌倒，反而只能长跪赴前。看球在本队中传来传去。划分疆域，设立界限，就像用墨绳度量出来的。振翅奋发的获胜，垂翼萎靡的败北。

拔掉旗帜获得成功，占据罥方赢得全局。谋求赏赐自我感觉荣光，敢说每战必克。

① 骊龙之睡：骊龙是传说中的一种黑龙，其颌下有珠。骊龙之睡典出《庄子·列御寇》："夫千金之珠，必在九重之渊而骊龙颔下，子能得珠者，必遭其睡也。"此处是指持球者放松警惕的时候。

② 怳（huǎng）：似有似无，模糊不分明。

③ 不盈于一掬：不满两只手，出自《诗经·小雅·采绿》，"终朝采绿，不盈一掬"。

④ 若抗若坠：像要抬起，又像要落下。抗坠原指音调的高低清浊，出自《礼记·乐记》："故歌者上如抗，下如坠。"

⑤ 盱（xū）盱睢（suī）睢：视听貌。

⑥ 襜（chān）：蔽膝，护膝。

⑦ 羌：连词，表示转折，相当于"反而"。

⑧ 任：连词，表示让步关系，相当于"纵使""即使"。

⑨ 燕石：燕山所产的一种类似玉的石头。常用来比喻不足珍贵之物。

⑩ 楚弓楚得：楚国人丢失弓，拾到的仍是楚国人。比喻自己的东西虽然丢了，拾到它的人是自己人。用典汉刘向《说苑·至公》："楚共王出猎而遗其弓，左右请求之。共王曰：'止！楚人遗弓，楚人得之，又何求焉？'"

⑪ 翮（hé）：翅膀。

⑫ 帜既拔而奏功，罥方赢而定局：拔掉对方在方格内的旗帜而获胜。因此推测每队半场都有一个区域，区域内设有一面旗帜，带有球门的冰上抢球比赛首先要持球穿过球门，然后到达这个区域拔掉对方的旗帜，就算获胜。罥（guǎi），围棋盘上的方格。

⑬ 叶（xié）：叶韵，也作"谐韵""协韵"。诗韵术语。指有些韵字如读本音，便与同诗其他韵脚不和，须改读某音，以协调声韵，故称。

⑭ 贶（kuàng）：赠；赐。

彼蹴鞠为军中之戏，拔河博耀武之名。绳技近亵，都卢①身轻。吞刀吐火，竞渡胡旋②（叶），或诡而异，或骇以惊。孰若此之寻旧章以鸣豫，鼓众士而化争也哉？赍既行，欢趯跃。六出霏，铺洛泽。讲武事，求民莫。八蜡通，鬼神索。翳斯典之匪今，念先民之有作。是故先时不举，后时不陈。戒临深与履薄③。

【注释】

这一段写举办冰嬉盛典的意义。诗中大意为：蹴鞠是军队中的游戏，拔河博得炫耀武力的名声。西域的绳技近乎轻亵，都卢的爬竿身体轻捷。吞刀、吐火、竞渡、胡旋，有的诡异，有的吓人。哪一个像冰嬉这样遵循昔日的典章制度来警示逸豫，鼓舞众兵士来化解纷争呢？行赏赍以后，士兵们欢呼踔跃。雪花飘扬，铺满太液池的冰面。讲习武事，以求人民安居乐业。祭祀与农业有关的神灵灵验，鬼神独居不敢出。冰嬉这种典制不是现在才有的，先民已有举办。如果原先没有举办，后世不会有举行。告诫兵士们要时时记得身处险境，必须小心谨慎。

这里钱陈群对民间百戏的观点有失偏颇，有压低百戏的价值而抬高乾隆创办冰嬉盛典的价值之嫌。

① 都卢：指古代南海都卢的爬竿戏。

② 胡旋：古代西北民族以各种旋转动作为主的舞蹈。

③ 临深与履薄：比喻身处险境，要小心谨慎。出自《诗经·小雅·小旻》："战战兢兢，如临深渊，如履薄冰。"

其五：励宗万

有台曰瀛，厥池既洝。玉田如海，忽为入镜之游；银汉无波，倏送乘查①之路。渚无鹊②而能超，梁岂鼍③而后渡。不翼而飞，不鳞而步。无烦于一苇之航，乃取乎三凌之固。则见瑶圃凝，晶宫结。鲛绡障春，骊珠偃月。推玉山而横铺，削元圃之突兀。临深而坦若康庄，履险而平如砥室。廓开角胜之场，小试争能之术。势不留行，迹如停辙。铲如白璧之光，泻似青油之滑。声轧轧而轻于雷犇,景闪闪而疾于电掣。将鹏奋于三宵,岂狐疑于一蹶。

【注释】

① 乘查（chéng chá）：同"乘槎"。原意是乘坐木筏、竹筏，此处比喻登仙。

② 鹊：用典七夕时喜鹊飞临天河，搭建鹊桥，供牛郎织女相会。

③ 梁岂鼍：指天子的行驾。出自《竹书纪年》："叱鼋鼍以为梁。"鼋鼍（yuán tuó）：传说中的巨鳖和猪婆龙（扬子鳄）。

天子乃回日御①，戒冰车②。方双龙之夹翼，嗤八骏之乘骓。萃羽林之介士，驻蓬岛之仙霞。轶习武于昆明之曲，薄征歌于汾水之涯。列鹳鹅之八阵，纷荼火兮五花。方陋婵娟于吴宫之孙武，将求熊罴③于渭水之子牙。尔其非水非陆，不橇不檋，脱韩翟于波面，蹴谢屐于水湄。铁齿划④其若刃，锦帆驰而若飞。渺轻身于泛舟之鹢，迅流影于分水之犀。然而慎尔步伐，勖⑤尔止齐。必习坎而能出乎险，乃就范而不失其驰。

【注释】

① 日御：原意是日神羲和的车驾，这里指天子的车驾。

② 戒冰车：戒是准备的意思。冰车指皇帝乘坐的冰床。

③ 熊罴（pí）：熊和罴都是猛兽，以喻勇士或雄师劲旅。

④ 划：同"铲"。

⑤ 勖（xù）：同"勗"，勉励。

于是树帜建标，分行逐队，佯①色别衣，按方列位。其始也，徐若雁行，速若蛇逝，纷若蚁屯，整若鱼丽。凌波而尘不生，狎水而身不坠。泠泠列子之御风，矗矗壶公之缩地②。

【注释】

这一段描写了抢等的情况。

① 侔（móu）：相同。

② 壶公之缩地：传说仙人壶公有缩地术，可瞬间到达目的地。

已而旋转星球，飘扬云旆。旆翻则五色摩空，球掷而双丸出霁。绝尘逐隽，舞搏兽之灵狮；超乘先登，骤空群之骏骥。九重天上，来破浪之神人；五色云中，落追风之仙骑。感鸳鹩而俯窥，惊潜鱼而仰谛。是惟腹壮乘坚，心懔登仙。含蚌蛤之胎，晶轮乍满；结珊瑚之底，铁网相连。故得驰驱左右，不殊游泳回旋。如驷过隙，如鲸饮川，如梭穿纬，如箭离弦。可以足追月兔，手接云鹢。遑恤我躬之后，惟怵他人之先。岂藉王祥之枕，恍登郭泰之船；直上琉璃之界，何劳霹雳之鞭。雅凌虚于琴鲤，骇呈巧于鲁鸢。入慈航兮似叶，登觉岸兮如莲。底须玉杖丹梯，不风云而探月；安用琼艘青翰，不舟楫而济川。霞开织室之锦，山积水衡之钱。非校猎于长杨之苑，而迈迹于华林之园。

【注释】

这一段描写了冰上抢球项目的情况。"双（雙）丸出霁"疑为"只（隻）丸出霁"，球抛向雪后的晴空。

我皇上临冰履渊，朝乾夕厉。文不匿武，犹然君子之争；安不忘危，讵曰佳兵而戏。制本搜苗，令严殿最①。旌义勇以尚功，习勤劳而试技。荷兹庆赏之均霑，实寓微权于鼓励。岂比夫龙舟凤舸，夸竞渡于水嬉。抑亦如射鹄张侯，仿选士泽宫②之遗意。

【注释】

这一段描写乾隆举办冰嬉盛典的意义。

① 制本搜苗，令严殿最：仿效围猎的典制，严格进行考核。古时将四季狩猎称为"春搜、夏苗、秋狝、冬狩"。殿最，古代考核政绩或军功。殿，后。最，先。

② 泽宫：古代习射取士之所。

其六：张若霭

客有问于臣霭曰：日者令司颛顼①，节遇履长，询凌人之职，合北陆之藏。焕晶晶腹坚之泽，映杲杲②日出之光。鸡筹传，銮辂③张，云罕出，芝盖翔。玉蛛晃素，趣台氤香。七萃整旅，千人立墙。历辰乞巳，回銮将将。天闲纳辔，幕城撤行。士怒未渫，马气思骧。坎坎墫墫，津津洋洋。春生于肌，邪昆于阳。既怀金而握缣④，亦饮醇而拜觞。伊何功而被赉兮，咸濡夫湛露之瀼瀼也？霭谨作而对曰：稽古顺时，习射角力。厉气之沮，鼓士之腋。我朝冰嬉，成宪是式。

【注释】

作者用问答的方式讲述了举办冰嬉的作用。

① 颛顼（zhuān xū）：上古部落联盟首领，"五帝"之一。

② 杲杲（gǎo）：日出之光。语出《诗经·卫风·伯兮》"其雨其雨，杲杲出日。"

③ 辂（lù）：古代的一种大车。

④ 缣（jiān）：双丝的细绢。

客曰：冰嬉之详，可得闻欤？霭曰：刀为环兮磷磷，旗分九兮秩秩。判左右兮鱼贯而雁行，争先后兮鹰扬而隼疾。其声闻也，如綮①发而擂②訇；其倏过也，似舟舼③而帆立。尺寸之地，众心所嫉。冀此双骬④，换舒两翼。既而星毬飞，铁齿具。松柏倒怀，风烟随步，但得探骊，他复何慕。逖⑤观者神偲⑥悚而虞蹈，夺帜者方坦行而无惧。鄙东京之缘竿，夸金明之竞渡，蓄久渴之痒技，博九重之一顾。天子于是流盻⑦注眸，豫悦纷怡。褒虢⑧虎以旌武，恩矫趐而策疲。温天泽兮逾挟纩，冠水军兮凌搴旗。储壁垒之良资，乃援笔而赋之。

【注释】

这一段回答了客人提出的"冰嬉之详"。讲述了冰嬉中的抢等、冰上抢球项目，以及天子亲自为冰嬉作赋。

① 縓（juàn）：弦。

② 擖（pò）：箭射中物体的声音。

③ 肛（hóng）：飞的声音。

④ 双骭（gàn）：两条小腿。

⑤ 逖（tì）：远。

⑥ 偲（cāi）：强力，多才。

⑦ 流眄（miǎn）：眼睛转动的样子。

⑧ 唬（xiāo）虎：咆哮的老虎。

客曰：赋状若何？霭曰：欱①风云，喷霜雪，珠千琲②，剑一咉③。铺事衍象，揣称侔色，又何烦谫④薄之形容，诮漏万而挂一。虽然，霭有意会于冰嬉之外，而知非游豫可拟议者，更为子申言之。自古圣帝，临驭寰京，席萝图，秉珠绳。既怠荒之是警，亦颓惰之必惩。平不肆险，安乃志倾。是故小物可以喻大，织类可以称名。蓬飘摇而金车作，匏⑤漂浮而鹢首成。以制器者尚其象，以宰物者役其灵。自我国家，东维肇兴，宅九域之神伟，瞰八荒之威稜。玉帐冯兮招摇转，金郊临兮欃枪⑥平。极九有之倾葵，宜休我之甲兵。然犹以戎刚是振，趫武攸举。狩甫苗敖，而险易之利尽矣；莱野表貊，而戎旅之礼序焉。集虞人，召燎者（叶），叙以旌旗，节以钲鼓⑦。今者欝仪历箕⑧，骏狼驻昈⑨。敕河伯使梁津，召冰夷而垒淑。乃集彯缨鸣剑之雄姿，突髳缦胡之勍怒。竞周趟，按行部。同凌波之水军，惊昆明之战伍。岂游观之娱目，非流遁而佴矩。盖以诘戎兵之规制，用踵列祖之遹武也。若乃无功而获赏者，节士奭⑩而匪泰。酬能而惠洽者，圣膏及而无偏。推是心也，将以溥九垓，被八埏，泛瀛海之德蕃，洗黔黎之烦悁。岂与夫争蹴鞠之跳荡，夸角抵之桥褰。飞索上之丸剑，冲燕濯之锋铦。妖虫逞技，祕舞争妍。徒挟邪而弥态，不足以仪后而法前也哉。

【注释】

这一段首先盛赞了乾隆所作的《冰嬉赋》，然后提出自己对冰嬉的理解。

① 欱（hē）：合。

② 琲（bèi）：成串的珠子。

③ 㰤（xuè）：口吹物发出的小声音。

④ 谫（jiǎn）：浅薄。

⑤ 匏（páo）：圆形的葫芦，中间剖成两半可做水瓢。

⑥ 欃（chán）枪：彗星的别名，比喻邪恶势力。

⑦ 钲鼓：钲和鼓是古代行军或歌舞时用以指挥进退、动静的两种乐器。并称以言兵事。

⑧ 爨（yù）仪历箕：太阳星辰轮转。爨仪，太阳。历箕，历法中所载的箕宿星，神话中的二十八宿之一。

⑨ 骏狼驻旿（wǔ）：冬日当空。骏狼，山名。《淮南子·天文训》："日冬至骏狼之山。"旿，《康熙字典》："日当午而盛明为旿。"

⑩ 奥（nuò）：同"懦"。

于是客乃志满思契，饱仁悦义。监于太清，协乎和吹。浸润皇风，作颂而退。颂曰：圣志无逸，弗狃①于寒兮。黄屋在沼，匪游盘兮。镜莹璧合，浩漫漫兮。集士鼓勇，擢彼纠桓②兮。狎凌如毯，竞毬如丸兮。以此临垒，何阵不娴兮。穆穆帝心，广远包涵兮。寓险于夷，虑危在安兮。于万斯冬，奉宸欢兮。

【注释】

文章最后歌颂了冰嬉盛典。颂词大意是：圣上志向远大，不贪图安逸，不拘泥于寒冬而举行冰嬉！驾临太液，不是为了游玩啊！太液池光亮如明镜，冰冻合如白璧，广阔浩大啊！集合兵士，鼓舞勇气，选拔其中的佼佼者啊！踏冰如毯，赛球像戏丸啊！像这样到战场上，什么阵法能不驾轻就熟啊！庄严的天子之心，含义广远啊！寓险阻于平坦之中，在安定的时候考虑到危险啊！在千万个这样的冬天，君臣欢腾啊！

① 狃（niǔ）：拘泥。

② 纠桓：英武。

其七：嵩寿

严气升，寒威警，火井微，温泉冷。朔风凛冽，凝来冻彩千重；密雪萦盈，堆就玉田万顷。天地寒沍而成冬，万物敛藏而思静。于是节宣时令，斡运化工。迎水德①于北郊，劳农休息；应冬狩于季月，角力逞雄。惟瀛台之耸特，接太液之空濛。冻合澄波，渺渺连云一色；瑞含明镜，苍茫积素长空。审冰坚之可履，拟冰嬉以示功。时则卫士龙骧，期门云合，材武飞扬，技巧纷沓。似整凌虚之步，乘风云以驰驱；宛同习水之军，起波文于蹴踏。指挥如意，羌莫测其端倪；旋转若神，俄已惊其飘飒。

【注释】

该赋相对比较易懂，故略解。

① 水德：民间信奉的水神水德星君。

我皇乃移雕辇，涖层台。帷宫高敞，帐殿洞开。纤宸顾其遥瞩，迎天颜而偕来。妙技回合而应节，绝艺纵横而呈材。尔乃远岸无边，平沙如砥。寒藻隐现而不惊，爱日炯晃而共被。心同挟纩，冲寒而飞舞争驰；艺比弄丸，履险而往来直抵。耸轻躯以奋迅，俯瞰重深；拟捷足以奔腾，转瞬千里。恍惚兮若神飙之御，跳跃兮等平地之履。顿令远望者眩目而惊心，翻讶奏功者中矩而合轨。夫乃知警春冰之履薄，识坚冰之阴凝。顺时布化，法天呈能。寓武事于三冬，棱威森列；罗技能于万国，勇力超腾。光映沧漪①，一簇惊来自远；风生寒涧，百般戏舞齐登。洵激水跃波不为巧，何舒钩卷铁②之足矜。校力既齐，颁赏共睹。

【注释】

① 沦漪：微波。

② 舒钩卷铁：比喻力大。

天心怡，皇仁溥，简车徒，饬士伍。长堤光射，耀日而曳云；禁旅欢阗，足蹈而手舞。令既协乎惨舒，材已收夫罴虎。则信乎角艺之飘忽腾骧，真符乎搜军之奋扬威武。

其八：介福

若夫一元肇始，二气流行。暑退寒沍，阳闭阴凝。当草木之黄落，见天地之澄清。藏彩虹于虚廓，陨严霜于郊坰。读豳风之诗，而歌传觱发①；咏坤爻之义，而象取坚冰。维时黑帝②乘权，黄钟应律。四野告丰，三辰协极；索蜡报功③，劳农息力。气不慄以时寒，岁将周而朔易。天子乃凝神于思道之堂，栖心于问夜之室。虽休勿休，虽逸勿逸。美长至④之良辰，凝祈寒⑤于宥密⑥。整纲饬纪，时切久安长治之谋；讲武训兵，不忘累洽重熙之日。

【注释】

① 觱（bì）发：风寒冷。出自《诗经·豳风·七月》："一之日觱发，二之日栗烈。"

② 黑帝：神话中的五天帝之一，掌管北方之神。即张若霭赋中"日者令司颛顼"的颛顼。

③ 索蜡报功：腊月祭祀报功。郑玄注："闭藏之月，万物各已归根复命，圣人欲报其神之有功者，故求索而享祭之也。"

④ 长至：冬至。

⑤ 祈寒：大寒。

⑥ 宥（yòu）密：隐密之地。

于是循旧制，驻离宫，驾翠凤，翼苍龙。飞四牡①之业业，鸣八鸾②之雝雝③。象卫葳蕤而焕饰，虎贲昒④霍以毕从。前披云以建纛，后梢星而曳旗。青缟披纷于震兑，朱元飘扬乎坎离。方彩错其外列，黄屋屹以中驰。俄瀛台之攸届，用以观夫冰嬉。而乃下层闉⑤，步曲径。望皎皎兮霜树明，看皑皑兮云山净。方沼银铺，圆池玉莹。拥轻絮兮比白雪而争辉，积素纨兮与晶壶而相映。影万象于虚明，湛长空于一镜。则见虎旅毕集，勇士振腾。萃万校兮驰骋，环虓虎兮纵横。分三旗以鹄立，列二队以随从。若营合之势，纷如围会之形。殷殷轸轸，啾啾琤琤。斯时犹未效技于圣主之前也，而部伍已历历其严明。

【注释】

最后几句说明冰嬉盛典开始之前，队伍已经列阵站好。

① 四牡：四匹雄壮的马。出自《诗经·小雅·四牡》。

② 八鸾：八个鸾铃。马口两旁各一个鸾铃，四牡共八个，故称八鸾。也用来称天子的车驾。

③ 雝（yōng）雝：原指鸟和鸣的声音，这里指鸾铃的响声。

④ 昒（hū）：黎明。

⑤ 层闉（yīn）：高耸的城门。

于是彩旌摇，曲队辟，前者如追，后者如掷。目不暇留，地不暇择①。山谷为之传声，林丛为之生色。俨曳电之穿霄，恍奔流之赴壑。鞋利双刀，底合两齿②。履者不危，奔者如驶。鸿骞龙蠚③，比瀸略以腾骧；左折右旋，俨绚练④而纷靡。或奔跃以齐驱，或侧肩而翘趾。观六军之争驰，识天颜之有喜。

【注释】

① 目不暇留，地不暇择：言冰嬉表演队伍之多。

② 鞋利双刀，底合两齿："刀"指滑行项目所穿冰鞋底部的冰刀，"齿"指抢球项目所穿冰鞋底部的铁齿。

③ 鸿骞（qiān）龙翥（zhù）：骞和翥都是疾飞的意思。滑冰的士兵像鸿和龙一样疾飞。

④ 绚练：迅疾貌。

若乃珠毬呈戏，蹴鞠争先，交驰竞逐，突兀喧阗①。叠足略地兮丸走，扬袂横空兮月圆。非凤舞于阿阁，疑龙跃于天泉。栗烈阴中，风响与履声相续；空明界内，云光与人影相联。斯固为盛朝之余事，亦足见抚世之微权。徒观其乍进乍退，以舞以蹈，旋周规而中矩，咸勇健而轻剽。壮六辔之沃若，纷万人之鼓噪。莫不欢欣鼓舞，遐瞻远眺。而岂知顺时敷政，因人立教。寄驯习于三申②，勒驰驱于七校③者哉。况夫圣惠频颁，湛恩广被。前者固蒙其休，后者亦沾其赐。程材较艺，寓至理于无心；奖士厉兵，训武功于有备。知继述之有常，实劝勤之交至。

【注释】

① 喧阗：喧哗，热闹。

② 三申：再三申明。

③ 七校：原指七校尉，后泛称各军将领。

臣心怀履薄，职愧条冰。十载禁庭，捧恩纶而愈形惕惕；三冬珥笔，对宸翰而弥觉兢兢。睹鸿文之焕发，实管窥之无能。为弛为张，豫游而不逾其则；乃文乃武，训迪惟欲守其经。彼夫拔河佟观，花竿陈戏，或驰情于蹴毬，或游心于马伎。虽亦见之歌谣，究无裨于政治。然则冰嬉之为制也，恩施普被，有合于仁，差等严明，无伤于义。足以补讲武之余，益以见率循之志。敬系之以歌曰：岁穰穰系乐丰盈，我后来兮应天行。翠华临兮俯蓬瀛，冻液池兮湛虚明。戒武士兮结队成，循旧典兮庆赐并。一游豫兮怡皇情，千秋万岁歌太平。

其九：秽璜

北陆盛兮朔气寒，土归其宅兮泽腹坚。驱黑骊于颛帝，骄共工①于水官。层冰峨峨兮连厚地，素凌壮积兮封大川。于是波凝太液，云横瑶岛，弥望皑皑，凛接清昊。鸟不下夫黄鹄，鱼无跃于芳藻。晃乎若列云母于波臣，莹然若甃②水晶于圆沼。天子乃顺时饬典，銮舆晓来，斜度复道，平临瀛台。六花既零，琪树鬌髭。旭射觚棱兮金错缕，烟开窣堵③兮玉成堆。

【注释】

① 共工：神话中的水神，掌控洪水。

② 甃（zhòu）：砌，垒。

③ 窣（sū）堵：梵文译音"窣堵波"的简称，佛塔。

于焉怀旧俗，循前规，练武事，习健儿。本水战之余技，赐嘉名以冰嬉。岂同于泼寒之无取，抑宁比拔河之足奇。尔其镜光乍试，岸影遥控，似铺沙而更明，如委浪而不动。其险也，虞渡马之或僵；其平也，较遵陆而无壅①。任若骤而若驰，以待夫人之纵送。见夫四甄列，两和分，排七萃，戒六军。竞立冰上以待命者，不知其几千百群。麾而令之，扬华旌之拂云。踊跃振迅，声容沄沄，莫不缇衣袜鞈②，凌缥袂而翻繻帉③。且夫冰非可狎之戏，器有必用之利。非船非楫，非车非骑。其奇也，则如以履为舟，而以身为御；其妙也，则如以力为乘，而以势为辔。履则有取乎革，抑且复异其制。用于始则荐以铁，而拟于刃之锐；易于后则缀以齿，而以为履之珥④。冰激刃而不留，齿啮冰而不蹶⑤。义盖在乎刚克，事固有其相济。

【注释】

这一段首先指出冰嬉的来历及其功能，指出"冰嬉"这一名词是乾隆御赐的。然后描述了太液池的冰面适合冬季演武，接着描绘了冰上列队的情景，最后对冰鞋进行了描述。

① 壅（yōng）：堵塞。

② 韎鞈（mèi gé）：染成赤黄色的皮子，用作蔽膝护膝。

③ 缡衯（guàn fēn）：大巾。

④ 珥：原意是珠玉做的耳饰，此处指铁齿在鞋的边缘处。此处对冰鞋的描写容易出现曲解，这里的"始"指的是第一个项目，即抢等项目。"后"指的是后面第二个项目，即冰上抢球项目。因此，这一段关于冰鞋的描述应该翻译成：鞋子是由皮革制成，而且制作方法不同。抢等时加装滑铁，取法冰刀的锋利；便于冰上抢球则在鞋底安装铁齿，就像鞋子的双耳。

⑤ 踬（zhì）：跌倒，被东西绊倒。

俄而羽林欻飞，不冯不泅，因利乘便，布均力俅。怵他人之我先，合万众以如流。望之恍乎凌波御风，甫一瞬而竟渡；即之坦如践石履地，未再步而已周。鸟知其自远而近，忽若发机①，而不胫而走，由彼之此。同于坐驰，而又类乘空以游。但闻鸣声礳硌之骤如飞炮，真疑震响硼磤②之欲动夫潜虬。

【注释】

这一段描写的是抢等项目。从"万众"一词可以看出参加抢等的人数比较多。

① 发机：拨动弩弓的发矢机，谓突然疾驰而出。

② 硼磤：声音洪大。

交辔未已，伟观复起。仿佛投石超距之意焉，则仍夫军中蹴鞠之余旨。吴毽高掷，如挚如委。霍兮奔星之流，突然弹丸之驶。张拳不及抵，迅眸不及视。众猎捷以竞奋兮，若鸷鸟攫而斗兽之争掎①。谁探骊而得珠，辄矜捷以自喜。而其旋转冰上，云变风靡，始奔跳以杂沓，终兀然以邎止。无或不良于行，以窘步而颠趾。盛矣冰嬉之为乐，信激壮而环玮②。

【注释】

这一段描写的是冰上抢球项目。

① 掎（jǐ）：夹击。

② 环玮：原意是美玉，引申为珍贵奇异。

爰诏行赏，以劳以侑，隽者其先，次逮其后。虎拜腾声，欢如凯奏。天子顾之而笑曰：最哉！尚无忘肄武之旧。遂抒宝翰，展霞笺，清漏未移，宸章烂然。非游观之为娱，乃仁义之是先。奚止补赋家之缺，而实典谟雅颂之并传。侍臣何幸，得瞻天笔。授简叨荣，倍深战栗。烛火微明，何足以仰承方中之朗日。尚冀铺景烁，叙光茂。以颂扬于万一云尔。

【注释】

这一段是说乾隆看过冰嬉盛典后，环顾左右，笑着说："太好了！还没有忘了习武的国俗。"于是亲自作《冰嬉赋》，嵇璜对此赞颂不已，特别是亲眼看过御笔后，更是诚惶诚恐。

乾隆时期有两幅《冰嬉图》，上面的《御制冰嬉赋》都是由嵇璜手书的。

颂曰：帝图穆兮万国雍。皇情嘉豫兮，值此季冬。池冰磷磷兮，骁材争雄。匪以为嬉兮，惟以习戎。率由旧章兮，无弛厥功。遏刘耆定①兮，不忘初终。洵圣武兮，道协于中。永以为式兮，万世是宗。

【注释】

这一段是作者对冰嬉的颂词。

① 遏刘耆定：制止杀戮，以致安定。《诗经·周颂·武》："胜殷遏刘，耆代尔功。"刘，杀戮。耆（qí），致，做到，《康熙字典》谓"音旨。致也。"

其十：裘曰修

冰既坚，气逾①肃，树树镂银，山山积玉。寒色侵肌，素华迎目。凤凰阁下，镜影空明，鸱鹊楼前，珠光爓煜。尔乃移琱辇，矗华斿②，纳赤豹之鞋，批翠云之裘。周庐③捧剑，司晨唱筹。前环七校，后列五侯。十二之羽林静如岳立；三千之组练动若云流。向瀛台而至止，乘几暇以优游。涣汗④斯宣，冰嬉是举。

【注释】

该赋以《瀛台冰嬉恭赋》为题收录到《裘文达公文集》中。这一段指出冰嬉盛典从清早就开始列队了，皇帝的到达瀛台后，下旨冰嬉盛典开始。

① 逾：《裘文达公文集》作"已"。

② 斿（liú）：同"旒"，原意是旌旗上悬垂的装饰品，这里代指旌旗。

③ 周庐：原意皇宫周围所设警卫庐舍，这里代指皇帝的警卫。

④ 涣汗：圣旨。

尔士毋哗，爰整其旅，殷殷辚辚，十十五五①。人拥貔貅②，气吞虓虎。先齐九伐，俨瞻上将之旗；继以三申，宛听军门之鼓。乃扬旌以前导，竞蹑屩③以纷从。奕奕靴刀，纵横似水，森森裤褶，顾盼生风。超乘④以登，未足方其趫健；缘绳而度，差可想其骁雄。万众齐呼，响震冯夷之穴；千层欲裂，声凌河伯之宫。捷更过于飞猿，宁难涉险；轻直同于高鸟，真欲摩空。分道同驰，联镳并进。排为鹅鹳之军，列作鱼丽之阵。有甚锐以复迟，又既蹶而还振。荣等乎夺锦标，勇逾于冒白刃。拟以宗周之竞长，薛不先滕；比诸列国之争盟，楚终后晋。

【注释】

这一段首先描绘了抢等比赛开始前的整队，各队按阵法有秩序地站好。然后描写了抢等比赛奋勇争先的场景。

① 十十五五：十个一群，五个一组，多少不等，形容分别聚合。

② 貔貅（pí xiū）：传说中一种凶猛的瑞兽，人们用它来寓意欢乐和好运。古时人们常用貔貅来作军队的代称。

③ 屩（juē）：鞋，这里指冰鞋。

④ 超乘：跳跃上车。

洎乎①彩帜再建，星球乍高。平开蹴鞠之场，恍看投石；不用澼絖②之药，宛尔凌潮。弄宜僚之丸，飘扬直起；逐韩嫣之弹，矗矗相嘲。葱岭移时，到处填成琼圃；滹沱合处，几于踏碎鲛绡。

【注释】

① 洎（jì）乎：等到。

② 澼絖（pì kuàng）：用典《庄子·逍遥游》："宋人有善为不龟手之药者，世世以洴澼絖为事。"后以澼絖借指医治皲手的药方或小技艺。

总之，擎攫嚣腾，纷纭挥斥。且却且前，忽喧忽寂。有时习昆明之战，俨斗轻舟；有时叩细柳之营，更开坚壁。初共贯以同条，亦技均而力敌；继雨骤以风驰，值波屆而石激。或散若烟云，或轰如霹雳。孰为骐骥之脱羁？孰为驽骀之伏枥？孰旁出以呈奇？孰趋先而效绩？错为绮绣，望并火荼。周遭两翼，辟易千夫。不忧龟手，讵愁裂肤。钱塘八月之涛，声同浩淼；蜀阪千秋之雪，影共模糊。一色蓝田，未妨腾跃；十重瀚海，讵①畏沾濡。皆所以佐三驱②射猎之典，而非为供一日清宴之娱也。

【注释】

① 讵：《裘文达公文集》作"宁"。

② 三驱：帝王的田猎制度。

逮夫赏酬其能，廪①称其事。颁来内帑②，濯锦水以方鲜；怀③得精镠④，贡梁州之适至⑤。列差等以攸分，仍统同而一致。允文允武，既仁既义。讲艺习劳，居安保治。昭观德之风，作敌忾之气。彼夫湘江矜竞渡之嬉，洛水有拔河之戏。乃方兹其蔑如⑥，诚无可得而志矣。既而銮回翠罕，旆转龙文。祥光暧靆，佳气氤氲。占三阶之朗澈，见六出⑦之缤纷。兆西成之丰美，大南亩之欢欣。

【注释】

① 廪（lǐn）：原意是指米仓或储藏的米。此处引申为奖赏。

② 内帑（tǎng）：国库里的钱财。

③ 懹（ràng）：害怕。

④ 精镠（liú）：成色好的金子。

⑤ 适至：《裘文达公文集》作"方至"。

⑥ 蔑如：微细；没有什么了不起。

⑦ 六出：指雪花。《石渠宝笈续编》作"六尺"，疑似误记。

圣天子乃更仁溢投醪，恩深挟纩。察茆①檐疾苦之形，轸②蔀③屋艰难之状。陈无逸于殿廷，绘豳风于屏幛。喜腊雪之飘飖，迓④春和之澹荡。皇欢既洽，天藻丰赓。熙朝典礼，为万世程。永永无极，载流颂声。小臣珥笔，宣德述情。所惭凡响，未叶韶頀。

【注释】

① 茆（máo）：同"茅"。

② 轸（zhěn）：伤痛。

③ 蔀（bù）：搭棚用的席。

④ 迓（yà）：迎接。

其十一：董邦达

本文首先指出乾隆朝顺应时节开创了"旷古无之"的冰嬉盛典，接着以冰嬉盛典的进程为主线，描绘了列队、起驾、待令、抢等、分队、抢球、行赏各个环节的情况，最后指出智、信、礼、仁、义皆寓于冰嬉之中，结构清晰。虽引用了不少现在不太常见的典故，使用了不少晦涩难懂的词汇，仍不失为一份总体理解初创时期冰嬉盛典的珍贵史料。

惟天一生水兮，凝而为冰；体含上善兮，位配五行。大易以履霜著义①，幽诗以凌阴纪政②（叶）。左氏观象于北陆，戴记占候于东风（叶）。取顺则农桑并起，用逆则霜雹见征。兴汉则河流停澌，感晋则海波为凌。冰之时义远矣哉！然而秬黍享候，桃弧除灾③，负重致戒，履薄取危。方其峨峨严严，稜稜硙硙。贲石无所角其力，都卢无所施其能（叶）。冰嬉之艺，旷古无之。我朝设此，军政是资。盛哉煌乎，信天下之壮观矣（叶）。

【注释】

这一段从天时说起，讲到开创冰嬉盛典的重要意义。

① 大易以履霜著义：指《易·坤》所言，"履霜坚冰，阴始凝也；驯致其道，至坚冰也"。意思是说踩着霜，想到冰冻的日子就要到了。

② 幽诗以凌阴纪政：指《诗经·豳风·七月》所言，"二之日凿冰冲冲，三之日纳于凌阴"。意思是说不同的月份有不同的事情，腊月的时候凿冰冲冲，正月藏于冰窖。二之日指腊月，三之日指正月。凌阴，冰窖。

③ 秬黍享候，桃弧除灾：出自《左传·昭公四年》，"其藏之也，黑牡秬黍，以享司寒。其出之也，桃弧棘矢，以除其灾"。黑牡秬黍，指黑色的牲畜和黑黍。古人认为桃木为仙木，用桃木作弓，用棘枝作箭可以除灾。

请言其始，若乃黑精①司正，昏危②应时。雪深太液，璧重瀛台。色夺琪树，彩彻瑶阶。于是命臣僚，悉徒御（叶），萃水客，集介夫。缇骑捷猎，髶髦③前驱。天子乃抚翠凤之驾，倚瑂④玉之舆。靡鱼须之桡旃，彇天狼之威弧⑤。虬蛹螭腾，蠖略云衢。轻武后阵，跋躠⑥踤跼⑦。遂臻行所，旭旭汹汹⑧，溶溶如也。

【注释】

这一段描绘了冰嬉盛典开始时的情况。太液池冻结，兵士列队，彩旗飘扬，随后皇帝起驾，亲临检阅。

① 黑精：传说中的黑帝，北方之神。

② 昏危：星宿名，二星出现，冬天到了。《礼记·月令》："孟冬之月，日在尾，昏危中。"

③ 髽髦（róng máo）：古代先驱骑兵披着头发的装束。

④ 琱：同"雕"。

⑤ 彏（jué）天狼之威弧：出自扬雄《河东赋》，"掉奔星之流旃，彏天狼之威弧"。彏，弓弦急张。天狼、威弧，都是古星名。威弧在天狼星东南，八星如弓形。此处借用《河东赋》的语句来彰显帝王的气势非凡。

⑥ 趯㯯（là tà）：飞翔的样子。

⑦ 跿跔（tú jū）：腾跳踊跃。

⑧ 旭旭汹汹：形容声响猛烈。出自《文选》扬雄《羽猎赋》："汹汹旭旭，天动地岋。"

尔乃按部曲①，正壁垒。淬精厉刚，跂②踵以俟。乃有鞋如错刀③，靴作利齿。黄牛革鞏④，膝带前施。咸技痒而显效，望朱旗而心喜。大麾聿举，武士维扬。竦身就列，矫足赴场。其始进也，翩若群仙之下瑶京（叶）；其少纵也，潝⑤若练马之曳澄江。其冏然而远决也，鹬若惊凫之失侣而孤飏；其翼乎而垄并也，倏若六龙之挈云而齐骧。而其翕赫忽霍⑥，靸雪⑦悠往，倏若列缺挥鞭而击流光；骈磕⑧磈硌⑨，葐蒀⑩磅唐⑪，震若丰隆驱车而驰天阊。浩鲲纯驰，旋风回翔，飒沓络绎，合绪离纲⑫。影趁形而不逮，足追踪而若倾（叶）。或拔帜而先登，或失势而踉跄；或四顾而踌躇，或中道而旁皇。诡貌殊形，不可为象。

【注释】

这一段描绘了冰嬉盛典待令、抢等的情况。

① 部曲：古代军队编制单位。

② 跂（qǐ）：踮起。

③ 错刀：汉代王莽铸造的一种货币，头部如方孔圆钱，身子像一把刀，一侧有大半截刀锋，董邦达认为冰鞋下面的冰刀就像错刀的这一部分。

④ 革鞏：用皮革捆东西。出自《易·革》："鞏用黄牛之革。"

⑤ 潝（jí）：迅速的样子。

⑥ 翕赫忽霍：短暂。唐杨炯《盂兰盆赋》："云舒霞布，翕赫忽霍。"

⑦ 靸霅（sǎ zhà）：疾走貌。

⑧ 玲磕（líng kē）：车骑众多声。

⑨ 磥硌（lěi gè）：壮大，此处指声音很大。

⑩ 菈（lā）猎：崩驰之声。出自左思《吴都赋》："菈猎雷硍。"

⑪ 磅唐：周围广大貌。

⑫ 合绪离纲：滑行的队伍或合或离。出自《文选》鲍照《舞鹤赋》："离纲别赴，合绪相依。"李善注："纲绪，谓舞之行列也。言或离而别赴，或合而相依。"

尔乃收军会众，云旋渊渟。更分二队，蹴鞠令行。中设冰床，旁列长旌。苟过差于所志，知胜负之攸分。于是玉球丸走，虎旅猋兴。近取远蹠，目留神迎。其来无端，麾之以肱。出群受敌，差池交景。如鹪①应媒，如马旋汀。仰视则明珠一颗，俯察则琉璃万顷。捎虚则奔星争辉，拂地则落月同耿。映玉津以流离兮，共琼岸而冲凝；耀银河而的砾②兮，临水镜而清回。

【注释】

这一段描绘了冰嬉盛典分队、抢球的情况。

① 鹪（jiāo）：野鸡的一种，边走边叫，性勇健，善斗。

② 的砾（de lì）：光亮、鲜明貌。司马相如《上林赋》："明月珠子，的砾江靡。"

于斯时也，皇心悦愉，鸿泽普宣。论最赏功，束帛戋戋。较其勇怯，第其后先。啬者磨钝①，丰者尚贤②。千人咍③，万人欢。小大稽首，歌呼动天。其歌伊何？天子万年。固已迈镐京之乐恺，岂徒夸瑶池之游盘已也。

【注释】

这一段描绘了冰嬉盛典行赏时的情况。

① 磨钝：使鲁钝的人奋发有为。

② 尚贤：尊重有才德的人。

③ 咍（hāi）：笑。

且夫冰之为道也，含虚抱明，表智临之宜也；守贞体洁，彰体信之德也。顺时观艺，教达禁成①，著勤礼之规也。毬上有嫔②，行道立身，象求仁之事也。庆赐遂行③，称物平施④，顺行义之制（叶）也。

【注释】

这一段进一步指出智、信、礼、仁、义皆寓于冰嬉活动之中。大意是说，冰蕴含的道理，虚心而通明，表达了智的道理；保持节操通体洁净，彰显了信的品德（即为人诚信）。顺应时节检阅冰嬉，（集合队伍）告知其比赛要求，附着了经常修习行为的规范（礼：即人们的行为规范）。球上有缤纷的色彩（此处将彩球比喻为道德修养的最高境界：仁），（抢球时）或奔跑或站立，象征着追求仁。赏赐顺适地进行，做到施与均衡，这是顺应义的标准。笔者认为，此处虽有一定道理，也有生拉硬拽"仁义礼智信"之嫌。

① 教达禁成：出自东汉张衡《东京赋》："三令五申，示戮斩牲，陈师鞠旅，教达禁成。"冰嬉表演时有集合军队宣布要求（陈师鞠旅）的环节，以使兵士明确比赛要求。

② 嫔：同"缤"，缤纷。

③ 遂行：顺适地进行，多用于军事资料中。

④ 称物平施：根据物品的多少，做到施与均衡。

君子曰：此一役也，非小技之所尚，实大道之攸归。若夫汉武习战，凿池昆明（叶），方舟而济，则惟其常。天宝六载①，御毬温汤，舍陆习坎，迁地弗良。矧其一则以贪劳民，一则以欲荡情（叶）。由今揆②之，高下之相悬，大小之相衡。奚啻潢污③之于溟渤④，培塿⑤之于岱宗⑥（叶）

也哉。

【注释】

① 天宝六载：即唐玄宗天宝六载（747年）。这一年唐玄宗将骊山温泉宫改名为华清宫，将其建成宏大的离宫。他整日以蹴鞠、沐浴为乐，宠爱杨贵妃，不理政事，加上奸臣当道，盛唐开始衰落，酿成安史之乱。因此董邦达说唐玄宗御球温汤与乾隆冰嬉盛典相比就像池沼比于大海，土丘比于泰山。

② 揆（kuí）：揣测。

③ 潢污：聚积不流之水，池沼。

④ 溟渤：溟海和渤海，泛指大海。

⑤ 培塿（lǒu）：小土丘。

⑤ 岱宗：泰山。

其十二：德宝

仰巽维之既届，逢坎位之方迎。乃司令权，亦调羽声。角胜文场，庆三冬之足用；报勤农事，欣八蜡之将成。赵衰①之胥南至，和叔之都北营。民豫可同，献曝于野人之乐；圣游为度，观德于君子之争。则有一日之泽方行，万年之文丕焕。匪徒运甓，惜阴思夏禹勤劳；似学游阿，弥性颂周成泮奂。通冬狩而适振武威，拟射功而兼摛文翰。池波暂结，忽挥扬于电烁星驰；墨浪旋翻，更掩映乎云卿日烂。百行腾步，悉从楮国搜长；千顷凝寒，都向颖侯竞灿。固成双绝之奇，聊附一辞之赞。纵刻意以铺张，终自嫌于汗漫。缅夫金鳌鼇起，玉蛛横铺。流泉沍结，曲径萦纡。飙霜洹积，菡萏茎枯。谁闻跃鲤，曾听行狐。未逮凌人之赐，何如姑射之肤。翘首峨峨，倒映黄衢而益丽；迎眸皓皓，斜移白塔以成图。

【注释】

① 赵衰（cuī）：晋文公的谋士，是一位很有才干的政治家，被誉为"冬日之日"。出自《左传·文公七年》："鄯舒问于贾季曰：'赵衰、

赵盾孰贤？'对曰：'赵衰，冬日之日也。赵盾，夏日之日也。'"

我皇上乘万几之暇，作片时之憩。卫士趋风，武夫习艺。结队联绵，分班迢递。齐峙中央，直排下砌。履不容胶，衣皆自曳。膝护惟韦，纲包在屦。前茅跷足而驰，后劲奋拳而睨。左拒进薄而威扬，右行旁冲而气厉。怵他人之或先，防追者之载继。迅如集燕兮离合随群，飘若惊鸿兮纵横贯缀。徒然虎跳兮，骇肩背之欲摩；翻尔霓游兮，迷擎臂之忽挤。依稀公孙之剑舞①兮，绕蛇龙以皆翔；缥缈王令之舄飞②兮，控凫鹤而共系。结驷连骑之杂沓兮，败何惧而胜何骄；短兵狭巷之轻挑兮，徐不逡而疾不蹶。

【注释】

① 公孙之剑舞：指开元盛世时的公孙大娘，善舞剑器，舞姿惊动天下。

② 王令之舄飞：典出《后汉书·王乔传》，"王乔者，河东人也。显宗世，为叶令。乔有神术，每月朔望，常自县诣台朝。帝怪其来数，而不见车骑，密令太史伺望之言其临至，辄有双凫从东南飞来。于是候凫至，举罗张之，但得一只舄焉"。

尔乃缝毬作的，裹革为縢。圆扇乘风而散掷，盘珠转月以虚凌。相连尺五之遥，俨从天其自降。乍振逾寻之势，更腾地而旋升。宜僚不坠之丸，急探遽逝；魏王将零之瓠①，徐按难凭。智士徒为瞠目，勇夫用是抚膺②。宁玉饼之撒空，但见鹏搏于水击；讵金弹之抛野，奚为鹄踊于层冰。

【注释】

① 魏王将零之瓠（hù）：典出《庄子·逍遥游》，"魏王贻我大瓠之种，我树之成而实五石。以盛水浆，其坚不能自举也。剖之以为瓢，则瓠落无所容。非不呺然大也，吾为其无用而掊之"。这里指冰上抢球项目所用的球比较大，难以拿住。

② 抚膺：捶拍胸口以示其勇武。

于是止喧嚣,息骋逐。序次雍容,回坛整肃。赏别等差,赉沾优渥。纵甲乙之攸区,仍勇怯之尽睦。良辰美景,无须挟纩①以增温;正义育仁,自若悬犀而赐福。龙颜顾此怡情,凤藻因此挥牍。小臣思验淮南之瓶,愿咏幽风之凿。业震叠于虎旅之辉煌,复沁心于鸾章之彬郁②。至德奚名,颂篇斯续。

【注释】

① 挟纩（jiā kuàng）：意思是披着棉衣,以喻受人抚慰而感到温暖。
② 彬郁：美盛貌。

词曰：我皇纬武,武臣阚虎。志正体直,在冰之浒。仲尼观射,重华舞羽。安乐思危,莫敢余侮。又曰：我皇经文,文治絪缊①。戎行耀日,健笔凌云。涌泉万斛,横扫千军。冰嬉成赋,永轶典坟②。

【注释】

① 絪缊（yīn yūn）：氤氲。
② 典坟：三坟五典的简称,三坟五典是指中国最古老的书籍,三皇五帝的书。

其十三：刘统勋

维禁旅之选练,习武节以为嬉。当隆冬之凛冽,就坚冰而载驰。尔乃颛顼司柄,修熙佐理。蜡享沾一日之泽,黄屋有三登之喜。吹筒占律,寒谷阴凝。天有雨而皆雪,地无水而不冰。其为状也,皑皑峨峨,精炼清越。激厉飚而初成,感冱寒而转结。始霡①历兮㳾流,渐阒寂②夫泪澌③。缟白随川而变色,珪璧因渠而殊质。若乃金鳌灵沼,玉蝀天泉,象江河之行地,拟星汉之经天。映白塔而浩漾,伫翠华之游观。莫不珠剖琼缀,月照星攒。近若累空,远如积烟。惟睹耀燨④,不见沦涟。六尺无以尽其厚,百炼不足比其坚。并腾辉而焕彩,实而胶葛淡漫⑤。视之者恍惚而目眩,履之者滑汰而趾颠。纵有飞黄服驾,造父⑥操鞭,庆忌骈伍,贲育后先。亦且逡巡䜱缩,踟蹰迁延,变虬桓于矩步,束逸足而迍邅⁷。庸讵知投石超距之众,咸思效技于龙旗豹尾之前。

【注释】

① 羃(mì):同"幂",覆盖。

② 阒(qù)寂:寂静。

③ 汩潏(gǔ yù):水涌动貌。

④ 耀爚(yuè):闪耀。

⑤ 淡(tàn)漫:(水流)宽广浩大。

⑥ 造父:古代著名善御者,曾为周穆王驾车。

⑦ 迍邅(zhūn zhān):难行貌。

天子于是建翠葆,抗华旌,出右个,扬和铃。从峨冠与玉具,扈苍珮与朱缨。左右龙光,粲如列星,言指渤澥①,载莅蓬瀛②。召鹰扬之选士,齐巧力以毕呈。其来也联翩杂沓,什什伍伍。轻盈兮踏绳之夫,精悍兮校剑之侣。连万众之横陈,仰一旗之乍举。既容寂而气专,亦猥捷而神速。效语难③之短衣,仿行山之双履。履锥兮金距翘风④,施刃兮覃耜著土⑤。加蔽膝以护前,用整齐其步武。分八方之旗采,张两翼以鞠旅。

【注释】

① 渤澥:古代指东海的一部分,即渤海,此处指太液池。

② 蓬瀛:蓬莱和瀛洲,此处指瀛台。

③ 语难:因愤激而出语艰涩,说话不流利。

④ 金距翘风:冰鞋的冰刀在鞋前高高翘起。金距的原意是斗鸡距上的金属假距。

⑤ 覃耜(tán sì)著土:冰刀的刀刃很锋利,就像锋利的耜犁田时切入土一样。覃耜,犁田的工具。《诗经·小雅·甫田之什》:"大田多稼,既种既戒。既备乃事,以我覃耜。"

于时川后闭迹，波神扃户；灵修抱弦，冯夷罢鼓。荫琉璃之屏障，栖水晶之殿宇。忽聆异声，彻于水府。大喁小于①，叫嗷呺怒②。万骑蹴蹀，千轮龃龉。响洞庭之宫县，斗昆明之楼橹。讶何许之壮观，乃兹嬉之合众也。以发以纵，驰飙奔霆，轠轳③不绝，鸿峒④迭承。体如山屹，足如舟行。虽发轫之自我，骇一逝而莫停。不翼而飞，无风而轻。镊⑤云欲起，入镜偏明。忽足蹑于汉殿，或肩摩于齐城。眇千里于一瞬，何百步之足矜。荡舟兮在陆地而非巧，凌波兮亦浮水而无凭。仿佛乎霓裳之踏月殿，约略乎羽客之越沧溟。迅翩过眼而辄没，飞矢入阵而遗声。逞巧辞以拟议，未足以喻其精能。始则齐发，终不并到。迟者澜回，捷者响报。极奋迅与猛鸷，转婀娜而妍妙。怀凛栗以惕息，更欢欣而腾踔。视夫拔河湔沫，弄潮凌暴。竞渡喧阗，水嬉叫噪。虽嬉事之多方，孰与此而同调哉。

【注释】

① 大喁（yóng）小于：喁、于都是风吹树动前后相随之声也。出自《庄子·齐物论》："前者唱于，而随者唱喁。"

② 叫嗷（jiào）呺（háo）怒：高亢激昂地叫喊，吼叫。

③ 轠（léi）轳：连属貌。《汉书·扬雄传上》："缤纷往来，轠轳不绝。"

④ 鸿峒（dòng）：相连的样子。

⑤ 镊（niè）：通"蹑"，追踪。《汉书·礼乐志·天马歌》："镊浮云，晻上驰。"

若乃毬戏流传，以马以杖，击者心精，观者神王。徒挥霍于尘中，未崚嶒于冰上。一夫闲暇，千指豪壮。瞥神珠之释手，似当仁之不让。欻九地而九天，倏七擒而七放。圆如月涌，疾如影荡，闪度流星，白跳骇浪。乍傍岸以平沈，爎背人而远飚。摄睡骊以探颔，空仰首而怀怅。怵老蚌之护壳，虑厥子兮外向。或远逐而无获，或近取而受贶。或捧璧而洞属，或失丹而悒怏①。嗟不盈于予掬，何易离而难傍。乃有宜僚敏弄，离朱②遐望；

象网侥幸，邓林夸妄③。加以御风之虚步，借以拾翠之妙相。乃左右之皆有，亦俯仰之悉当。虽平地其犹难，矧一掷而流宕乎？尔其浑璞犁开，巨鉴蹴裂，挼④汉盘之屑玉，堆楚江之积雪。非行棋而何局，不缘车而亘辙。鸟迹回互，金粟明灭。暨冰嬉之卒陈，亦余景兮奇绝。可以固武士之筋骨，辨技勇之优劣。使措之于坦途，如善没者之操舟筏也。

【注释】

① 悒怏（yì yàng）：忧愁不乐，郁闷。

② 离朱：上古传说中的人物。传说他能视于百步之外，见秋毫之末。

③ 邓林夸妄：传说夸父逐日，道渴而死，手杖化为邓林。

④ 挼（sà）：抛洒。

尔乃仰回帝瞻，喜动天颜，嘉训饬之劼毖①，念气候之凝寒。赍兹戎士，赐以金钱。投醪逊其优渥，挟纩让其欣欢。皇情载畅，援笔赋之。赏此武事，宠以文词。秋风白云，瞠乎后矣。敬效赓歌，击壤是希。歌曰：集虎旅兮禁苑，迨层冰兮未泮。以邀兮以嬉，诏我士兮无或慢。又歌曰：冰嬉兮非嬉，作我士气兮如熊如罴。匪今斯今兮，假典所贻。荣光瑞采兮，永耀冰池。

【注释】

① 劼毖（jié bì）：谨慎，慎重。

臣于乙丑冬，恭读圣制冰嬉赋，日光玉洁，锵然而韶钧鸣，夐哉观止矣。承命与内廷诸臣同赋。丙寅夏，画史绘图成卷，诸臣作并附书卷尾。臣时往淮南摄督漕运，洎丁卯冬，奉敕补录前作。自惟言之不文，不足铺叙景铄。乃时经隔岁，重得于瑶机锦纾中，叨尘翰墨。烛火微明，依光日月，不胜荣幸之至。

【注释】

这一段记载了这篇《冰嬉赋》的由来。乾隆乙丑（乾隆十年，1745年）

冬，刘统勋读了乾隆《御制冰嬉赋》，并奉命和内廷诸大臣同赋。到丙寅（乾隆十一年，1746年）夏，有画师绘图成卷（即乾隆十一年四月沈源白描《瀛台冰嬉图》），让诸大臣将其所作《冰嬉赋》写于画作之后。当时刘统勋恰好去淮南摄督漕运，因此直到丁卯（乾隆十二年，1747年）冬，才得以补录。

第三章　绘画

第一节　乾隆时期两幅《冰嬉图》比较研究

两幅《冰嬉图》基本情况

乾隆皇帝开创了冰嬉制度，不仅亲自撰写了《冰嬉赋》，还命宫廷画师将冰嬉盛典的场景画了下来。描绘冰嬉盛典场景的绘画作品有多幅，如沈源绘《御制冰嬉赋图》、姚文瀚绘《紫光阁赐宴图》等。比较完整地再现冰嬉盛典场景的绘画作品有两幅：

[清]金昆、程志道、福隆安绘《冰嬉图》卷

[清]姚文瀚、张为邦绘《冰嬉图》卷

一、金昆、程志道、福隆安绘《冰嬉图》卷（以下简称《金绘冰嬉图》），绢本，设色，纵一尺一寸，横一丈八尺一寸（《石渠宝笈续编》）。画心左下部有"臣金昆程志道福隆安奉敕合笔恭画"款，下有印二方，一为"恭"白文，一为"画"朱文。画心左上部有嵇璜书写的《御制冰嬉赋有序》，钤印二："臣""璜"。钤"乾隆御览之宝""石渠宝笈""石渠定鉴""宝笈重编""御书房鉴藏宝""乾隆鉴赏""三希堂精鉴玺""宜子孙""嘉庆御览之宝""宣统御览之宝"等十方印。

二、张为邦、姚文瀚绘《冰嬉图》卷（以下简称《张绘冰嬉图》），绢本，设色，纵一尺一寸，横一丈七尺四寸五分（《石渠宝笈续编》）。画心左下有"臣张为邦姚文瀚合笔恭画"款。画的左侧有嵇璜书写的《御制冰嬉赋有序》，钤印二："臣璜""笔露雨露"。钤"乾隆御览之宝""石渠宝笈""石渠定鉴""宝笈重编""养心殿鉴藏宝""乾隆鉴赏""三希堂精鉴玺""宜子孙""嘉庆御览之宝""宣统御览之宝"等十方印。

从两幅画的钤印看，这两幅画均钤"乾隆御览之宝""石渠宝笈""石渠定鉴""宝笈重编""乾隆鉴赏""三希堂精鉴玺""宜子孙""嘉庆御览之宝""宣统御览之宝"等九方印章，均被《石渠宝笈续编》收录。不同的是，《金绘冰嬉图》加钤"御书房鉴藏宝"印，说明此画曾存放在御书房；《张绘冰嬉图》加钤"养心殿鉴藏宝"印，说明此画曾存放在养心殿。

根据清朝嘉庆年间胡敬著《国朝院画录》中相关记载，结合笔者所查资料，对两幅《冰嬉图》的作者简介如下：

金昆，生卒年不详，《国朝院画录》没有对他直接介绍，只是援引《国朝画征录》记载："贺金昆，钱塘人，武解元，工人物、花草，未识即其人否，《石渠宝笈》著录九（其中与人合笔八）。"

程志道，生卒年不详，京江（今江苏镇江）人，擅长花卉、树石。

福隆安，生卒年不详，满洲镶黄旗人，擅长树石。

张为邦，生卒年不详，广陵（今江苏扬州）人，其父张震，康熙时宫廷画家，本人是雍正、乾隆年间宫廷画家，擅长人物、翎毛，自乾隆六年（1741年）一月行走于化日舒长，师承郎世宁学习西洋画法。

姚文瀚，顺天（今北京）人，乾隆八年（1743年）成为宫廷画家，工人物兼释道画像。

乾隆六年将画院处所属15位画画人分为三等，其中金昆等6人为一等，程志道、张为邦等4人为二等。ᵃ

两幅《冰嬉图》大同小异的原因推测

两幅《冰嬉图》均描绘了乾隆皇帝在西华门外太液池（今北海大桥南侧）阅视冰嬉的场景。除了画面中央"转龙射球"部分外，其余部分的人

---

a 杨伯达：《清乾隆朝画院沿革》，《故宫博物院院刊》1992年第1期。

物几乎全都一样，就连四周的景物也大同小异。即使是"转龙射球"部分，其中的旗手和射手的动作也是基本相同的。而两幅图的署名作者却多达 5 人。究竟为什么会有这样两幅《冰嬉图》，试推测如下：

《金绘冰嬉图》在《内务府造办处各作成做活计清档》（以下简称《清档》）有明确记载："乾隆十一年二月初五日，栢唐阿张文辉持来员外郎金昆、七品官赫达色押帖一件，内开为十年十二月初八日太监胡世杰传旨著画瀛台冰嬉赋图，钦此。"[a] 由此可见，乾隆十年（1745 年）腊月初八日，传旨画院处创作《瀛台冰嬉赋图》，翌年二月初五日，历经近两个月的时间画成。另外，《清档》乾隆十一年八月二十八日档记载："太监施良栋来说，太监胡士杰传旨，现画之《冰嬉赋》只有马图一人画，着海望另雇画匠二名帮画，赶溜冰鞋时要得。"[b] 从这两处记载看，金昆等人绘制完《冰嬉图》后，乾隆皇帝似乎感觉画面的主体部分表现得不够充分，没有将冰嬉盛典中民间百戏的内容画出来，所以准备再画一幅，以便在年底的冰嬉盛典上使用。于是下旨内大臣海望再雇两名画匠帮马图绘成。马图等人绘制的冰嬉图完成情况未见记载，或许马图及所雇画匠无法完成如此场面宏大的画作，张为邦和姚文瀚临时承担起了这项任务，《张绘冰嬉图》就是在这种情况下保留了《金绘冰嬉图》的大部分内容绘制而成。由于张为邦曾跟郎世宁学习过西洋画，因此，《张绘冰嬉图》的四周景物更多地借鉴了西洋绘画的透视法，使整个画面显得更真实。比如缩小了金鳌玉蝀桥等远景的比例，在画面左侧增加了建筑物等等。所以《金绘冰嬉图》落款时使用了"奉敕合笔恭画"，《张绘冰嬉图》落款时只使用了"合笔恭画"。当然，这只是推测，真实情况还需要结合更多的史料进行考证。

---

a 中国第一历史档案馆、香港中文大学文物馆合编：《清宫内务府造办处档案总汇》，人民出版社，2005 年。

b《清档·记事录》乾隆十一年八月二十八日档。

两幅《冰嬉图》四组人物分析

下面按照从右至左的顺序分析一下画面中的四组人物。

一、第一组人物是表演"冰上抢球"项目的兵弁。队伍分为左右两翼，一翼为镶黄旗，一翼为正黄旗，这和清代将八旗分为左右两翼是相对应的。镶黄旗属左翼，正黄旗属右翼。每翼两队，每队列前各有10人顶戴花翎，穿齐肩褂，左衣红，右即衣黄。后排则无花翎，最右侧一队后排没有戴帽子。据《养吉斋丛录》记载，抢球"兵分左右队，左衣红，右即衣黄"。画中情景和这段描写是吻合的。乾隆五十九年（1794年）《腊日观冰嬉因咏冰床》对"球事武因习，旗逐赏分平"一句诗的注解写道："国俗有冰嬉之典，树旗门，整编伍，士皆缇衣驰履，鹄立以俟。驾前分棚，掷鞠，健步争先，意注手承。"这组人物体现了"整编伍，士皆缇衣驰履，鹄立以俟"的场景。这4队人物自左至右有微小差异，《金绘冰嬉图》分别有79人、66人、103人、103人，而《张绘冰嬉图》分别有79人、66人、104人、103人。

抢球时所穿的冰鞋是特制的，底部有铁齿。从画中可以看出，抢球兵弁所穿冰鞋与其他项目的冰鞋是不同的，其他项目所穿的冰鞋均有冰刀，而抢球项目没有冰刀。

二、第二组人物是阅视冰嬉表演的皇帝和大臣，画面的中心是皇帝乘坐的冰床，冰床左右两侧及后面侍立御前侍卫、豹尾班执枪侍卫、佩刀侍卫及朝廷众大臣等人。御膳房的人正呈送茶点。

三、第三组人物是表演"转龙射球"的兵弁。两幅画主要的差异就在这一部分：

（一）《金绘冰嬉图卷》

1. 按照镶黄旗、正黄旗、正白旗（上三旗）、正红旗、镶白旗、镶红旗、正蓝旗、镶蓝旗（下五旗）的顺序走冰。其中镶黄旗8对、正黄旗8对、正白旗8对、正红旗8对、镶白旗7对、镶红旗7对、正蓝旗7对、镶蓝旗7对，每对旗手1人、射手1人，共60对，120人。镶蓝旗走冰后，镶黄旗再继之。

2. 设旌门3处，旌门之上悬挂天球，经过旌门后转身射天球，图中搭弓射天球者2人，另有3人搭箭在弓。从图中还可以看出，出发时每个射手箭囊中有3支箭，经过一个旌门射出1支。

（二）《张绘冰嬉图卷》

1. 同样按照镶黄旗、正黄旗、正白旗（上三旗）、正红旗、镶白旗、镶红旗、正蓝旗、镶蓝旗（下五旗）的顺序走冰。其中镶黄旗8组、正黄旗8组、正白旗8组、正红旗8组、镶白旗7组、镶红旗7组、正蓝旗7组、镶蓝旗7组，每组旗手1人、花样2人、射手1人（其中花样分别在旗手和射手之后），共60组，240人。

姚文瀚绘《紫光阁赐宴图》卷

2.同样设旌门3处,旌门之上悬挂天球,射手滑过旌门后转身射天球。图中对于箭囊中弓箭数量的处理不够细致,经过旌门之后并没有数量上的减少。

3.花样表演有身体姿势和借助其他器材两种方式。花样表演的内容非常丰富,有舞刀、弄幡、叠罗汉等等。

除了上述两幅《冰嬉图》外,姚文瀚绘《紫光阁赐宴图》也绘有冰嬉表演,画面描绘的是正红旗"转龙射球"场景,每对旗手1人、射手1人,共约48对,96人。据《石渠宝笈续编》载:"每岁新正,皇上于紫光阁武成殿筵宴年班入觐之外藩、蒙古汗王、台吉、回部汗王、台吉及各国使臣等。殿外张幄次,设乐部仪仗,旁列冰嬉。"

四、第四组人物是表演"抢等"的兵弁。"抢等"项目类似于现在的速度滑冰，参加比赛的兵弁在距离皇帝的冰床二三里之外站好，每个人都脚穿带有冰刀的冰鞋，发令后集体向皇帝乘坐的冰床处疾驰而去，即将到达冰床附近，御前侍卫（此时兼做裁判）将其拦下，以免冲撞圣驾，最后根据到达的先后排定名次，分等行赏。沈源绘《御制冰嬉赋图》描绘了该项目比赛场景。

《冰嬉图》是否是真实场景？

通览两幅《冰嬉图》，笔者认为这两幅画并非完全写实，里面有画师的想象。而这想象的内容，其创作素材来源于乾隆的《御制冰嬉赋》。理由如下：

一、《冰嬉图》的原名应为《瀛台冰嬉赋图》，乾隆十年（1745年）《清档》记载："十二月初八日，太监胡世杰传旨：著画《瀛台冰嬉赋图》。"御用绘画作品创作时，"绘者作画时尽力遵照皇帝的意志和要求，扬其所好，避其所恶"[a]。所以金昆等人也罢，张为邦等人也罢，都会尽量按《御制冰嬉赋》及皇帝的意志来创作。

二、两幅署名不同，而内容如此雷同的作品，更是说明了其"御用绘画作品"的特征。如前文推测，金昆等人绘制完《冰嬉图》后，乾隆皇帝似乎感觉画面的主体部分表现得不够充分，没有将其设想的（或已经试点过的）冰嬉盛典中民间百戏的内容画出来，所以才有了第二幅画。因此，《张绘冰嬉图》"传龙射球"部分的内容在很大程度上是想象出来的。

因此我们在理解清朝冰嬉盛典的时候不能被《冰嬉图》束缚住。第一，不能认为冰嬉盛典只有图中这3个项目；第二，不能认为冰嬉盛典都是像画中这样八旗同场竞技，事实上更多的是分日阅看；第三，不能以为皇帝只是坐在冰床里观看冰嬉，事实上，在冰床里面观看"转龙射球"这样的

---

[a] 杨伯达：《清乾隆朝画院沿革》，《故宫博物院院刊》1992年第1期。

大场面表演,并没有在高处远观显得壮观,乾隆时期就有在北海琼岛庆霄楼上观看冰嬉的记载。

尽管如此,这两幅作品的艺术和史料价值仍然非常高,是研究清代冰嬉不可不提的作品。

第二节 沈源绘《御制冰嬉赋图》解读

沈源绘《御制冰嬉赋图》卷,宣德笺本,设色。纵196厘米,横94.3厘米。上部为清高宗乾隆十一年丙寅仲冬月望后二日(即乾隆十一年十一月十七日)御笔行书《冰嬉赋有序》,可见其对该画的喜爱。钤印四:"乾隆宸翰""日鉴在兹""涵虚朗鉴""墨云"。右下款署"臣沈源恭画",钤印二:"臣沈源印""恭画"。另钤"乾隆鉴赏""五福五代堂古稀天子宝""乾隆御览之宝""八徵耄念之宝""石渠宝笈""石渠定鉴""宝笈重编""乾清宫鉴藏宝""三希堂精鉴玺""宜子孙""宣统御览之宝""摛藻为春"等十二方印。《石渠宝笈续编》著录,初藏乾清宫,现收藏在台北故宫博物院。《国朝院画录》载:"沈源,工人物,石渠著录三,续编载有恭摹《圣制冰嬉赋图》一轴,敬纪于首。"

该画描绘了皇帝携众大臣在太液池北海琼岛以西、金鳌玉𬟽桥以北冰面上阅视冰嬉的场景。主画面描绘的是冰嬉中"抢等"比赛的情景。画面右下部侍卫和大臣环绕着的是皇帝乘坐的冰床,参加比赛的士兵90人从约700米处五龙亭附近向皇帝乘坐的冰床处疾驰而来,正是《御制冰嬉赋》所载:"突都卢兮轻趚,迅龙骧兮麟振。奕六虯兮沛艾,御八风兮穆眕。首进者却视而小憩,继至者错履而蹴跟。虞后来之比肩,更前往而擢身。"其间更有扑倒的、仰面朝天的、摔掉帽子的,竞争激烈,热闹非凡。在即将到达终点的时候,由11位御前侍卫组成的"裁判组"依次将其拦下,根

沈源绘《御制冰嬉赋图》

据到达的先后排定名次，分等行赏。画面上另外列队站好的是准备参加抢球项目的 4 组兵士。

此画描绘的场景和《金绘冰嬉图》《张绘冰嬉图》一样，都是作者以《御制冰嬉赋》为基础，根据自己的观察和想象绘制而成，并非完全写实。除了上文分析的原因，还有两个理由如下：

一、乾隆十一年（1746 年）十一月十七日之前，并没有在北海阅视冰嬉的记载。

二、抢等项目的兵士滑行速度不太可能差异如此之大，在千米左右的"赛道"上滑行，绵延不会如此之长。

另据《内务府造办处各作成做活计清档》记载[a]：乾隆十三年（1748年）："二月初三日……传旨：着金昆、丁观鹏将今日瀛台看的冰嬉画手卷，各画一卷，起稿呈览，准时再画。钦此。"乾隆十三年"二月二十八日，丁观鹏奉敕画冰嬉图稿"。从记载中看，乾隆为了让画师能够画好《冰嬉图》，专门安排金昆、丁观鹏于二月初三日在瀛台看了一场冰嬉，这一天已是八九第八天，此时河水已经解冻，燕子归来，因此这场冰嬉很可能是一场小规模的冰上活动，甚至是一场模拟的冰上活动。二人看后都画了手卷呈乾隆御览，乾隆最终于二月二十八日命丁观鹏画《冰嬉图》。然而此画在《石渠宝笈》及续编、三编均未有收录，目前也未查到关于此画的其他资料。院画中已有金昆、张为邦等人绘制的两幅《冰嬉图》描绘了"转龙射球"项目，沈源的《御制冰嬉赋图》描绘了"抢等"项目，莫非二月初三日这场小型活动是"冰上抢球"？丁观鹏的这幅不知所踪的《冰嬉图》描绘的是"冰上抢球"项目？期待着这幅画早日重见天日。

---

[a] 中国第一历史档案馆、香港中文大学文物馆合编：《清宫内务府造办处档案总汇》，人民出版社，2005 年。

清代冰嬉考

下篇

器材项目篇

第一章　冰刀发展简史

　　滑雪和滑冰的工具源于先民在冰雪中的生产生活实践。由于雪地和冰面湿滑、易于陷落的共同特点，古人并没有将雪上和冰上使用的器具严格区分开来。早期文献记载的器具大多是滑雪用具，如本书上篇"历史沿革篇"提到《隋书》记载的"骑木而行"、《新唐书》记载的"乘木马驰冰上，以板藉足，屈木支腋"、《职贡图》记载的七姓"足踏木板溜冰而射"，这里的"马蹄""木""木马""板""木板"都是脚的延长物，都更加接近于现在意义上的滑雪板。其功能主要有两个，一个是防止陷落在雪地里或冰面上，另一个增加行动速度。延长物的下端并没有类似冰刀的助滑器。与脚踏滑雪板在雪地里行走或追杀猎物不同，带有冰刀的冰鞋在早期的生产和生活中并没有太多的实际作用，这种冰鞋更多的是用于特定情况下的冰上疾走（如沿冰河进行情报传递、冰上急行军）或娱乐。

　　将动物的骨头绑在鞋底进行滑行可以看作是冰刀的雏形，这种做法缩小了脚底延长物的宽度和长度，增加了冰上运动的速度和灵活性。但这种做法不适合在松软的雪地里使用，只能在冻得很结实的雪地和冰面上使用，是一种冰上"助滑器"。1253—1255 年法国传教士鲁布鲁克的威廉（William of Rubruk）奉法兰西国王圣路易士九世的秘密使命访问蒙古，并见到了蒙哥汗，他在《鲁布鲁克东行记》中记载，蒙哥宫廷的"北面同样没有城镇，只有一支牧羊的民族，叫作乞儿乞思。还有兀良海，他们足底缚着磨光的骨头，在冻结的冰雪上行走，速度之快可及飞禽走兽"。[a] 这里的兀良海又写作兀良哈，是蒙古族祖先中的一支。考古发现了这样的兽骨，欧洲一些博物馆里就有。如 1869 年 4 月，英国考古发现了被认为是"助滑器"的骨头，并在伦敦市政厅展出。[b] 1969 年—1971 年，荷兰考古学家在荷兰的 Zeeland 省发现了公元 10 世纪时使用马的腿骨制作的冰上助滑器。骨头并不耐磨且不易固定，铁制冰刀的出现彻底改变了这一局面。

将铁制的冰刀固定在木板上，再将其绑在鞋上做成的冰鞋为滑冰提供了器材保障，这种冰鞋本书称其为"缚式冰鞋"。缚式冰鞋一般认为最早出现在荷兰。荷兰博物馆收藏有约 1225—1250 年的铁制冰刀，其外形已经具备了现在冰刀的样子，但如何使用却没有确定的答案。

约 1225—1250 年的铁制冰刀，阿姆斯特丹博物馆（Amsterdam Museum）藏[c]

---

a 耿昇、何高济译：《柏朗嘉宾蒙古行记 鲁布鲁克东行记》，中华书局，1985 年，第 279 页。

b J.M. Heathcote, *The origin and development of skating*, The Badminton Library, Longmans, Green, and Co. 1892.

c 图片来源（The virtual ice skates museum 网站, history of ice skates, http://www.iceskatesmuseum.com）。

有资料显示,最晚到 16 世纪末期,荷兰的冰上运动已经兴起了,包括滑冰、冰球、冰上陀螺等项目在内的冰上运动在荷兰深受欢迎,文艺复兴时期的画家老彼得·勃鲁盖尔(Pieter Brueghel the Elder,约 1525—1569)及其儿子小彼得·勃鲁盖尔(Pieter Brueghel the Younger,约 1564—1638)、戈延(Jan van Goyen,1596—1656)、亨利克·阿维坎普(Hendrick Avercamp,1585—1634)等人的作品中就有非常生动的体现。荷兰的冰刀制作技术在那时领先于全世界。16 世纪末期,荷兰从西班牙获得独立,继而发展成为 17 世纪航海和贸易强国。高度发达的造船业成就了显赫一时的荷兰商业帝国,几乎垄断了全球的海上贸易,阿姆斯特丹一度成为国际贸易的中心,荷兰因此拥有了"海上马车夫"的绰号。1602 年,荷兰成立具有国家职能的东印度公司,专门控制东方的贸易,还一度占据了中国的台湾(1662 年郑成功收复)。中国的丝绸和瓷器等,大多是由荷兰商船转运,经荷兰商人转手销售的。清顺治十二年(1655 年),荷兰东印度公司使团到达北京,觐见了顺治皇帝。荷兰在进行世界贸易的同

《农场附近冰上一景》(*A Scene on the Ice near a Farm*),泰勒斯博物馆(Teylers Museum)藏,1634 年绘。作者是荷兰著名的冬季风景画大师亨利克·阿维坎普(Hendrick Avercamp,1585—1634),图中冰面近景持冰球杆的滑冰者脚上穿的就是弗里斯兰冰刀

1892 年 J.M. Heathcote 在《滑冰运动的起源与发展》(*The Origin and Development of Skating*)一文中描绘的一种弗里斯兰冰刀[a]

时,也将他们的冰刀带到了世界,当时英格兰、美国、加拿大等国的冰鞋有很多是荷兰产的,其中"弗里斯兰冰刀"(Friesland skate)非常有名,这种冰刀的典型特征是固定冰刀的木板像小提琴,后部稍宽,前部狭长,头部弯起,利于滑过不平整的冰面。铁制的冰刀嵌在木板下面,后头比木板稍短,利于制动,前头比木板稍长,有装饰作用。

有人引用《清语摘钞》关于"乌拉滑子"注的解释,认为努尔哈赤天命末年(约 1626 年)中国已经有士兵穿"乌拉滑子"行军打仗的历史了,"乌拉滑子"可以称为中国冰鞋的始祖。《清语摘钞》是刊行于光绪十五年(1889 年)的满语词典,其中记录的这段历史在《满文老档》《清实录》等史料中都没有记载,所提到的人名在史书上也未见记载,因此单凭这个记载,还不能简单将"乌拉滑子"作为冰鞋之始。中国的铁制冰刀究竟起源于何时,还需要考古发现的支撑。

雍乾时期的潘荣陛 [生卒年不详,雍正九年(1731 年)入宫任事,乾

---

a J.M. Heathcote, *The origin and development of skating*, The Badminton Library, Longmans, Green, and Co. 1892.

隆十年归家]在《帝京岁时纪胜》中写道:"冰上滑擦者,所著之履皆有铁齿,流行冰上,如星驰电掣,争先夺标取胜,名曰溜冰。都人于各城外护城河下,群聚滑擦,往还亦以拖床代渡。"更是印证了护城河下"群聚滑擦"的人群中,不少人是穿着带有"铁齿"的冰鞋的,其速度很快,"如星驰电掣"。这里的"铁齿"就是冰刀,不能理解为"带铁齿的冰刀"。

张九钺《紫岘山人诗集》卷二的《冰鞋篇》中有"冰鞋制绝奇,其底界中铁。扶寸磨晶莹,侧势便引揲。阮屐蜡偏新,仙凫形独别。力制重轻闲,熟巧凭劲滑。城沟与池洼,练习费时日。旁有老卫士,指点为余说"的诗句。《紫岘山人诗集》卷二记载了作者于乾隆七年(1742年)到九年(1744年)写作的诗。诗中指出冰刀以铁制成,刀锋很窄,磨得晶莹闪亮,安装在形似木屐的木板底部中央,木板新上的蜡。"旁有老卫士,指点为余说"的诗句更是从一个侧面说明军队中早有人熟练掌握滑冰技术了。

清乾隆年间,李声振所作《百戏竹枝词》中有《走冰鞋》诗:"捷足行看健步纷,寒流趁冻雪花春。铁鞋踏破奔驰甚,悔作银河冰上人。"并有注解写道:"足着铁底鞋,一步恒数丈,行冰上,兼有能格斗、舞跳者,门入冬,城河最多。"由此可见,在民间已经出现穿带有冰刀的冰鞋滑冰的活动了。这里对于冰鞋的描写比较笼统,从"一步恒数丈"来看,应该就是冰刀。

清朝乾隆时期还有不少诗文提到了冰鞋,兹摘录部分章句如下:

国俗有冰嬉者,护膝以带,牢鞋以韦。或底合双齿,使啮凌而人不踣焉,或荐铁如刀,使践冰而步逾疾焉。(乾隆《御制冰嬉赋有序》)

冰鞋者,底衔齿一条,用以啮凌。撒其双手,参差鼓势而行,迅若飞鸟。(前因居士《日下新讴》)

踏冰有履履有铁,冰铁相衔若相啮。履平铁侧走不纤,举趾乃似刀割涂。(查礼《铜鼓书堂遗稿·冰嬉曲》)

冰嬉盛典所用冰刀的制作和使用方法在《御制冰嬉联句》中有一句简单的概括："横庚绚齿莹精锴，露卯韦条束达楄。"诗中"横庚"原意是指龟甲上的横纹，这里指的是鞋底的冰刀。"绚"是古时鞋上的装饰物，"绚齿"在这里应是指冰刀弯曲的头。"精锴"指质量好的铁。"露卯"是古代制屦钉屦齿的一种钉法。将钉齿穿过屦底，露出钉尾，敲使弯曲，平贴屦里，如此则齿不易松动。"韦"是指经去毛加工制成的柔皮，"韦条"即绑冰鞋的皮条，《冰嬉赋》有"牢鞋以韦"的语句。"楄"是指木屦的底板。由此可以看出这个时期冰嬉盛典的冰鞋是"缚式冰鞋"。

绘制于乾隆十年的《冰嬉图》中可简单看出这个时期冰鞋的外形。图中"转龙射球"队伍脚上的冰鞋前端高高翘起（本章将翘起的部分称为"凤头"），前端翘起利于滑过不平整的冰面，这与"弗里斯兰冰刀"的功能是一致的，另外还有装饰功能。不同的是凤头弯曲的弧度没有"弗里斯兰

金昆、程志道、福隆安合绘《冰嬉图》里带有冰刀的冰鞋

冰刀"平滑。

2008年7月23日故宫博物院与首都博物馆在首都博物馆联合举办了"紫禁城内外的竞技游戏展",本次展览展出了一双清晚期的冰鞋,展览对此的介绍文字是:"冰鞋上部为木制,两侧各钉两根白皮绳,系鞋带,起固定作用。鞋底中间挖槽置钢质冰刀,冰刀与鞋底铆接牢固,无松动。此冰鞋为速滑冰鞋。"这双冰鞋无论从其外形还是穿着方式上,与弗里斯兰冰鞋都十分相似,推测是洋务运动以后的舶来品。尤其是其使用方式是在木板上穿前后两个孔,绳带从中穿过,而中国式冰鞋往往是在木板上穿三个孔,前二后一。稍微不同的是凤头部分,这双冰鞋凤头更长一些,凤头的弯曲弧度更加平缓,凤头顶部带有螺旋纹,其下方内侧有一凸起。另外,其冰刀离冰面的距离稍低,冰刀的刀刃较厚。清晚期,慈禧太后很喜欢观看滑冰表演,曾效仿清盛时的方式举办过冰嬉盛典,推测这种形制的冰鞋是这期间从国外引进的,并进行了改造。其凤头顶部内侧凸起也许是悬挂响铃的,穿着它滑行时铃铃作响。凤头的弯曲弧度更加平缓,更加有

2008年7月23日故宫博物院与首都博物馆联合举办的"紫禁城内外的竞技游戏展"展出的清晚期的冰鞋[a]

---

a 首都博物馆编:《紫禁城内外的竞技游戏》,北京燕山出版社,2008年。

利于表演身体的花样姿势（清代滑冰的"花样滑冰"更加强调身体姿势，这和西方早期的花样滑冰讲究脚部动作是不同的），因此展览介绍文字中的"此冰鞋为速滑冰鞋"值得商榷。

2019年1月7日开始在北京故宫午门展厅举办的"贺岁迎祥——紫禁城里过大年"展览中展出了两双清代的冰鞋。这种冰鞋和《冰嬉图》里的冰鞋使用方式是一样的，都是缚式冰鞋。冰鞋前头有高高的凤头，凤头部分近乎直角弯曲向上。不同的是凤头内侧增加了另外一根钢条，使冰刀固定得更加牢靠，同时使凤头更加不易变形。这种形制的冰刀笔者未曾在国外的资料中见过，应是国产化的产物。这种冰鞋制作得比2008年展出的冰鞋要精致许多，特别是木板上部前后两端有两组向上的铁齿，每组有4个呈"口"字形排列的尖齿，因此推测是在乾隆时期冰刀的基础上改良而成的，时间也应是在清晚期。

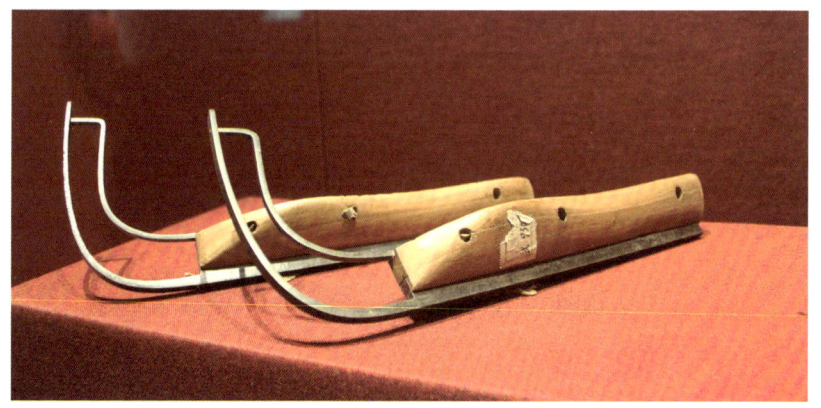

2019年1月7日起北京故宫午门展厅举办的"贺岁迎祥——紫禁城里过大年"展览中展出的清代冰鞋

民国时期，有摄影家拍摄了一组曾在冰鞋处供职的老滑冰艺人齐子林的照片，从这些照片上看，冰刀和底板已经连在一起，底板也是铁制，凤头部分近乎直角弯曲向上。这种冰鞋是由清朝内务府造办处制作的。文实权详细描绘了这种冰鞋："造办处所制冰鞋，纯系铁制，长八寸，前宽二寸，后宽一寸六分，鞋底式，前圆后方，形似铁鞋底。下连冰刀，冰高寸许，

民国时期摄影家拍摄的老滑冰艺人齐子林滑冰姿态和他的冰鞋

冰刀向前长出铁底，前端有立柱高二寸五分。铁底旁有孔三，前端二后端一，穿皮条作绊，穿时另以长皮条串绊系于鞋或靴之下，绊于腿颈之上。但其鞋底后端空五六分，冰刀平者利于快，冰刀稍弯者利于演花样，与西洋冰刀则同。后端空者利于停止，与洋冰刀用中部旁刃停止者不同。民间因铁鞋价昂，均以木底镶钢刀代之。彼时购冰鞋一双，价仅六吊文，造办处之铁鞋，予曾悬挂漪澜堂柱上，任人参观。"[a]

　　清晚期，西方的冰鞋已陆续进入中国，这些工业化的成果对中国传统的冰鞋带来了巨大的冲击，并最终取而代之。

---

　　[a] 文实权：《滑冰为我国固有，昔慈禧太后曾命办大规模冰嬉》，《新民报半月刊》1942 年第 4 卷第 7 期。

第二章　冰嬉盛典总规程

关于冰嬉制度，吴振棫在《养吉斋丛录》卷十四中有一比较详细的描述。全文如下：

冰嬉之制，所以习武行赏。俗谓跑冰鞋。即《金鳌退食笔记》所载西苑冰上掷球之戏，而实不止掷球一事。岁十二月，西苑三海层冰坚冱。于是择令辰，圣驾御冰床临观焉。或五龙亭、或阐福寺、或瀛台等处，无定地。冰鞋以一直条嵌鞋底中，作势一奔，迅如飞羽。始曰抢等。去上御之冰床二三里外，树大纛，众兵咸列。驾既御冰床(一)，鸣一炮，树纛处亦鸣一炮应之(二)。于是众兵驰而至，御前侍卫立冰上，抢等者驰近御座，则牵而止之。至有先后，分头等、二等，赏各有差。继曰抢球。兵分左右队，左衣红，右即衣黄。既成列，御前侍卫以一皮球猛踢之，至中队，众兵争抢，得球者复掷，则复抢焉。有此已得球，而彼复夺之者。或坠冰上，复跃起数丈，又遥接之。又继以转龙射球。走队时，按八旗之色，以一人执小旗前导，二人执弓矢随于后。凡执旗者一二百人，执弓矢者倍之，盘旋曲折行冰上。远望之，蜿蜒如龙。将近御座处，设旌门，上悬一球，曰"天球"，下置一球，曰"地球"。转龙之队疾趋至，一射天球，一射地球(三)。中者赏。复折而出，由原路盘曲而归其队。其最后执旗者一幼童，若以为龙尾也。旧制，八旗兵皆演冰鞋。分日阅看，按等行赏。道光初，惟命内务府三旗预备，后则三旗亦停止。仅给半赏之半而已。

乾隆间，岁奉皇太后观冰嬉。道光间，亦尝奉皇太后观冰嬉。

按：曩时阅冰嬉，若尚在国恤期内，则走队时撤去各色旗，惟用弓矢。又按《冰床联句》诗云：高注旗森攒雉尾，夹趋柄蜿刻龙头。又：檀楣簇范匡既好，柘檐缬翠盖斯歒。方祵茸燠敷貂座，圆极虚明屏罽帱。此言御用冰床之制也。又御前蒙古王等，凡至西苑，以赐坐冰床随行。

【原注】（一）亦曰拖床。（二）谨案：宣宗御制《观冰嬉》应制诗云："爆竹如累殷，池冰若砥平。"又云："冰坚太液镜中边，翠辇行时爆竹宣。"盖所鸣为竹爆也。（三）谨案：宣宗御制《观冰嬉》应制诗云："彩毯连命中，羽筈叠相鸣。"又云："鸟翔旗色初分队，鱼贯髇声每应弦。"盖所射骲箭也。

要准确理解这段记载，须注意以下3个要点：

一、清吴振棫编纂的《养吉斋丛录》共二十六卷，余录十卷。简明地记述了同治以前政府、宫廷的典章制度和清室的宫殿园苑。[a] 作者吴振棫（1790—1870），字仲云，浙江钱塘人。嘉庆十九年（1814年）进士，授编修，道光二年（1822年）任云南大理知府，道光七年（1827年）后曾任山东登州府知府、安徽凤阳府知府、贵州粮储道、贵州按察使、山西布政使、四川布政使。咸丰二年（1852年），历任云南巡抚、四川总督、云贵总督。同治七年（1868年）还乡，同治十年（1871年）卒。从上述履历看《养吉斋丛录》很可能最终成稿于同治年间，此时冰嬉盛典已停止举办。其所描写的"冰嬉之制"，也不是乾隆朝冰嬉鼎盛时期冰嬉制度的全貌。

---

[a] 鲍正鹄《养吉斋丛录》点校说明。摘自《养吉斋丛录》，北京古籍出版社，1983年。

另外从"谨案"中"盖所鸣为竹爆也""盖所射鲍箭也"可以看出这是吴振棫的推断，他本人可能没有亲眼见过冰嬉盛典，即使年轻时看过，其记忆已不真切。

二、吴振棫"称其书为纂，以所录者皆有所本，间有所闻异辞则附为考证。有例外之典，则列举时间与主名。制度先后变化，则述其沿革"。[a] 可见该书之严谨，这段"冰嬉之制"可以印证其严谨。如"旧制，八旗兵皆演冰鞋。分日阅看，按等行赏。道光初，惟命内务府三旗预备，后则三旗亦停止。""若尚在国恤期内，则走队时撤去各色旗，惟用弓矢。"都能找到史料佐证。但其中"转龙射球"项目却没有"述其沿革"，只是记录了某个时期（或某次）的表演方法。另外"仅给半赏之半"的提法笔者尚未发现这种赏赐制度，道光年间《清实录》的记载是"停阅八旗及内务府三旗冰技，仍给半赏"。

三、此处提出的3个项目"抢等"、"抢球"和"转龙射球"的名称未在其他清代史料中见过，应是吴氏所创。但其名称与内容非常吻合，故已被当今的很多学者所认可。

自乾隆朝开创冰嬉盛典以来，乾隆朝和嘉庆朝一脉相承，至道光年间，内忧外患之下，仅留内务府三旗演冰嬉，后来内务府三旗也停止。吴氏的这段记载，基本准确反映了乾嘉道三朝冰嬉盛典的总体情况。本书上篇第五章记载了光绪朝冰嬉盛典的总体情况。基于上述内容，从中选取了乾隆冰嬉鼎盛时期和光绪时期两个具有代表性的冰嬉盛典，分两节用现代体育赛事的语言编写了这两个时期的冰嬉盛典总规程，以供对比。由于光绪年间的冰嬉盛典表演内容和乾隆朝相比变化较大，且没有固定的规律，因此总规程中的内容是以光绪十九年（1893年）的某次冰嬉盛典为蓝本写成。所依据的资料为本书上篇第五章"光绪时期冰嬉盛典的短暂恢复"和下篇第三章"冰嬉盛典项目介绍"。

---

[a] 鲍正鹄《养吉斋丛录》点校说明。摘自《养吉斋丛录》，北京古籍出版社，1983年。

第一节　乾隆时期冰嬉盛典总规程

一、主办单位

大清乾隆帝国。

二、承办单位

内务府。

三、目的和任务

阅武事、修国俗、行赏赉、显国威。

四、盛典时间和地点

（一）时间：冬至以后，层冰坚沍。八旗轮番检阅，至腊八日阅视完毕。腊八日以后，遇赐宴外藩等大型活动，则八旗合演。

（二）地点：西苑三海（太液池）。具体地点或五龙亭，或阐福寺，或瀛台等处，无定地。

五、参加单位

八旗及内务府三旗。

六、表演项目

（一）抢等。

（二）冰上抢球。

（三）转龙射球。

以上项目次第进行。

七、参加办法

（一）各旗自行组织选拔，最终每旗选定 200 名。表演人员必须为旗人。选拔出的人员分为左右两翼，左翼镶黄旗、正白旗、正蓝旗、镶白旗，右翼正黄旗、正红旗、镶红旗、镶蓝旗。每翼头目 12 人，于农历十、冬、腊、正 4 个月进行集中训练，冬至以后，按指定时间进行表演。

（二）器材：盛典所需器材有冰鞋、弓箭、球架、小旗、天球等，由内务府预备。

（三）服装：各队服装自备，均穿马褂。

八、奖励

参赛人员均有银两奖励。头等 3 名各赏银十两，二等 3 名各赏银八两，三等 3 名各赏银六两，其余兵丁各赏银四两。

第二节　光绪时期冰嬉盛典总规程

一、主办单位

大清光绪帝国。

二、承办单位

冰鞋处。

三、目的和任务

宣王道、娱圣目、行赏赉。

四、盛典时间和地点

（一）时间：冬至以后。

（二）地点：漪澜堂前、瀛台等处。

五、参加单位

选拔产生。

六、表演项目

抢等、冰上抢球、摆山子、溜龙、亮排、射天地球、个人花样等。以最终通知为准。

七、参加办法

（一）各旗报送熟悉滑冰的人员，统一到什刹海冰场进行选拔，选中人员集中训练，按指定时间进行表演。

（二）器材：盛典所需器材有冰鞋、弓箭、阵式旗帜、天球架子等，由冰鞋处预备。

（三）服装：均穿长袍青马褂，队前顶翎。

八、奖励

所有应差人员均颁荷包一对，内有金银锞二锭。单演花样者，每人加赏尺头2件。

第三章　冰嬉盛典项目介绍

第一节　人马齐发项目介绍

人马齐发项目是人和马冰上竞速的项目。名字取自《紫岘山人诗集》中的《冰鞋篇》，诗中有"鼍鼓轰逢逢，马与人齐发"的诗句。诗的作者是清乾嘉时期的张九钺。张九钺，字度西，号紫岘，湖南湘潭人。生于清康熙辛丑（康熙六十年，1721年）八月三十日，殁于嘉庆癸亥（嘉庆八年，1803年）九月十九日，年82。该诗出自《紫岘山人诗集》卷二，该卷收录的是作者于乾隆壬戌（乾隆七年，1742年）至甲子（乾隆九年，1744年）3年之中的诗作，因此该诗描绘的应是作者在这3年之中的某日观看冰嬉盛典的场景。诗的标题和诗句之中均未出现"冰嬉"二字，从一个侧面体现了在乾隆十年以前并没有"冰嬉"这个词汇。兹录部分诗句如下：

天子御瀛台，星罕开霁雪。恤我禁律寒，何以御凛冽。
思将材技旌，稍补兵饷缺。虹堤树长标，程式在驷骤。
鼍鼓轰逢逢，马与人齐发。飘然行御风，倏而化奔蜺。
步叱茅龙飞，圆防红蚕撊。巾帨纷飘飐，佩囊舞彩缬。

于中杂戏陈，变幻更结辙。鹫拳金鳌背，雀跃冻蛟穴。
银海眩生花，锦绣俄一瞥。怒髻未收绷，手先红旗夺。
鼓歇衿整衣，翻笑骑力蹶。内府掷黄封，跪顶金三锊[①]。
余以次第颁，欢声动城阙。销寒为兹乐，三军挟纩悦。
岂比战昆明，徒劳水嬉设。

（原注：①马未到标下，冰鞋先到者，赏白金五十两。）

这首诗对人马齐发项目的描绘全面而生动。比赛开始前堤岸上站满了手持长矛的兵士，表演是按照围猎的阵法进行的（虹堤树长标，程式在驷驖。这里的驷驖出自《诗经·秦风·驷驖》，原诗描写的是秦襄公田猎的盛况）。震天的鼓声响起，比赛开始了。步兵和骑兵突然同时像蝉离开树枝一样飞奔而出，飘然御风而行，赛场上战衣飘飘，彩带飞舞。滑行的时候还穿插着民间百戏里的动作，场面更是变幻莫测。一时间冰花四溅，光彩夺目。冰面上插有红旗，如果谁比骑兵先夺走红旗，那么将获得白金五十

《唐土名胜图绘》中描绘的冰嬉盛典场景，冈田玉山绘

两的嘉奖。没有超过骑兵的按照名次给予奖励，凡是参与比赛的都有奖，以"稍补兵饷缺"。这和《御制冰嬉赋有序》里"夫其伯仲分，甲乙第，并前行赏，纵后亦逮。勇者特旌，任者均赐。普被曰仁，有差曰义"体现的冰嬉盛典的奖励思想是一致的。奖金是由内务府预备的，这和后来的冰嬉盛典也是脉络相通的。

《唐土名胜图绘》卷二《西苑》用日文介绍了太液池，大意如下：每冬太液冰坚，令八旗将士排列阵势，摆列旌旗，于冰上驰马嬉戏谓之冰嬉。有图画记载了太液池冰嬉与宫殿地势的图景，乃为《冰嬉图》。其后以"冰嬉"为题绘制了人马齐发的场景。画面右侧令旗高耸，鼍鼓逢逢；场地四周旌旗猎猎，兵士林立；冰面上人马齐飞，奋勇争先，骑兵腰佩箭囊，策马扬鞭，步兵脚踏冰刀，手持军旗，另有兵士右手持盾，左手持刀，正极速向前，端的是一番威武热闹的场景。《唐土名胜图绘》由日本冈田玉山编述，日本文化二年（1805年）刻成，时值嘉庆十年。冈田玉山（1737—1812），名冈田尚友，字子德，号玉山，是日本著名的画师。这幅图应该是冈田玉山根据亲眼所见绘制而成，他见到这个场面的时候，冰嬉盛典应已举办多年，说明这个项目在冰嬉制度化以后，仍有表演。

第二节　冰嬉盛典中的竞速项目：抢等

"抢等"一词来自吴振棫所著《养吉斋丛录》卷十四："始曰'抢等'。去上御之冰床二三里外，树大纛，众兵咸列，驾既御冰床，鸣一炮，树纛处亦鸣一炮应之，于是众兵驰而至御前，侍卫立冰上，'抢等'者驰近御坐，则牵而止之。至有先后，分头等二等，赏各有差。"抢等项目是冰嬉盛典中的竞速项目，有点类似于今天的速度滑冰。比赛开始前，在距离皇帝乘坐的冰床二三里处，树大纛，选手脚穿冰鞋列队站好，队列前拉一长绳，众人集中精神，单等发令。乾隆十年《御制冰嬉赋》中写道："亘长缒以节止兮，群总总而切儗。驿彩旌以传符兮，看纵纵之立俟。心无别营，目不他视。"等皇帝乘坐的冰床就位后，鸣炮示意（或摇动彩旗）。远处树大纛处鸣炮发令（或同样摇旗发令），众选手向御坐附近急驰而出。终点设在御坐前不远处，即将到达终点时，御前侍卫（此时兼作裁判）将其拉住。根据到达的先后顺序分等给予银两奖励。吴振棫是嘉庆年间的进士，所描绘的"分头等二等"进行奖励和乾隆时期的奖励办法是不同的。据《清朝文献通考·乐考》记载："头等三名，赏银十两；二等三名，赏银八两；三等三名，赏银六两；其余兵丁各赏银四两。"乾隆十年（1745年），钱陈群在其所作《瀛台冰嬉恭赋》中写道："先登者赏，书某某也。赏不邻滥，格以九也。"说明选手到达终点时，会有"裁判"记下获奖者的名字，奖励的设置以九为限。参加冰嬉盛典的选手都是各旗选拔出来的精英，没有获奖的人也可得到银两。这种奖励制度就是乾隆《御制冰嬉赋》所说："顺彼月令，以训以赉。勇者特旌，任者均赐。普被曰任，有差曰义。"乾隆二十九年（1764年）正月初二日，乾隆以及傅恒、刘统勋等20人作《冰嬉联句》，诗中有"凌虚远逐追夸父，径意飞行迈偓佺。布武只依驰道直，呼名惟听唱声连"的诗句，描写了抢等项目，其中夸父和偓佺都是传说中速度极快的仙人，作者以"追夸父"和"迈偓佺"来形容抢等的速度之快。从"呼名惟听唱声连"可以看出到达终点后是要自报姓名的，一方面是便于裁判记录（即书某某也），另一方面会让比赛更有气势。

用御前侍卫拦下选手的方式来判定名次比较复杂，并不是冰嬉盛典中的"规定动作"，后来的冰嬉盛典中对此做了一些改进。其方法是在终点处插上旗帜，谁夺走了不同等级的旗帜，则获得不同等级的奖励。光绪二十年（1894年），福秀珊在《和张久峰冰鞋原韵》中记载道：慈禧"皇太后于中海太液秋风亭看演冰嬉，亭外冰上插旗数面，先拔取者有赏"。

乾隆十一年（1746年），宫廷画师沈源绘制了一幅《御制冰嬉赋图》（见本书中篇第三章第二节《沈源绘〈御制冰嬉赋图〉解读》），描绘的就是抢等的场景。这幅画原存钟粹宫，现存台北故宫博物院，画的上端有乾隆亲笔所题《御制冰嬉赋有序》全文，可见乾隆对此画的喜爱程度。从画面上看，皇帝乘坐的冰床设在金鳌玉𫝆桥（现北海大桥）以北、堆云积翠桥以西的位置，冰床周围侍立侍卫及诸大臣，参加比赛的一大群兵弁从五龙亭附近出发，沿开阔的冰面向御座疾驰而来，其中不乏有扑倒的、仰面朝天的，快到终点的时候，有一组侍卫依次拦下，分定名次。

抢等项目是冰嬉盛典中滑行距离最长的项目，非常考验滑冰者的耐力和速度。由于同时出发的人很多，滑行的队伍就像一股激流奔涌，令观者大饱眼福。乾隆的大臣、画师董邦达在观看了抢等项目后，引经据典，秀辞藻之无穷，写下了这样句子："其始进也，翩若群仙之下瑶京；其少纵也，潊若练马之曳澄江。其囧然而远决也，鹬若惊凫之失侣而孤飚；其翼乎而坌并也，倏若六龙之掣云而齐骧。而其奄赫忽霍，輂雪悠往，倏若列缺挥鞭而击流光；骆磕磔硌，菈猎磅唐，震若丰隆驱车而驰天阃。浩鲵纯驰，旋风回翔，飒沓络绎，合绪离纲。影趁形而不逮，足追踪而若倾。或拔帜而先登，或失势而踉跄。或四顾而踌躇，或中道而旁皇。诡貌殊形，不可为象。"汪由敦所作《瀛台冰嬉恭赋》中也有抢等项目的描写："或翼驱以骈驰，或摩肩而径度。或乘间以投会，或侧出以诡赴。或复叠以攒促，或泮散而布濩。或炫奇而贾勇，忽回旋而返顾；或趁势以直前，尚踠足而拗怒。赫赫烈烈，若周家流火集赤乌；皓皓皑皑，若曲江奔涛翔白鹭。"

第三节　冰上抢球项目介绍

抢球是冰嬉盛典中最激烈的项目，《御制冰嬉赋》称其为"革戏"，《金鳌退食笔记》称其为"掷球之戏"，《帝京岁时纪胜》称其为"蹙鞠之戏"。本书取《养吉斋丛录》记载的"继曰抢球，兵分左右队，左衣红，右即衣黄。既成列，御前侍卫以一皮球猛踢之。至中队，众兵争抢"称之为"冰上抢球"。这个项目在清朝时期的很多有关冰嬉的文献和诗词歌赋里面均有精彩的描绘，本节以此为基础，对该项目进行解读。

抢球项目的场地

宽阔的冰面均可作抢球项目的场地，太液池、护城河的冰面都可以。冰嬉盛典的场地是在太液池，场地四周彩旗飘扬，场地为长方形，中央用彩旗做中线，分成两部分。

相关记载如下：

乾隆《御制冰嬉赋》："历天之旗，影捎朵殿。"

江越门《冰戏行》："夹岸旌旗拂曙来。"

江越门《冰戏行》："鸿沟酸枣界南北，谁能瞬息争腾奔。"

张九钺《蹴鞠篇》："纵横拓球场，缥缈悬武帐。"

乾隆《御制冰嬉联句》："彩旗分界示中权。"

裘曰修《瀛台冰嬉恭赋》："洎乎彩帜再建，星球乍高。平开蹴鞠之场，恍看投石。"

抢球项目的装备

服装

抢球项目穿的是习武装备"缇衣"，腿部穿戴皮制护膝，以红黄两色分为两队。

相关记载如下：

乾隆《御制冰嬉联句》："朱芾生辉全蔽膝，缇衣待号各张弮。"

乾隆《腊日观冰嬉因咏冰床》的注解："国俗有冰嬉之典，树旗门，整编舞，士皆缇衣驰履，鹄立以俟。"

乾隆《御制冰嬉赋》："衣短后，膝蔽前。"

张九钺《蹴球篇》："裤缚黄皮坚，臂络锦韝畅。"

陈景元《蹴球行》："羽林健儿不骑马，短后衣裳正轻跨。"

吴振棫《养吉斋丛录》:"兵分左右队,左衣红,右即衣黄。"

冰鞋

抢球项目的冰鞋分为两部分:一部分是士兵穿的靴子,另一部分是底部带有铁齿的木板(木板底部不是冰刀)。将木板用皮带绑在靴子和脚踝处加以固定。

相关记载如下:

曹寅《冰上打球诗》:"青靴窄窄虎牙缠,豹脊双分小队圆。"

乾隆《御制冰嬉赋》:"国俗有冰嬉者,护膝以芾,牢鞋以韦。或底合双齿,使啮凌而人不踣焉。"

高士奇《金鳌退食笔记》:"本朝用以习武所著之履,皆有铁齿,行冰上不滑也。"

球

抢球项目的用球源于蹴鞠之鞠,被称为"圆鞠""圆毬""彩毬""行头"等,是以熟皮缝成外壳,内部充气,可在球场上跳跃,常写作"毬",大概是因为最初的球内部填充的是毛发。明代已有充气的皮球,《太平清话》载:"蹋鞠始于轩后,军中练武之剧,以革为圆囊,实以毛发,今则鼓之以气。"

相关记载如下:

乾隆《御制冰嬉赋》:"复有革戏,其名圆鞠。"

汪由敦《冰嬉赋》:"俄而坚壁对垒,别曹分局,圆鞠突起。"

查礼《冰嬉曲》:"复听喧呼竞夺标,圆毬鹘上中天抛。"

《清朝通典》:"分棚掷彩毬,互程矫捷。"

吴振棫《养吉斋丛录》:"或坠冰上,复跃起数丈,又遥接之。"

球门

球门又被称为"旗门""球架",冰上抢球可以设有球门,也可不设球门。冰嬉盛典中的冰上抢球大多是带有球门的。设有球门的比赛只在场地中央设置一座球门,不设球门的比赛又可称为"白打"。由此也可看出冰上抢球项目和中国古代的蹴鞠项目是有渊源的,中国古代的蹴鞠分为有球门的比赛(称为"筑球")和无球门的比赛(称为"白打"或"场户"),但是比赛过程二者是不太相同的。

相关记载如下:

曹寅《冰上打球诗》:"万顷龙池一镜平,旗门回出寂无声。"

王昶《瀛台观冰嬉》:"毬门前后夹侍立,弯弧似月弦将缅。"

江越门《冰戏行》:"寒光灼灼眩朝暾,中流双戟开毬门。"

陈景元《蹴球行》:"毦毛白黑各分曹,蹴踏层冰争白打。"

《清朝文献通考》:"内务府预备冰鞋、行头、弓箭、球架等项。"

比赛流程

参加抢球比赛的兵士均需穿习武装备(缇衣),戴好护膝,穿好冰鞋,在冰面上列队站好,主事者向他们讲明比赛要求,众人都要洗耳恭听。等皇帝乘坐的冰床在冰面上驻停之后,参赛选手来到皇帝面前,分成左右两队,每队数十人,两队分别穿红色和黄色的队服。等两队都站好后,御前侍卫将一皮球猛踢到两队中间,抢球比赛正式开始。比赛设有裁判(执事者),由裁判判定胜负,皇帝亲自颁奖。

相关记载如下:

高士奇《金鳌退食笔记》:"冰上作掷球之戏,每队数十人,各有统领,分伍而立。"

乾隆《御制冰嬉赋》:"申明誓兮众听无哗,陈广场兮各司其局。乃其冰床驻于琉璃之界,豹尾扈于鸳鸯之隈。"

乾隆《腊日观冰嬉因咏冰床》注解:"驾前分棚,掷鞠,健步争先。"

吴振棫《养吉斋丛录》:"兵分左右队,左衣红,右即衣黄。既成列,御前侍卫以一皮球猛踢之。至中队,众兵争抢。"

乾隆《御制冰嬉赋》:"执事者中立而不倚,争捷者有前而无回。"

赛场情景

比赛的过程非常激烈，比赛中有抢球、掷球、接球、踢球等动作，清代一些诗文里用"摘月""遥接""仰接""俯拾""随锦攫""抱珠眠""撇擎掌上"等词汇来描绘比赛时的一些动作，乾隆《腊日观冰嬉因咏冰床》有"健步争先，意注手承"的注解，这些都说明抢球项目更加强调手上的能力，这和传统的蹴鞠比赛是迥然不同的，反而更加类似于现在的橄榄球项目。比赛中有大量的冲撞和近身争抢，甚至"断筋折骨何能惜""一朝攘夺如仇敌""性命此际鸿毛轻"，所以队员需要佩戴护膝，需要设立裁判以节制。

相关记载如下：

高士奇《金鳌退食笔记》："或此队之人将得，则彼队之人蹴之令远，喧笑驰逐，以便捷勇敢为能。"

张九钺《蹴鞠篇》："分纤争喧豗，超距迷背向。怒鬣迸蹄翻，倒跃三千丈。"

乾隆《御制冰嬉赋》："珠球一掷，虎旅纷来。思摘月兮广寒之窟，齐趁星兮白榆之街。未拂地兮上起，忽从空兮下回。"

乾隆等《御制冰嬉联句》："抛向狮钩随锦攫，探从骊颔抱珠眠。撇擎掌上神逾勃，突过竿头态亦嬛。"

吴振棫《养吉斋丛录》："得球者复掷，则复抢焉。有此已得球，而彼复夺之者，或坠冰上，复跃起数丈，又遥接之。"

陈景元《蹴球行》："奋袂喧呼不自知，断筋折骨何能惜。本是寻常旧相识，一朝攘夺如仇敌。逞雄作气贵持盈，性命此际鸿毛轻。倏尔赵军立汉帜，下风稽首甘输诚。"

汪由敦《冰嬉赋》："随所指而争趋，拟所向而竞逐。或仰接以耸跃，或俯拾而踧踖，或觌面而惚悦，或入怀而可匊。或辟易以深入，俨骊珠之在握；或危得而复失，泄余愤于一蹴。"

胜负判定

冰上抢球比赛获得胜利在一些诗文中被称为"获隽""效绩"。比赛胜负判定的办法在资料中记载非常少,恐怕只能进行推断。高士奇《金鳌退食笔记》称"以得者为胜",对比赛胜负的判定记载得非常笼统。何谓"得者",显然不是"得到球的人"。

乾隆《御制冰嬉联句》有"撇擎掌上神逾勃,突过竿头态亦嫚。赵帜拔余应避舍,楚弓得处竟忘筌。俯趁若个登先也,高举于兹获隽焉"的诗句。从"撇擎掌上神逾勃,突过竿头态亦嫚"可以看出,能够得到球并且将球高高举起或者"突过竿头"都是很值得炫耀的事情,但是这样都不算得分。炫耀之余如果得鱼忘筌,没有及时退避三舍,很可能会被别人抢走。若是有人附身趋走"登先",并"于兹"将球高高举起,才算是得分(获隽,古时称科举考试考中为隽)。这里的"竿头"是指球门柱,"登先"就是穿过球门后到达一个预先设定的地点将球举起。梁诗正《瀛台冰嬉恭赋》中有"逼旌门而垒涌,乃制胜乎越疆"的句子,是说逼近球门时争抢非常激烈,越过球门是制胜的关键。由此可以推断出有球门的比赛胜负判定方法是:持球冲过球门,到达事先设定的对方区域得分点,在此将球举起即得分。

无球门的比赛胜负判定方法可以从陈景元《蹴球行》"倐尔赵军立汉帜,下风稽首甘输诚"中来探寻。这里的"赵军立汉帜"用典《汉书·韩信传》:"拔赵帜,立汉帜。"原指韩信拔掉赵国旗帜,树立起汉军的旗帜,后以此比喻战胜对方。由于是用典来描述,据此不一定能说明比赛得分是持球拔掉对方的旗帜,但是,笔者推测很可能是在双方的端线插上旗帜,以持球拔旗为胜。

综上所述,抢球比赛的胜负判定办法是:在双方区域内设立一个得分点,一方持球到达对方得分点并将球举起,即为获胜。有球门的比赛需要先持球穿过球门到达对方半区,难度更大。

相关记载如下：

高士奇《金鳌退食笔记》："以皮作球，掷于空中，俟其将堕，群起而争之，以得者为胜。"

汪由敦《瀛台冰嬉恭赋》："获隽者气盛而若矜，失志者色沮而增恧。"

裘曰修《瀛台冰嬉恭赋》："孰为骐骥之脱羁？孰为驽骀之伏枥？孰旁出以呈奇？孰趋先而效绩？"

项目渊源

满族有传统体育项目"踢行头"。黑龙江省第一批省级非物质文化遗产名录中有"满族踢行头"一项，是由牡丹江市申报的。据黑龙江省文化和旅游厅（文化事业）官网介绍[a]，满族踢行头是满族民间传统游戏。满族人每次猎得虎、熊都认为是山神所赐，他们将兽头摆放在树墩上，众人围着树墩拜祭山神后，烤食兽肉，饮酒祝贺，唱歌跳舞，再抓起兽头奋起踢之，称"踢熊头"。此活动历经延续后，如今叫"踢行头"（熊头采用球形替代品）。满族人每年春节必举行"踢行头"活动。牡丹江市文化广电新闻出版局官方网站[b]介绍：源于宁古塔地区及牡丹江海浪河流域，历史上千年，传至清末民初。满族"踢行头"虽因连年战乱在民国初期在宫廷消亡，但在民间还存在于山村。目前海林镇永安村在农闲或过年时于海浪河的冰面上组织踢行头比赛，让古老的满族游戏活动焕发了青春。据《中国少数民族文化大词典》[c]记载：踢行头"盛行于明清两代。类似足球运动。行头用熊皮和猪皮等缝制成球，内装绵软之物，大小似今天的足球。踢球以高远为佳。场地划三道线，有三名裁判立于线上。比赛双方都力争将行头踢入对方区域，得分多者为胜。负的一方将酒肉等食物送给胜方。最后双方以

---

a http://www.hljwht.gov.cn/home/whyw/detail/id/3537/type/198.html.

b http://www.mdjwgxj.gov.cn/index.php？c=article&id=167.

c 铁木尔·达瓦买提主编：《中国少数民族文化大词典（东北、内蒙古地区卷）》，民族出版社，1997年。

肉下酒，嬉笑歌舞"。

本书上篇提到的《满文老档》所记载的努尔哈赤天命十年（1625年）正月初二日"冰上的运动会"，就有满族传统的体育项目踢行头。《燕行录》记载的崇德七年（1642年），皇太极在盛京城外举行"蹴鞠之戏"，也是踢行头。在清代的一些有关冰嬉的典籍记载中，有"行头"一词，如："内务府预备冰鞋、行头、弓箭、球架等项"（《清朝文献通考》），"所有冰鞋行头虽未阅看"（《清仁宗实录》），从这些语句看，行头和冰鞋、弓箭、球架等都是冰嬉表演的器材，其中《清仁宗实录》中的"冰鞋行头"是借代，是以冰嬉的器材来代替冰嬉。这里的行头，就是抢球比赛中的球。由此可见抢球项目是和"踢行头"有渊源的，但是又有很大的差异，最大的不同就是抢球项目更加注重手上动作，而踢行头更加注重脚上的能力。

潘荣陛《帝京岁时纪胜》记载："欢腾驰逐，以便捷勇敢为能。将士用以习武。昔黄帝作蹩鞠之戏以练武，盖取遗意焉。"这段记载指出了抢球和中国传统体育项目蹴鞠的渊源。古人经常会将一些事物的发明追溯到远古时代，蹴鞠也不例外，他们认为蹴鞠是黄帝发明的，缘起于黄帝和蚩尤的大战，战后黄帝命人将蚩尤的胃做成鞠。明末清初学者张自烈在《正字通·足部》中就称蹴鞠"黄帝所造，习兵之势，今戏球"。《帝京岁时纪胜》用这个渊源说明太液池上的冰上抢球和黄帝作"蹩鞠之戏"的目的都是一样的，都是用来练武的。康熙年间，曹寅在《冰上打球诗》中就写道："开疆争捷论功多，绿酿葡萄金叵罗。自是勤劳防逸乐，西南兵甲渐消磨。"以此提醒八旗将士不能只沉浸于战功与美酒，否则会出现"兵甲渐消磨"的危险。

第四节　转龙射球项目介绍

清朝以弧矢定天下，八旗以骑射为本务。乾隆皇帝非常重视军队的骑射训练，所以他在创办冰嬉盛典之初，就将骑射技能引入了进来。"转龙射球"就是融冰上"滑行"和"骑射"于一体的冰嬉盛典项目。"转龙射球"一词来源于清代吴振棫（1792—1870）所撰《养吉斋丛录》卷十四，其文如下：

又继以转龙射球，走队时，按八旗之色，以一人执小旗前导，二人执弓矢随于后。凡执旗者一二百人，执弓矢者倍之，盘旋曲折行冰上，远望之婉蜒如龙。将近御座处设旌门，上悬一球，曰"天球"，下置一球，曰"地球"。转龙之队疾趋至，一射天球，一射地球。（谨按：宣宗御制观冰嬉应制诗云："彩毬连命中，羽笴叠相鸣。"又云："鸟翔旗色初分队，鱼贯髇声每应弦。"盖所射骲箭也）中者赏。复折而出，由原路盘曲而归其队。其最后执旗者一幼童，若以为龙尾也。

转龙射球在《清朝通典》中被称为"较射天球"，是冰嬉表演中非常具有画面感的项目。乾隆十一年（1746年），清宫院画处的画师金昆、程志道、福隆安3人以及张为邦、姚文瀚二人均按照乾隆的要求合绘了《冰嬉图》（见本书中篇第三章），这两幅图的主体部分生动地描绘了转龙射球比赛的场景。对比两幅《冰嬉图》可以看出，张为邦、姚文瀚所绘制的内容更加丰富，倍增了花样表演的兵士，这些花样表演有身体姿势和借助其他器材两种方式，有舞刀的、弄幡的、叠罗汉的等等。其中不少内容源于民间百戏，乾隆时期的诗人江越门《冰戏行》中就有"羽林健卒天下雄，驰骤层冰如砥矢。古来百戏咸具陈，拔河蹴鞠徒纷纷"的诗句。

从这些资料可以看出转龙射球的比赛过程：事先在开阔冰面上绘制一蜿蜒如龙的阵图，阵图为双线，中间仅容一人通过。图形之上设置旌门三座，旌门之上放置小旗九面，左中右各三面。表演者均身穿马褂，脚穿冰鞋，旗手背小旗，射手执弓矢。出发时以旗手为先导，可按旗手—射手的次序，或按旗手—射手—旗手—射手—幼童的次序，亦可按旗手—花样—射手—花样的次序,无定制,沿阵图盘旋曲折依次滑行。无论采用何种次序,必须有旗手和射手。平时的检阅是按八旗分开检阅的,遇到腊月二十一日藩使瞻觐等特殊的日子,又会八旗合演,以显示国威。八旗合演时按照八旗"上三旗"和"下五旗"的顺序进行,即按镶黄旗、正黄旗、正白旗、正红旗、镶白旗、镶红旗、正蓝旗、镶蓝旗依次出场,逐渐铺满整个冰场,使现场气氛达到高潮。滑行过程中,每人都应表演不同的花样,滑过旌门后,射手转身射悬挂在上面的彩球,像骑马回身射箭一样,只不过转龙射球用的是巧劲,以射得准为第一要务,和沙场之上的硬弓不尽相同,据《钦定总管内务府现行则例》记载:"每年冬令穿冰鞋人等射天毬用软弓一百张,小弓四十张。三年一次换弦、画桦皮。"射手用的箭是可以发出声响的骲箭。一时间箭声叠鸣,彩球翻飞。查礼《冰嬉曲》有诗赞曰:"重排高架悬孤注,臂挽雕弓腰白羽。髇鸣镝响毬乱舞,后者欲前前者去。以身为帆足为橹,旋转乘风那得住。"射手出发时箭囊中配3支箭,每经过一个旌门射出一支,金昆等人合绘的《冰嬉图》细心地绘制出了箭的数量变化。最后根据射中彩球的多少,分等给予银两奖励。《清朝文献通考·乐考》载:"陈技毕,恩赏银两。头等三名各赏银十两,二等三名各赏银八两,三等三名各赏银六两,其余兵丁各赏银四两,俱由内务府广储司支给。"

《养吉斋丛录》记载的"转龙射球"和乾隆时期院画绘制的场景是不尽相同的。如文中记载"凡执旗者一二百人,执弓矢者倍之",而院画中执旗者和执弓者的数量是相同的,再如文中"上悬一球,曰'天球',下置一球,曰'地球'",而院画中仅有"天球",没有"地球"。院画成画于乾隆十一年,而《养吉斋丛录》的作者吴振棫生于乾隆五十七年(1792年),是嘉庆十九年(1814年)进士,卒于同治九年(1870年),所以他没有看到过乾隆时期的冰嬉表演,这从一个侧面说明转龙射球表演的内容是不固定的,《清朝文献通考·乐考》所记载的"射球兵丁一百六十名,幼童四十名,俱服马褂,背小旗,按八旗各色以次走冰较射"也并不能反

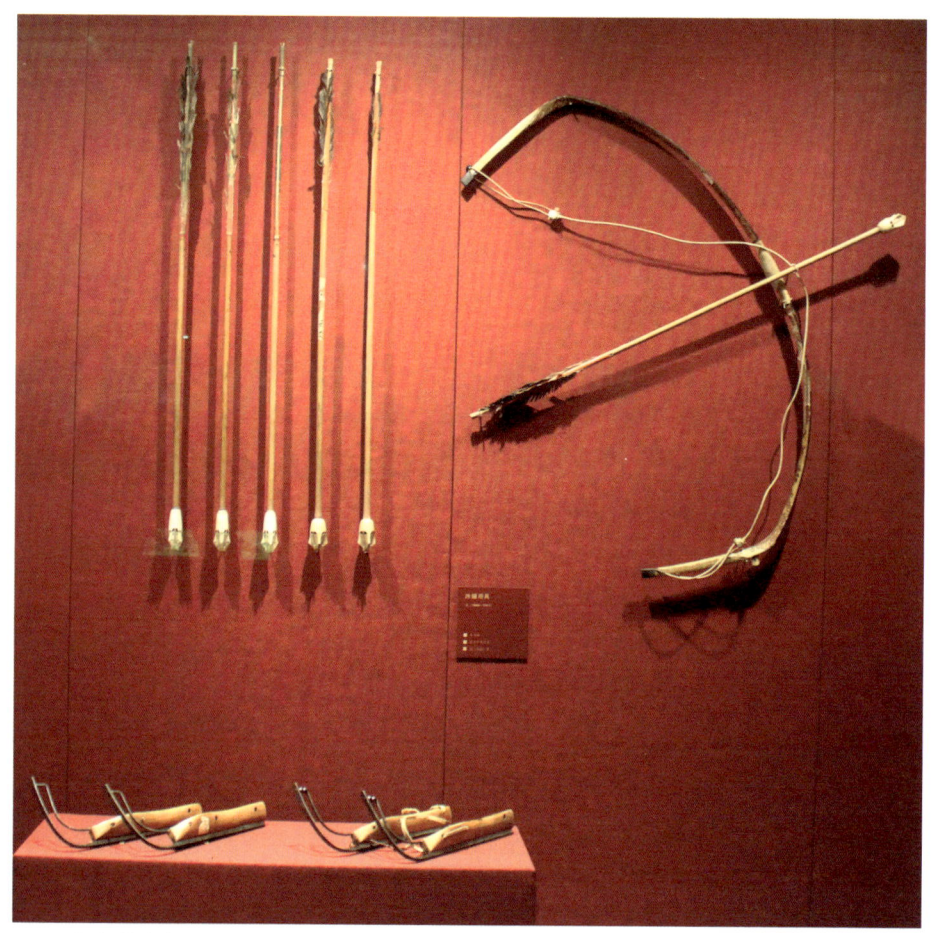

2019年在故宫午门举办的"贺岁迎祥——紫禁城里过大年"展览中展出的冰嬉用具：骲箭、漆万年青竹弓和冰鞋。《皇朝礼器图式》载："本朝定制，实心骲箭杨木为笴，长二尺九寸，桦木骲端，加象皮。长一寸七分，方广一寸，起棱不穿孔。花雕羽，括髹朱，旁裹白桦皮。以射飞雀、鹌鹑。"

映不同时期转龙射球参与者的全部情况。

  由此可见，转龙射球重在强调滑射能力，是滑射类的代表性项目，其表现形式可以灵活多样。如光绪年间的"射天地球"（详见后文），就不是特别强调沿蜿蜒如龙的图形滑行，也不特别强调要设置3座旌门。"转龙射球"很像光绪朝"摆山子"和"射天地球"的二合一项目。

  清代文人有不少描写冰嬉盛典的诗歌，大多都会对转龙射球项目进行精彩的描写。如王昶在《瀛台观冰嬉》诗中这样描写："左射右射互挥霍，上举下举纷因仍。挽强命中入睿鉴，群喜采帛随行棚。"再如石韫玉的《冰嬉》诗中写道："枯杨夹岸风参差，锦棚彩毯飞带垂。射矢绝技穿杨枝，再发再中无高卑。"乾隆二十九年正月初二日（1764年2月3日），乾隆皇帝赐朝正的藩使宴，并赐观冰嬉盛典，意犹未尽的乾隆召大学士及内廷翰林傅恒、来保、刘统勋等20人作《冰嬉联句》，其中这样描写转龙射球："天毬连中皆飞卫，地轴通衢倘吕涓。泽腹砥容丸走坂，和门子比褐缠㳺。捎云浮弇刚移罕，偃月寒规早控卷。屈曲长蛇萦首尾，回环大象运玑璇。"

第五节　光绪朝冰嬉盛典项目介绍

晚清光绪十九年（1893年），冰嬉盛典得以恢复举办，此时的盛典规模已无法和乾隆时期相比。恢复之初，还能有一些乾隆时期的项目，如"抢等""射球"（见本书上篇第五章）。之后，历经甲午战争、庚子事变等重大历史事件，已无力也无条件举办成规模的冰嬉盛典，仅有一些小型的表演活动。1932年，《体育周刊》连载了署名晋卿的文章《有清一代的溜冰史和冰鞋》，该文对清代冰嬉进行了梳理。文章虽然对早期的冰嬉有所记载，但大多没有史料支撑，主要来源于一些口述资料，其中不乏错误。但晋卿称："吾家先人在三十八九年前，有供职冰鞋处者，后冰鞋处经汰废，而以此技糊口者，尚冀冰鞋复兴，故其技未尝辍。"也就是说对光绪时期的冰嬉盛典，晋卿的先人大致应在冰鞋处供职。因此，该文对于晚清光绪年间冰嬉的记载比较可靠。另外，1942年《新民报半月刊》第4卷第7期刊登了文实权的文章《滑冰为我国固有，昔慈禧太后曾命办大规模冰嬉》，该文作者"自幼便习滑冰，十二岁时曾在慈禧皇太后、光绪皇帝驾前，恭备冰嬉之差"，这篇文章比较详细地描写了光绪十九年某次冰嬉盛典的状况。本节以这两篇文章为蓝本对晚清光绪年间的小型冰嬉盛典中的项目予以介绍。

光绪十九年十二月廿五日（1894年1月31日）《申报》第7466期所刊《练习冰鞋》载："大龙、小龙、抢旗、抓行头、射天球、射地球、二龙戏珠等技艺已设立总办"，这些冰嬉盛典的项目都是集体表演的项目，大致可以分为3类，"大龙""小龙""二龙戏珠"属于队列滑行项目，"射天球""射地球"是滑行和射箭二合一的项目。"抢旗"和"抢等"项目，类似"抓行头"和"抢球"项目。除这些项目外，还有个人表演项目。"抢等"和"抢球"项目在前文已有描述，在此不再赘述，本节主要介绍其他集体表演项目和个人表演项目。

队列滑行项目的名称并不统一，本节按晋卿和文实权的描述，将其归结为"摆山子"、"溜龙"和"亮排"3个项目。

一、摆山子

晋卿《有清一代的溜冰史和冰鞋》记载：

摆山子者，即阵图，乃于未演时以红土子洒冰上（练习时则洒白土子），成各种之花纹，如万字锦，曰"万寿无疆"；葫芦锦，曰"子孙万代"……其名目颇繁杂，然此花纹之面积，非数尺及数丈，乃将全冰场之面积划而为两，左者曰"左夸兰"，右曰"右夸兰"，每一夸兰内（即冰面二分之一），以红土洒成上述之花纹，其面积等于冰场二分之一，故每一山子之最小者，在什刹海则数亩，在昆明或琼岛之阴则恒顷余，或数十亩也。面积虽大，所画之线皆双描，两线之间隙，仅容一人，五十名冰鞋为一排，两排同时对峙于左右两夸兰内之尽处，御座前冰鞋大臣令旗一挥，响炮一鸣，则此两排百名冰鞋，各循花纹内两线之隙地，沿径滑驰，一人左转，两队皆左转，一人向后大翻身，两队皆翻身，伸腿张臂，五色战裙，上下掀腾，风驰电转，朱缨貂尾，左右荡摆，钢条所至，冰层刺刺作响，各个足下之威武铃，万声锵和，尤为奇观也。

自开始循径绕驰一周，名曰"照道"。一周毕，响炮再鸣，冰上技艺乃开始。然皆鱼贯循径绕驰，每至何处应作何式，献何艺，皆有一定，无先后，摔倒，纷乱之状。其式计二十四：曰"燕子戏水"、曰"王祥卧鱼"、曰"凤凰展翅"、曰"斗转星移"、曰"左顺风旗"、曰"右顺风旗"、曰"童子拜观音"、曰"夜叉探海"、曰"鹞子左翻身"、曰"鹞子右翻身"、曰"金鸡独立"、曰"仙猿献桃"、曰"卧春睡"、曰"五关斩将"、曰"左掀右翻"、曰"流星赶月"、曰"青龙回头"、曰"白虎摆尾"、曰"太公钓鱼"、曰"买臣担柴"、曰"洞宾背剑"、曰"果老骑驴"、曰"金镫朝天"。上述二十三式，名曰"鞋镫子"，最末一式曰"将军掌"，名曰"尾子"，前后共计二十四式。摆山之难，不在姿势之繁多，式虽多，熟记之自无凌乱，盖各式之次序有一定也。其最难者为"找线"，找线者，即演技时不论其技之如何繁难，仅能循两线间之尺余曲径滑行，鞋条滑走，不少倾斜，二目矍矍，弗敢少瞬，盖少一倾斜，其名曰"跳线"，个中人号之曰"坠网"，跳线固不为违例，然钢条（冰刀也）溜滑，最忌败叶、秸皮及细小之颗粒阻于冰上，钢条骤驰，少触之，鲜有弗颠仆者。若砂土及冰炉灰，则尤甚也。御前溜冰，左右夸兰上所洒之线纹，非红土及白土子，粒小而坚如石，密洒冰上，不仅减去冰之滑力，而钢条一触，人即摔倒。一排数十人，有一扑倒，则全排之精彩顿减，以"坠网"二字名之者，以此也。清廷冰鞋技术其难在此，非如今人之溜冰，于数亩广阔之冰面上，任意纵横也。

这段记载对"摆山子"的描述已很详细。从中可以看出，摆山子是一项对整体和个人要求都很高的项目。乾隆时期的两幅《冰嬉图》（见本书中篇第三章）中"转龙射球"项目中绘制的图形和"摆山子"类似，即事先在开阔冰面上绘制一蜿蜒如龙的阵图，阵图为双线，中间仅容一人通过。图中也绘制了不少的花样动作，但彼时并没有明确规定在何处要做出何种花样姿势，其花样姿势更多地是为了体现民间百戏的动作。晋卿文中提到的摆山子二十四式，有人总结了口诀：一燕（燕子戏水）二鱼（王祥卧鱼）三展翅（凤凰展翅），朱衣换斗（斗转星移）过五关（五关斩将）。左右顺风（左顺风旗、右顺风旗）卧春睡（卧春睡），善财童子拜普陀（童子拜观音）。探海（夜叉探海）鹞子左右翻（鹞子左翻身、鹞子右翻身），独立（金鸡独立）仙猿（仙猿献桃）显魁元。左右掀翻（左掀右翻）流星快（流星赶月），青龙（青龙回头）白虎（白虎摆尾）朝太公（太公钓鱼）。买臣担柴运不济（买臣担柴），吕仙宝剑斩妖邪（洞宾背剑）。果老骑驴倒着走（果老骑驴），鞭敲金镫太平年（金镫朝天）。下接尾子将军掌。

二、溜龙

文实权的《滑冰为我国固有，昔慈禧太后曾命办大规模冰嬉》记载：

冰鞋处所演各式，其成组者以溜龙为最要之式。滑冰人员均着灰色长袍青马，有顶翎者在前，龙头以三人横排组成，龙头之前左右各四人斜行，龙头之后以百余人直排作龙腰，最后有儿童四名，作斜式两行作龙尾。两条龙列于东西，一见司令台红旗一展，同时向前滑走。预先于冰上设定标帜，龙行蜿蜒，循辙而行，远望一似两龙对舞……溜龙时滑冰人员预受指挥，两龙齐溜，一种姿态。溜龙之外有散合各阵势，或纵队同溜，或横队同溜，由横变纵变横，或由大队分小队，或由小队成大，但皆步伐整齐，尺丈尤须同等，变阵时一听指挥台之旗号。

从这段描述看，溜龙项目和摆山子类似，是队列滑行的一种。不同的是无须事先画线，只要在冰上设置标志点就行，滑行过程中也无须单独表演花样，只要按指挥台的指挥变阵即可。有点类似于大型活动开幕式上的团体操表演。前面提到的"大龙""小龙""二龙戏珠"均属本项目。

三、亮排

晋卿《有清一代的溜冰史和冰鞋》记载：

"亮排"者，将闭幕时之全体合操也，名曰"堆阵图"，又名"三转九进"，左右翼八排齐上，列于全场之最南部，皆北向御座，两翼长亦戎装绑冰鞋立队前，每翼执大纛者一，名曰"冰鞋曲路"（官名，即旗官也）。纛三角形，色白缎质绘金飞虎，以红色为缘，每一纛下有吹海螺冰鞋一，每翼后列四队，每队首皆有一小旗，形正方，为红黄白蓝及镶有边缘者计八色，亦绘金飞虎。海螺一鸣，全军滑倒，蠕蠕然，速度极慢，滑行弗及丈，皆右腿抬起，左腿冰鞋拐外刃，将钢条前端之凤头尖微用力向冰一点，则四百余众皆左转矣。滑行丈许，右腿冰鞋又拐外刃，左腿皆抬起，鞋尖微点冰层，翻身向后，则又皆后转矣。前行二丈余，后滑归，至全场之中心地，急左转，以极速之滑行前驰十余丈，是为"三转一进"。如此九次，是为"九进"。往时故都盛传"九进十连环""低头拐左崖"二语盖即指此也。亮排演毕，校阅冰鞋之典告终。

又：

单人演毕，又憩少，不及十分钟，鸣觥一响，海螺鸣然，"三转九进"之两翼亮排开演矣。演至第七进，帝之军驾已备齐，归途沿路之警跸。令已下（即唱筹），九进未终，帝已自亭后之暖幄步出，技止，帝已去片时矣。

由此看出，亮排和现在的队列滑有一些相似之处。这里的"九进十连环"和乾隆四年（1739年）的南苑大阅兵时表演的"九进十连环"颇有渊源。据《清实录》记载，乾隆四年十一月初三日（1739年12月3日），乾隆皇帝在南苑进行了即位后的首次大阅兵，原文如下：

兵部尚书奏鸣角。銮仪使率鸣角军进。蒙古画角先鸣，台上下海螺以次递鸣。达军阵，军中画角海螺毕鸣。传令海螺以次退立于台下。军中三举炮。迺伐鼓行阵。异鹿角整列而进。每进，以十丈为率。鸣金，乃止。一字列阵，麾红旗，则枪炮齐发，各一周。鸣金，乃止。再伐鼓、整列而进。鸣金、麾旗、发枪炮如初。如是者九。第十进，枪炮连环齐发，无间。鸣金，乃止。八旗开鹿角，成八门。首队前锋、护军、骁骑各整列，以次出，至鹿角外。次队随之。火器营列于后。既成列，鹿角门阖。八旗齐鸣螺，呼噪而进。两翼协队，皆雁缀以进。军中鸣金，乃止。殿后之八旗火器营枪炮。护军、骁骑及首队前锋、护军、骁骑各列于本旗大纛之下。鸣螺，振旅而还。八旗汉军分鹿角为八行。本旗都统建龙纛，整队而还。首队兵、殿后兵各以次鸣螺，结队徐还，退列于初成列之地。兵部尚书奏大阅礼成。

《乾隆帝起居注》对此也有记载："巳时，上躬擐甲胄，连发五矢皆中的，乘骑巡视军营，御黄幄，诸王分列。躬坐黄幄中，诸大臣赐坐黄幄之旁，幄前吹海螺三次，官兵皆吹海螺三次。齐放大炮及骑兵鸟铳九次，进步连环齐放，声震山谷，烟飙腾涌，向前趋进。时官兵齐声发喊，军威严整。事毕，收兵复回原伍排列，命赐在事大臣、官员及兵丁等貂皮、银、俸各有差。"

由此可见冰嬉盛典中的"三转九进"队列滑行方式，即是源于此阵法。

四、射天地球

文实权的《滑冰为我国固有，昔慈禧太后曾命办大规模冰嬉》记载：

成组演艺者，有射天地球之法。其法以数十人结成一大队，单人成行，各持弓一张，包头带响箭一支，冰上支起木架，高约二丈，上挂五色彩球一个，约尺径，上缀铜铃二十。滑冰人员鱼贯前往，越过木架丈余，反身弯弓射球。中的则铃声乱响。滑走极快，发箭极速，包头之声与铃声相映。

射地球亦同此式，惟彩球安之木墩之上。

从上述记载看，射天球和道光以前的"转龙射球"非常相似，只不过无须沿着蜿蜒如龙的图形滑行。

五、一马十三式

单人表演项目是检验个人花样技术的。表演时不一定仅限单人表演（有点类似现在的单人滑），也可双人合演（有点类似现在的双人滑），甚至几人叠罗汉表演。文实权的《滑冰为我国固有，昔慈禧太后曾命办大规模冰嬉》就曾提到："当时汉军旗张氏兄弟，二人合演单独花样，可称艺出群伦。"其中"一马十三式"最具代表性，因此以该名称代之。晋卿《有清一代的溜冰史和冰鞋》记载：

"一马十三式"者，即单人演练也。无划线之限制，无一定之技式，一人独演，数十亩冰面任我奔驰，骤观之似甚易，其实则技非臻极境者例，不敢试。盖难于摆山子数倍也。摆山子姿势有一定，此则皆自出花样，不许互相抄袭，亦不得将摆山子诸技，摭拾其一以塞责，犯者名曰"捡拐子"，奇耻也。故演此者，姿式之明目，类皆新奇。未演前例应将所演之技术，录如折中，呈由其该管之长官，长官代递御前，清帝览毕，翼长唱名，始行开演。此辈演毕，类皆有奖，如御酒、尺头、绣件点心等物，皆当时颁下，此为冰鞋最荣誉之举。

又：

所谓"一马十三式"之单人冰鞋，皆一一奏技于亭前。初上时，自左翼队中滑出一人，其行最慢，而有一定之姿式，左腿抬起，右腿拐外刃，而右手向前，左手向后，若右腿抬起，则左腿拐外刃，而左手向前，右手向后，一招一式，形态自然，自东而西，溜至亭前（距亭三四丈），骤然右转，面向御座，甫一抬首，即急俯其身，而右腿向后曲起，两臂左右伸张，掀起水裙，以急速度向御座驰去，名曰"丹凤朝阳"。溜至距亭可丈余处，两手放下水裙，右足亦踏实冰上，身直起，双手抚左膝，腰稍躬，仿佛旧礼之"请安"者，随巨声自唱其名，声止，身甫直起，扬首向亭内一望，左右手将水裙又掀起，两足稍用力，即向后退，滑丈余，名曰"倒溜儿"，此为旧时溜冰家之绝技也。退溜丈余后，始奏其单溜各种之特技。当其自队中溜出，以至唱名亭前，其手续虽繁，而足下冰鞋之溜驰，并未停止，仅度数之迟速，完全操于左腿之胫骨，宛如驶汽车者之启闭机关，任我意为，奶地冰鞋之真功夫，即在是矣。

奏技时，其数为"十三"，皆先自预演者，少一式曰"漏子"，为不及格，若多一式，技虽特别精奇，亦为不及格也，是名曰"过蹚子"，必十三式始为全卷，"一马十三式"之名，即因此也。十三式演毕，名曰"一个牌子"，又急滑至亭前，躬身自唱其名，如给奖，即于此时颁下，若为酒，则当时立饮干，物件则捧之溜归本队，以夸示同侪。此人甫下，则右翼队中又出一人，此来彼往，以"撂牌子"为度。牌子者，即溜冰者之衔名也。以长尺许，宽三寸之木板，不加油饰，上书：溜者之军籍年岁姓名及应差若干年与冰鞋之等级，此板上方而下圆，以五十枚为一拨，于呈递名单队，即将此牌置御案之左，曰"递牌子"。某人演时，帝即持此牌于手以观之，曰"过牌子"。演毕随掷此牌于案右，曰"推牌子"，再于案左取其一以阅。若两翼演未终，帝已疲劳，则将案左之牌，尽移于右，曰"撂牌子"，技乃中止。若不撂，以全体各个演毕为截止，曰"全数"，甚罕见也。若一人演未终而犯规或失仪，则以其牌交该管惩责之，曰"扣牌子"。又若一人演未毕，未有过失，则命停止，另换他人，名曰"截乌卜"，此为最不吉利而最扫兴事也。盖溜冰完全与摔跤相似，以出风头，斗胜为宗旨。

民国时期《华北日报》记者武墨在《滑冰老人吴桐轩》[a]中记载：曾经在晚清冰鞋处供职的吴桐轩"郑重地告诉了记者当年冰鞋处学到的十三种单人花样，并逐样作出姿势给记者解释。他说'当时花样很多，不只限于单人，有的双人，有的一群人叠出各式的罗汉，在冰上往来滑溜。这种花样不容易，因为所有人的动作都得调协一致，现在见不到此种花样了'"。武墨记下的吴桐轩所学"一马十三式"包括洋"8"字、单展翅、朝天蹬、童子拜观音、睡说、探海、轧弯子、倒弯子、扁弯子、铁板桥、千斤坠、飞雁和王祥卧鱼。中国式的花样滑冰更加重视身体的姿势，这和当时西方的花样滑冰更加重视冰上图形是不同的，在这篇文章的"编者按"中写道："此十三种花样，完全是用身体摆出的姿势，与冰面上的图形无关，滑溜时内外刃亦顺其自然，无一定限制。揣度当时情景，西太后是在岸上观赏，只看身体的花样与功夫，而不计较冰面上的图形。"

从前文介绍可以看出，晚清的冰嬉盛典每次检阅的项目是不固定的，如晋卿文章指出，冰鞋技艺分三种：曰"摆山子"、曰"一马十三式"、曰"亮排"，上述三者，往时清帝校阅冰鞋，皆一次演毕。文实权文章提到的表演是"溜龙"、"一马十三式"和"射天地球"。

---

a《华北日报》1947年2月8日，第五版。

清代冰嬉考

杂缀

关于冰嬉的有些内容，如冰嬉的一些俗称、人物故事等内容不见于正史，其中不乏有杜撰或讹传之嫌，但其内容往往被人津津乐道，兹辑录部分内容杂缀于本书最后。"杂缀"二字，取自清代朱彝尊《日下旧闻》。

第一节　清代冰嬉有关俗称

晋卿《有清一代的溜冰史和冰鞋》中有不少有关清代冰嬉的俗称，摘取几段供参考。文中有不少史料性错误，如西苑"内扇儿冰海子"是乾隆、嘉庆、道光时期主要的冰嬉盛典举办地之一，文中所谓"太监溜冰之地址"明显不准确，这是阅读时应该注意的。

一

清制谓溜冰之钢条鞋曰"冰鞋"，而溜冰之兵弁，亦呼之曰"冰鞋"。炮兵曰"冰鞋拜牙喇"，枪兵曰"冰鞋披甲"。校阅其操法，曰"瞧冰鞋"。其队伍曰"技勇冰鞋营"。教冰鞋之教师曰"冰鞋教习"。统率之机关曰"冰鞋处"。统率之长官，曰"管理冰鞋大臣"。中级长官曰"冰鞋翼长"、曰"管带"、曰"令官"；下级曰"队官"，皆冠以冰鞋之名号。兵士溜冰技术未学成时，曰"私冰鞋"，已编入伍，曰"官冰鞋"。兵士之等级：曰"一等冰鞋"、曰"二等冰鞋"、曰"三等冰鞋"。其饷赏，曰"冰鞋口份"。奖金奖物曰"冰鞋赏"……弗论其对人对物对事，皆冠有冰鞋二字之征号。

二

冰鞋出于兵制，故其工资曰"饷"，然备差仅在冬季，不足百日，故有饷而无粮，惟饷外每人例有"柴炭钱"，每月银一两，俗称之为"烤皮袄钱"，盖因久冻冰上，藉此以取暖也。此为他种军队之所无，其饷数分三等，一等冰鞋月五两三钱一分，二等冰鞋月四两二钱九分七厘，三等冰鞋月三两五钱三分。数虽如此，然仅领十、冬、腊三个月，他月则无，且其实数为七成五，故一人所获颇微，然此为冬季之意外收入，故人人皆争就之。校阅日，技之精者有奖，曰"赏冰鞋"，为锦缎衣料绣件、御酒、点心等物，其普及者，则于闭幕时，溜冰者每人皆获一两重之福寿锞子各一枚（共二两），每阅一次，事毕即有此奖，是为临时之酬劳费。

三

清代冰鞋分内外扇。"内扇冰鞋"演者为太监，"外扇冰鞋"即此篇所述者也。外扇冰鞋因学习之程度，又析之为二派：曰"奶地"，又曰"科班"；曰"半路"，又曰"补漏子"。奶地者，自七八岁即开始习溜冰，半路者因成丁后喜此技，窃学而成者，奶地艺出自师或家传，乘儿时骨质（胫骨也）未僵（硬也）授以口诀，教以姿式，矫而正之，完成其冰上之习惯，自幼及长，视滑冰如平地，益以师授家传，故其技术之精，着术之巧，使人观而惊奇；奶地之又号称"科班"者，以此也。半路者，皆习自成丁后，骨质已僵，上重而下轻，除能于冰上迅驰外，无他特长，即有奇技，除"仙猿献桃""左掀右翻"诸小技外，其余如"童子拜观音""五关斩将""王祥卧鱼"等，于冰上骤驰之际，而能踞身旋翻，曲尽其妙，未之有也。

四

校阅冰鞋地址，名曰"冰鞋校场"，俗称之为"冰海子"。地址有六：

一曰"内扇儿冰海子",之西苑(即中南海),太监溜冰之地址,举行无定期,宫眷之娱乐处也。二曰"福海冰海子",清廷全盛时代,圆明园未毁,上元节日,清帝应命驾西郊,诣安佑宫行礼,名曰"供元宵",礼成,御阅武亭,观圆明园八旗冰鞋及摆灯,此制始自世宗,至文宗而斩。三曰"瓮山冰海子",即昆明湖也。此地为清盛时健锐、精捷冰鞋之总训练场。演技时期,因年代久远,缺焉弗详。四曰"团河冰海子",即在行宫内之莲花池(即碧荷塘)。清制历年腊八越三日,帝诣南苑马圈祀马神,礼成,携御前武士校溜冰于碧荷塘之露台。台在塘北,距岸仅数丈,以砖石砌成,台上有大围屏,亦转砌,而涂青白灰作纸幅之卷舒状,是曰"露台"。塘广仅数亩,择冰鞋处一等冰鞋之技精者溜其上,礼毕,于乐寿堂享以鹿脯火锅,俗称之为"南苑瞧冰鞋"。其制始自世祖,历康雍乾嘉,诸朝弗衰,道咸二朝溜冰之外,又益之以"摔毯子"(摔跤也),址在行宫之松亭(一名药圃,民初为驻军所毁)。俗以"露台冰鞋、药圃布库"为升平逸事,名曰"冬围"。同治朝,此制始渐替,至期尝遗亲王代临,至德宗继统,即此代临之事亦无矣。此事距今较近,吾尝闻故老言,故知之如上述。五曰"团城演冰鞋",团城冰鞋乃为校阅期前之预习,此日清帝亦应幸临,名"亮甲",其典之隆重,仿佛今时大操前预习者然,时间甚暂,仅行于卯时而已。咸同间演冰鞋移至五龙亭(北海),且举辍无时,孝钦垂帘,由五龙亭又移至南海,关防严密,其状若何,外人弗能睹,而其名称则仍曰"团城亮甲"。六曰"什刹海冰鞋围",前述五者,皆在禁苑,不独年代远不可得见,即时较近亦弗易睹。独什刹海址在市衢,临近之人,皆能远立眺望,且其取消之年,距今不过三十五六年,苟岁及四旬以上,类皆知之,非如前述之皆在禁内也。

补:滑冰,又称为"滑擦""溜冰",潘荣陛《帝京岁时纪胜》记载:"冰上滑擦者,所著之履皆有铁齿,流行冰上,如星驰电掣。争先夺标取胜,名曰溜冰。"也称为"跑凌鞋",张焘撰《津门杂记》中记载:"有所谓跑凌鞋者,履下包以滑铁,游行冰上为戏,两足如飞,缓疾自然,纵横如意,不致倾跌,寓津洋人亦乐为之,藉以舒畅气血,甚妙。"

第二节 清代冰嬉名人逸事

晋卿《有清一代的溜冰史和冰鞋》记述了清代不同时期的冰嬉名人,这些人物不少是他听说的,故真实性存疑。但其描述绘声绘色,文中所记常被一些文章引用(其中不乏学术性文章)。目前所见有关清代冰嬉名人逸事,大多出于此文,故全文摘录。并补民国时期有关文章所记人物二,续貂于其后,以供参考。

一、"乾嘉时期",此时期之冰鞋,传之者甚众,因往时个中人尝以此作故事谈之也。

最著者,即"冰上燕喜桂"。喜桂非故都人,相传其父为金川俘虏,因功而入健锐籍者,"苗子喜"之号,高宗尝呼之。其人貌黑而矮,冰行极速,其父使之读,人辄笑之曰:"耳圈尚未除,亦思入圣教耶?"(耳圈,即耳环,苗人多带此,金者为尊,铜者为贱,俗名之为"狼环子"。光绪初叶,西郊苗子营,尚有作此装者,庚子后始罕见。)喜惭甚,告其父,父曰:"无碍。汝若能博得御前官爵,此环必撤去也。"某日高宗校阅冰鞋,众皆盛装预习,喜侦知,窥之,询何为,曰:"为备御前差遣也。"闻之喜极,以为娴此技必能谋得御前官爵。自此每至冬季则竟日嬉冰上,及长,其父已死,人亦弗知其挟有奇技。某年冬,随邻人入城,至长河,见有贵官驰奔西去,有物坠而下,拾视之,腰牌也(即木质之禁门证)。骑者去已远,忽自觉,驻马东望,喜拾此知为重要物,急驰还之,以步行甚慢,乃沿河溜行,至马前,呈还木牌,骑者忽视其足,讶曰:"无冰鞋亦能驰乎?"曰:"然。"命脱鞋视之,则果无钢条,而冰所湿处,仅鞋尖之一部耳。此盖于溜式名为"燕子三点水"者，非身轻极，弗克为此。骑者知为天材，携之入伍，竟以溜冰名高宗朝，帝赐号曰"冰上燕儿"，盖骑者亦冰鞋处之健者也。"燕子三点水"一语，至末季个中人皆能道之，而其技作何状，则弗可知矣。

二曰海英，即高宗朝以摔跤成名，号神跤，海名海秀者之弟也。相传溜冰技中之"倒流"，即创于此公。仁宗时，海英年事已高，某年校阅一马十三式毕，诣阶前领御酒，甫饮毕，因立冰上久，力已弗支，忽二足倒滑，将仰仆，极力摄神，幸未倒，然已滑出数丈矣。观者皆疑其为炫示奇技，不知乃为力之弗支，一时群相效仿，命名曰"倒流"。上述二者，其技皆入谱（入谱，即谱上之招数，有一二式或十余式，为其所发明）。故虽隔百十年，个中人类皆能述之。

二、"道咸时期"，此辈中距末季较近，故都人今尚有知者。

最著为尚星阶，满族人尚藩裔也。号"板凳腿"，因溜冰时其两膝能向外弯曲作蹲状，两手复飞舞作诸技而得名，谓其两腿如木制之意也。此式后人仿之者甚多，名曰"骑马式"。此公在宣宗朝以一等冰鞋出身，擢升翼长，复因善摔跤，更为帝所优宠。道光末年仕至密云副都统，因纵家丁致仕归，年已六十余，今其裔尚寓西城宗帽二条一带，以一冰鞋而擢至专阃，可谓奇遇矣。

次曰铁秃子杨二立，涿州人，冒籍入冰鞋处，因首秃无发辫，故号铁秃子。此人有特技，即俗称之"撞天钟"者，为文宗末季冰鞋中之最新颖之术。溜冰时，左手持弹弩，右手挟二泥丸，于滑走最速时，骤然俯其身，向后射弹，一丸弗发，一丸又至，先发者未落，后发者已赶至，砰然一声，两丸相击，皆碎于空中，泥土纷落，而秃子则滑走未少停止。惟其技仅能连发二丸，多增一粒则弗能。相传谓其为卖艺者出身，吾无考焉。宣统初年，此公尚在，年已八十余。今者武术名各剧场及庙会之杨绍庭（即杨截巴），其长孙也。卖艺之说，其谓此乎？上述四，以除二立外，吾因年代所关，皆未获见其人，至其技则更未之观。二立尝于阜成外见其亲教抖孙学溜冰，因得数次瞻其绝技，然气喘腿，二已无复当年勇气。

三、"同光时期"，此时期技之最精者，吾得其四人，且皆获见其人而观其技也。

（一）"歪毛郑"，名世清，保定人，曹蛤蟆大弟子也。其人身小而头大，应差时喜戴小秋帽，远望之俨如耍狗熊者演"卖膏药"时之丑状。因头大帽小，故其发辫有时拖于左，亦有时拖于右，歪毛之名即以此。时善扑营中之摔跤武士，亦有名歪毛郑者，其居在东省大佛寺，此则在西城，一东一西，遥遥相峙，时人乃以"东歪毛""西歪毛"分呼之。此人之技，完全为滑稽式，最喜引人笑。时同僚尝有戒，观西歪毛溜冰，弗得有笑容，违者须出资宴请西歪毛羊肉火锅一次。是年冬，孝安、孝钦同观冰鞋于南海，命传歪毛入奏技，未入时告众曰："勿忘誓约，弗可笑也。"众曰："诺。"及演将毕，歪毛忽滑倒坐冰上，咚然跌其臀，映以大头小帽，其状颇可笑，观者皆大噱，独其同僚默然，翼长怒甚，厉声斥曰："滚下去，快滑！"歪毛郑巨声应曰："嚓！"语毕，急起蹲冰上，手抱两肩，蹲而行，其驰甚速，观者喝彩，翼长亦惊。滑至翼前长，垂手躬身曰："请示翼长，能滚不能滑，能滑不能滚，又滚又滑，是这样子否？"言已，倾耳作听状，同僚皆大笑，两太后亦为之嗤然。民国初元，年仅六十余，此公尝售口琴于厂甸，自榜其摊曰"哈哈斋"。民六时卒于西城二龙坑，冻毙也。

（二）冰膏药海三。其人名顺，故都之北城人，今尚在，寓居阜成门外，已届古稀矣。其博得冰膏药绰号之由，即因其演技，终身未尝有一次滑倒，有如膏药之着人身，弗易坠落也。其号如此，其技可知。

（三）擦冰大沾布。沾布姓多，号砚亭，清之宗人也，沾布为其绰号。沾布者，即代手拭油桌之污巾也。溜冰而号此，复冠以擦冰，则此公必尝挨摔也明矣。挨摔虽非体面事，而此公非摔弗能为技，如左卧鱼、右卧鱼、龙戏水、小坡脚、罗汉禅等，皆为此公之拿手技。溜冰以冰鞋滑走而兼演诸技，方称之为技术冰鞋。此公则既非武术，又非溜冰，而以挨摔享盛名，号之以大沾布，可谓名得其实矣。

（四）诚俊。此公旧居，即在城方街，吾之邻也。既识其人，又尝睹其技，此公于庚子前一年，忽罹咯血症，技始弗尝演。其人无他奇技，仅为一金鸡独立耳。庚子前，此公有徒为某钜公之从侄，技成后思压倒其师，某日冰鞋处"滑等"（即比较溜冰而提升其等级，与摔跤之拿等同），其徒随当道，比试之次序，诚俊之对手乃其徒，俊窃喜，意其徒必助其成功。将入场时，密告其徒曰："我老矣，子尚壮，今日勿令我栽也。"徒曰："诺。"及试速度时，诚鞋之鹿皮带忽自断，鞋将脱下，焦甚，告其徒曰："我鞋坠矣，子须让我，勿使我无面目也。"徒弗应，而力反加增，诚恚曰："子变心耶？"言已时，距截止处已数丈远，而鞋已坠，怒极，急俯拾鞋，屈其足向后抬起，挺身直前，以一足猛力滑行，名曰"金鸡独立"，时其徒已超过之，及至目的地，而徒反落诚后丈余。演毕，徒慰曰："我固知师尚有密技也，弗如此，则始终无法学之耳。"诚闻言，知为诳己，怒奋已极，弗觉哇然血出，自是弗敢应冰差。医年余，无效，亦弗死。某日偶与他人论及往事，人告之曰："汝徒为洋兵害死矣。"诚闻言，喟然曰："果如此乎？我恨已消，死瞑目矣。"言已，吐红斗余而卒。时光绪辛丑秋也。

补一：齐子林。1936年出版的《体育》月刊登载了一篇署名"晋池"的作者写的一篇专访。根据这篇专访，可知齐子林的本名叫齐金喜，字子林，号雅宜，宛平人，当年65岁（生于同治十年，1871年），家住在阜成门外，以手工雕刻各种弦码为业，作品很受好评，在白塔寺庙会有门脸儿"善艺斋"。12岁开始研究滑冰术，入手练习的是清宫表演时采用的"官蹚子八式"：初手式、小晃荡式、大晃荡式、扁弯子、大外刃、大弯子式、跑冰式、背手跑冰式。除了这些姿势，齐子林还能练二百多种，其"名目至为繁多"，如猿猴抱桃、卧鱼式、双飞燕、鹞子盘云、金鸡独立、哪吒探海、凤凰展翅、童子拜佛、卧睡春式、香炉爪式、千筋坠、朝天蹬、大蝎子式、摇身幌等，"不可胜计"。这些名字估计不少是齐子林自己起的，可见他不仅爱滑冰还喜欢研究各种花样。

补二：吴桐轩。吴桐轩生于光绪六年（1880年），北京人。十五年（1889年），9岁的吴桐轩开始练习滑冰，12岁进入慈禧太后所办的"冰鞋处"进行训练和表演。由于从小练过武术，他就把武术的动作和滑冰相结合，创造出了很多名目，因此被提拔为领队。光绪二十年（1894年）甲午战争以后，"冰鞋处"被裁撤，吴桐轩只在那里待了两年，14岁的时候便出宫回家。回家后他对滑冰的兴趣不但不减，反而几近痴迷。原本他的家庭还很富有，仅房产就有三处，但由于吴桐轩在30岁前一直没有工作，这些家产也就慢慢地消耗在滑冰上面。吴桐轩不仅仅在冬季练习滑冰，其他季节也勤于练习，因此技艺始终保持着很高的水平。1937年七七事变之后，靠滑冰维持生计的路已经变得非常艰难。而他性格倔强，不愿放低身价，因此人生的结局十分凄凉。1947年9月卒。（据1947年2月8日《华北日报》武墨《滑冰老人吴桐轩》、1947年12月1日《北平新民报日刊》贺家宝《冰河不见朝天蹬：滑冰人忆吴桐轩》、1947年12月7日《北平新民报日刊·新民报画刊·冰上人》综述）

参考文献

一、图像资料

［清］金昆、程志道、福隆安绘：《冰嬉图》，故宫博物院藏。

［清］张为邦、姚文瀚绘：《冰嬉图》，故宫博物院藏。

［清］沈源绘：《御制冰嬉赋图》，台北故宫博物院藏。

［清］姚文瀚绘：《紫光阁赐宴图》，故宫博物院藏。

［清］董邦达绘：《雪后悦心殿诗意图》，故宫博物院藏。

［清］钱维城绘：《御制雪中坐冰床即景》，台北故宫博物院藏。

［清］徐扬绘：《乾隆帝生春诗意图》，故宫博物院藏。

［清］徐扬绘：《日月合璧五星联珠图》，台北故宫博物院藏。

［清］金廷标绘：《冰戏图》，故宫博物院藏。

［清］谢遂绘：《职贡图》，台北故宫博物院藏。

传清郎世宁绘：《冰嬉娱亲图》，《上海聚德2011春季首届中国书画拍卖会拍卖图录》，2011年。

《溜冰鞋》，《北京画报附页》，1906年。

［英］《中国皇帝在北京太液池乘坐冰床》（The Emperor of China Sledging on the Lake in the Palace Gardens, Pekin），《画报》（The

Graphic），1895年。

［英］弗兰克·戴德（Frank Dadd）绘：《北京护城河上的公共冰床和滑冰者》（Omnibus Sledges and Skaters on Pekin City Moat），《画报》（The Graphic），1895年。

［英］《冰上的娱乐》（Amusements on the Ice），《伦敦新闻画报》（The Illustrated London News），1861年。

［英］《冬日停靠在天津的外国战舰》（Foreign Gun-boats Laid Up in Winter at Tientsin, North China），《伦敦新闻画报》（The Illustrated London News），1883年。

［英］《北京护城河上的冰床》（Ice Sledges on the Moat at Peking），《海军和陆军画报》（The Navy and Army Illustrated），1900年。

［英］《被义和团烧毁的"北京俱乐部"滑冰场》（Skating Rink at Peking Club, Burnt Down by the Boxers），《伦敦新闻画报》（The Illustrated London News），1900年。

二、文献资料

邵士梅注译：《山海经》，三秦出版社，2012年。

［唐］魏徵等撰：《隋书》，中华书局，1973年。

［宋］欧阳修等撰：《新唐书》，中华书局，1991年。

［宋］沈括撰，胡道静校注：《新校正梦溪笔谈》，中华书局，1957年。

［明］刘若愚撰：《酌中志》，北京古籍出版社，1994年。

［明］刘侗、于奕正撰：《帝京景物略》，古典文学出版社，1957年。

［明］《明熹宗实录》，上海书店，1984年。

［清］《清实录》，中华书局，1985年。

［清］《清朝通典》，浙江古籍出版社，1988年。

［清］《清朝通志》，浙江古籍出版社，1988年。

［清］《清朝文献通考》，浙江古籍出版社，1988年。

中国第一历史档案馆编：《乾隆帝起居注》，广西师范大学出版社，2002年。

［清］昆冈等撰：《大清会典事例》，上海商务印书馆，1909年。

中国第一历史档案馆、香港中文大学文物馆合编：《清宫内务府造办处档案总汇》，人民出版社，2005年。

［清］李宗昉等修，故宫博物院编：《故宫珍本丛刊·钦定内务府则例两种》，海南出版社，2000年。

［清］高宗撰，故宫博物院编：《故宫珍本丛刊·乐善堂全集》，海南出版社，2000年。

［清］高宗撰，故宫博物院编：《故宫珍本丛刊·清高宗御制诗》，海南出版社，2000年。

［清］仁宗撰，故宫博物院编：《故宫珍本丛刊·清仁宗御制诗》，海南出版社，2000年。

［清］宣宗撰，故宫博物院编：《故宫珍本丛刊·清宣宗御制诗》，海南出版社，2000年。

［清］宣宗撰，故宫博物院编：《故宫珍本丛刊·养正书屋全集定本》，海南出版社，2000年。

［清］故宫博物院编：《故宫珍本丛刊·石渠宝笈续编》，海南出版社，2001年。

［清］纪昀、永瑢等撰：《景印文渊阁四库全书》，台湾商务印书馆，1986年。

［清］《续修四库全书》编委会编：《续修四库全书》，上海古籍出版社，2002年。

［清］胡敬撰：《国朝院画录》，上海人民美术出版社，1963年。

［清］《清代诗文集汇编》编纂委员会编：《清代诗文集汇编》，上海

古籍出版社，2010 年。

［清］鄂尔泰、张廷玉等撰：《国朝宫史》，北京古籍出版社，1987 年。

［清］于敏中等撰：《日下旧闻考》，北京古籍出版社，1983 年。

［明］刘若愚、［清］高士奇撰：《明宫史　金鳌退食笔记》，北京古籍出版社，1980 年。

［清］潘荣陛、［清］富察敦崇撰：《帝京岁时纪胜　燕京岁时记》，北京古籍出版社，1981 年。

［清］吴振棫撰：《养吉斋丛录》，北京古籍出版社，1983 年。

［清］昭梿撰，何英芳点校：《啸亭杂录》，中华书局，1980 年。

［清］陈康祺撰：《郎潜纪闻初笔二笔三笔》，中华书局，1984 年。

［清］吴士鉴等撰：《清宫词》，北京古籍出版社，1986 年。

［清］张焘、佚名撰：《津门杂记　天津事迹纪实闻见录》，天津古籍出版社，1986 年。

钱仲联选编，陈铭校点：《清八大名家词集》，岳麓书社，1992 年。

［清］查为仁撰：《莲坡诗话及其他一种》，商务印书馆，1939 年。

［清］宝廷著，聂世美校点：《偶斋诗草》，上海古籍出版社，2005 年。

徐世昌编，闻石点校：《晚晴簃诗汇》，中华书局，1990 年。

中国第一历史档案馆、中国社会科学院历史研究所译注：《满文老档》，中华书局，1990 年。

金梁辑：《近代中国史料丛刊第十一辑·满文秘档》，文海出版社，1966 年。

耿昇、何高济译：《柏朗嘉宾蒙古行记　鲁布鲁克东行记》，中华书局，1985 年。

弘华文主编：《燕行录全编（第一辑）》，广西师范大学出版社，2010 年。

赵尔巽等撰：《清史稿》，中华书局，1976 年。

［日］冈田玉山等编绘：《唐土名胜图绘》，浙江人民美术出版社，2015 年。

［英］雷姆森（O.D. Rasmussen）著，许逸凡、赵地译：《天津插图本史纲》，天津人民出版社，2009 年。

《马克思恩格斯选集》，人民出版社，1995 年。

丹津班珠尔著，汤池安译：《多仁班智达传》，中国藏学出版社，1995 年。

杨米人等著，路工编选：《清代北京竹枝词（十三种）》，北京古籍出版社，1982 年。

丘良任、潘超、孙忠铨、丘进编：《中华竹枝词全编》，北京出版社，2007 年。

故宫博物院图书馆、辽宁省图书馆编：《清代内府刻书目录解题》，紫禁城出版社，1995 年。

徐苹芳编：《明清北京城图》，上海古籍出版社，2012 年。

徐文东、朱志强主编：《中国冬季运动史》，人民体育出版社，2006 年。

单兆鉴、阿依肯·加山主编：《中国·阿勒泰国际古老滑雪文化论坛报告》，光明日报出版社，2016 年。

王赛时：《中国古代体育文明》，山东大学出版社，2018 年。

中国滑冰协会编：《中国滑冰运动史》，武汉出版社，2006 年。

首都博物馆编：《紫禁城内外的竞技游戏》，北京燕山出版社，2008 年。

J. M. Heathcote, *The Origin and Development of Skating*, The Badminton Library, Longmans, Green, and Co. 1892.

铁木尔·达瓦买提主编：《中国少数民族文化大词典（东北、内蒙古地区卷）》，民族出版社，1997 年。

［清］张玉书等编撰：《康熙字典》，上海文艺出版社，2000 年。

孙文良主编：《满族大辞典》，辽宁大学出版社，1990年。

安双成主编：《汉满大辞典》，辽宁民族出版社，2007年。

罗竹风主编：《汉语大辞典》，上海辞书出版社，2008年。

《阅看冰鞋》，《申报》第7445期，光绪十九年十二月初四（1894年1月10日）。

《挑选冰鞋》，《申报》第7449期，光绪十九年十二月初八（1894年1月14日）。

《挑充冰鞋续述》，《申报》第7455期，光绪十九年十二月十四（1894年1月20日）。

《练习冰鞋》，《申报》第7466期，光绪十九年十二月廿五（1894年1月31日）。

林启武：《中国冰上运动史略》，《华北日报》1947年2月15日。

武墨：《滑冰老人吴桐轩》，《华北日报》1947年2月8日。

罗生：《戏滑冰宣统伤左臂》，《新闻报》1920年1月17日。

晋卿：《有清一代的溜冰史和冰鞋》，《体育周刊》1932—1933年连载。

文实权：《滑冰为我国固有，昔慈禧太后曾命办大规模冰嬉》，《新民报半月刊》，1942年第4卷第7期。

《募溜冰鞋》，《益闻录》1893年第1331期。

《冰鞋赛会》，《京话日报》1918年第2586号。

［清］前因居士：《日下新讴》，《文献》1982年第1期。

竺可桢：《中国近五千年来气候变迁的初步研究》，《考古学报》1972年第1期。

韩丹：《论我国古代滑冰的鼎盛时期——清代冰嬉活动盛衰考述》，《哈尔滨体育学院学报》1997年第1期。

韩丹：《乾隆〈冰嬉赋〉及其它冰诗解读》，《哈尔滨体育学院学报》1999年第4期和2000年第3期。

唐云松、国梁：《满族传统体育项目——八旗冰嬉的历史考证》，《满语研究》2007 年第 1 期。

唐艳华：《试论清朝治新政策在西域诗歌中的反映》，《新疆大学学报（哲学·人文社会科学版）》，2010 年第 6 期。

张宝强：《〈辞海〉"冰嬉"词条释义辨误》，《咸阳师范学院学报》2017 年第 3 期。

袁杰：《张为邦、姚文瀚合绘的〈冰嬉图〉》，《紫禁城》1990 年第 3 期。

杨伯达：《清乾隆朝画院沿革》，《故宫博物院院刊》1992 年第 1 期。

蔡星仪：《后门造还是宫里造——郎世宁〈海西八珍〉等伪作引出的问题》，《荣宝斋》2007 年第 3 期。

王志强：《清前期八旗生计问题研究》，中国人民大学清史研究所，博士学位论文，2011 年。

后 记

毋庸置疑，清代冰嬉盛典是中国古代冰上运动的集大成者，是世界冰上运动史中的中国智慧和中国贡献，具有鲜明的中国文化特质。我们高兴地看到，随着北京申办2022年冬奥会成功，这项充满魅力的"中国式冬奥会"被越来越多的人所了解。然而，比较遗憾的是，关于冰嬉的误读和讹传充斥于不少媒体报道中，甚至有些学术性文章、著作也未加考证，互相转引一些错误的提法。比如，冰嬉起源于宋代说、冰嬉贯穿于清朝始终、冰上抢球类似于冰上足球等。于是，我下决心写一本系统介绍清代冰嬉的书。开始后，才发现这个过程何其艰难。冰嬉涉及的知识面太宽，清史、典礼、地理、诗文、绘画、礼器、百戏……这其中任何一个知识点都需要花费大量的时间去查阅资料，去思考和解读。比如诗文，冰嬉的很多知识点散落在御制诗文集和清代大臣、文人的诗集、文集之中，为尽可能多地发现这些诗文，就需要翻阅大量的书籍。诗文找到了，解读其中的文字又是一道坎，这些诗文经常引经据典，里面还夹杂着晦涩难懂的文言文、生僻字，还有不少诗文来自古籍的影印本，其中没有句读，大大增加了理解的困难。更重要的是，没有整块的时间！整本书需要在业余时间完成，大约有8个月的时间我经常从晚饭后一直干到子夜。在此期间，我的妻子曹燕飞女士承担起了家务和照顾女儿郭采薇的重担，同时还在诗文解读方面提出了不少建设性意见，读小学的女儿在我疲劳的时候，会很乖地为我打气，让我倍感温暖。在此向家人致歉并深深感谢！

幸运的是，身边的朋友给了我巨大的支持。特别是国家图书馆任昳霏女士，她不仅为我查阅文献资料提供了大力支持，还和我探讨了诸如冰嬉溯源、典制、定义等学术问题，让我获益良多。另外，清华大学张骁军教授、郑州大学郭红卫教授、体育史专家崔乐泉先生、北京大学图书馆李雄飞教授、中国奥委会李雁军先生、满语学者顾千岳女士、八旗冰嬉队队长祝永帅先生、南开大学中国古代文学专业刘路同学、我的姑姑郭淑英等，都从不同角度提出了建设性意见，在此一并感谢。

由于本人才疏学浅，本书写完后，仍感战战兢兢，诚意接受大家的批评指正。

最后，感谢北京出版集团的领导和同志们，特别是窦广利同志。他们细致的工作订正了本书初稿中的一些错误，调整了一些语句的表述方法，使书中的文字更加流畅，本书才得以呈现在读者面前。

郭　磊

2019年1月31日于问竞书院